Bodo Schäfer
Die Gesetze der Gewinner

Bodo Schäfer

Die Gesetze der Gewinner

Frankfurter Allgemeine Buch

Die Deutsche Bibliothek – CIP-Einheitsaufnahme

Ein Titeldatensatz für diese Publikation ist bei
Der Deutschen Bibliothek erhältlich.

Frankfurter Allgemeine Zeitung
Verlagsbereich Buch

© Frankfurter Allgemeine Zeitung GmbH
60267 Frankfurt am Main
Alle Rechte, auch die des auszugsweisen Nachdrucks, vorbehalten
Gestaltung: F.A.Z.-Marketing/Grafik
Erste Auflage 2001

ISBN 3-89843-050-2

Inhalt

Wie Du am Ende Deines Lebens wünschst,
gelebt zu haben,
so kannst Du jetzt schon leben.

Marc Aurel

Vorwort

Glauben Sie, daß Sie zu mehr in der Lage sind, als sich momentan in Ihrem Leben zeigt? Haben Sie Träume …, und werden diese Träume häufig von Verpflichtungen, Frustrationen und Ihrem Alltagstrott wie von einem Schleier überdeckt?

In jedem Kind steckt ein Genie, hat Einstein festgestellt. Wir alle haben die Möglichkeit und das Recht, wie ein Gewinner zu leben.

Vielleicht geht es Ihnen manchmal, wie es mir vor Jahren ging. Da habe ich nach einer Art »Wegweiser« gesucht, nach Richtlinien, die mir helfen würden.

Es fing damit an, daß ich zu meinem ersten Coach sagte: »Ich würde alles dafür geben, um so erfolgreich zu sein wie Sie.« Er schüttelte zweifelnd den Kopf: »Da bin ich mir nicht sicher, Herr Schäfer.«

Ich versicherte, daß es mir ernst war mit meinem Wunsch. Darauf antwortete mein Coach: »Dann kommen Sie jede Woche an drei Tagen zu mir, um zu lernen. Schreiben Sie alles mit, und setzen Sie die Dinge um, die ich Ihnen sage.«

Zuerst wollte ich eine Formel für Erfolg und Glück finden. Selbstverständlich gibt es eine solche einzige Formel nicht. Dazu ist das Leben zu vielseitig.

Dann wollte ich, daß mein Coach mir bei meinen aktuellen Problemen hilft. Auch hier wurden meine Erwartungen zunächst nicht erfüllt. Anstatt für mich schwierige Situationen zu lösen, erklärte mein Coach mir Grundsätze: Die Gesetze der Gewinner. Was ich anfangs nicht verstand, erwies sich später als große Bereicherung: Ich habe nicht nur gelernt, selbst mit meinen gegenwärtigen Problemen umzugehen; ich war auch für zukünftige Herausforderungen gewappnet.

Natürlich erlebe ich auch heute noch schwierige Situationen. Dann frage ich mich: »Was würde mein Coach jetzt wohl zu mir sagen?« In meiner Vorstellung höre ich dann seine Stimme, sehe sein Gesicht und fühle die Gewißheit, das Richtige zu tun.

Es gab Momente in meinem Leben, in denen mir andere Menschen Zweifel einredeten. Ich habe mich dann immer an die Worte meines Coaches erinnert: »Eins macht mich wirklich wütend: Wenn jemand andere Menschen verachtet. Und das tut er immer dann, wenn er ihnen die Möglichkeit abspricht, erfolgreich und glücklich sein zu können. Niemand – wirklich niemand – sollte sich das Recht anmaßen, zu anderen zu sagen: ›Du kannst kein besseres Leben haben!‹; und niemand sollte das zu sich selbst sagen.«

Nicht jeder hat das Glück, solche Lehrmeister zu finden. Darum habe ich dieses Buch geschrieben: In ihm sind die wichtigsten Grundsätze für Erfolg zusammengefaßt, die ich lernen durfte.

Dabei handelt es sich um sehr alte, bewährte Wahrheiten. Die meisten Menschen kennen einige von ihnen, aber sie wenden sie häufig nicht an. So gibt es Aussagen, die wir zehn Jahre kennen, und im elften Jahr erstaunt uns die Tiefe und die Fruchtbarkeit ihres Gedankens.

Wenn Sie mit diesem Buch arbeiten, werden Sie drei Dinge feststellen:

Erstens scheinen einige Gesetze einander zu widersprechen. Manche Menschen könnten versucht sein, dies zu kritisieren. Aber die Gesetze der Gewinner beziehen sich auf unser Leben. Und das Leben ist nun einmal voller Paradoxa: Was wie Widersprüche anmutet, sind in Wahrheit verschiedene Bestandteile eines großen Ganzen.

Zweitens werden Sie Wiederholungen erkennen. Damit möchte ich aufzeigen: Die einzelnen Gesetze stehen in Beziehung zueinander. Erst wenn wir die Gesetze im Zusammenhang sehen, bereichern sie unser Leben wirklich.

Drittens werden Sie bemerken: Es ist nicht immer einfach, nach den Gesetzen der Gewinner zu leben. Aber wir sind machtvoll genug, es zu tun. Wir können jederzeit unser Leben ändern. Erfolg und Erfüllung sind nicht in erster Linie auf Glück zurückzuführen: Sie sind zu einem großen Teil das Ergebnis einer bestimmten Lebensart, die sich an gewissen Grundsätzen orientiert.

Diese Erkenntnis ist nicht jedem willkommen. Viele Menschen sehen sich lieber als Opfer; so haben sie eine willkommene Ausrede.

Aber die Wahrheit ist: Wir haben die Wahl! Es kommt nicht so sehr auf die Situation an, in der wir uns befinden; es kommt darauf an, was wir aus der Situation machen. Sie und ich, jeder von uns, hat die Möglichkeit, ein Gewinner zu sein. Dieses Buch ist voller »Rezepte«, die Sie sofort umsetzen können.

Ich hoffe, daß die Gesetze der Gewinner Sie auf besondere Weise berühren und ermutigen. Drei besondere Wünsche habe ich für Sie:

Verwandeln Sie Ihre Träume in Realitäten.
Bereichern Sie Ihren Alltag durch goldene Momente.
Werden Sie zu dem Menschen, der Sie sein könnten.

Herzlichst

Ihr
Bodo Schäfer

Zu diesem Buch:

Vorschläge, wie Sie mit diesem Buch arbeiten können, finden Sie im 6. Gesetz auf Seite 52f. unter der Überschrift »Die Gesetze der Gewinner«.

1. Gesetz: Treffe Entscheidungen

Es war einmal ein kleiner Bach, der kam an den Rand einer großen Wüste. Dort hörte er eine Stimme: »Los, gehe ruhig weiter.« Aber der Bach fürchtete sich vor dem Neuen und Unbekannten. Er hatte Angst vor der Veränderung. Er wollte zwar mehr Wasser haben und ein schöneres Leben führen, aber er wollte sich nicht verändern und kein Risiko eingehen.

Doch wieder sprach die Stimme: »Wenn du den Schritt nicht wagst, dann wirst du nie erfahren, wozu du in der Lage bist. Vertraue einfach darauf, daß du auch in einer neuen Umgebung zurechtkommst. Fließe ruhig weiter.«

Da entschloß sich der Bach weiterzugehen. Und es war ihm nicht sehr wohl dabei. In der Wüste wurde es immer heißer, und schließlich verdunstete der Bach. Die aufgestiegenen kleinen Tröpfchen sammelten sich oben in der Luft. Dort bildeten sie dann Wolken, die über die Wüste zogen. Die Wolken reisten viele Tage, bis sie hinter der Wüste zum großen Meer kamen. Dort regneten sie sich leer.

Das Bächlein führte nun ein viel schöneres Leben, als es jemals zu träumen gewagt hatte. Während es sich sanft von einer Welle tragen ließ, überlegte es lächelnd: »Ich habe mehrmals meine Daseinsform verändert – und doch bin ich jetzt mehr ich selbst als je zuvor.«

* * *

Entscheidungen zu treffen fällt vielen Menschen schwer. Besonders dann, wenn es notwendig ist, dabei Risiken einzugehen. Dazu kommt die Angst vor der Veränderung. Und vieles wird unter Umständen anders werden: Vielleicht Ihr Tagesablauf, Ihr Wohnort, Ihr Freundes- und Bekanntenkreis, all das kann sich verändern. Aber die größte Veränderung findet in Ihnen statt. Und genau davor fürchten sich die meisten Menschen. Fragen Sie sich kritisch: Wollen Sie so bleiben, wie Sie sind? Oder wollen Sie wachsen und sich positiv verändern?

Wachstum und jede Veränderung werden immer von einer Entscheidung eingeleitet.

Die Furcht vor einer falschen Entscheidung ist groß. Die Furcht, das bekannte »sichere« Terrain zu verlassen und es gegen etwas Unbekanntes einzutauschen. Aber dieser Schritt bedeutet die Möglichkeit zum Wachstum. Hier liegt die große Chance für jeden Menschen.

Jede Entscheidung ist auch eine Trennung

Das Wort *Ent-Scheidung* macht deutlich, daß jede Entscheidung eine Scheidung bedeutet. Mit jeder Entscheidung wählen wir eine Möglichkeit und trennen uns gleichzeitig von allen anderen. Wer wirklich eine ernsthafte Entscheidung trifft, der versperrt sich sogar bewußt den Zugang zu jeder anderen Möglichkeit.

Bei den wichtigen Entscheidungen in unserem Leben haben wir die Wahl zwischen der Vergangenheit und der Zukunft. Wir können uns dafür entscheiden, an dem, was wir haben, festzuhalten. Dann sind wir aber nicht frei für eine neue Chance. Und das heißt gleichzeitig, daß wir uns entschieden haben, uns von unseren Träumen und unserer Vision für eine erfüllendere Zukunft zu trennen. Oder wir können loslassen und haben dann beide Hände frei für unsere Ziele und Träume.

Es ist nicht möglich, gleichzeitig an dem festzuhalten, was uns »Sicherheit« gibt, und nach einer Vision zu greifen. Sie müssen sich entweder von Ihrer »Sicherheit« oder von der Möglichkeit trennen, sich Ihre Träume zu erfüllen.

Wofür entscheiden Sie sich? Wollen Sie an der Vergangenheit festhalten, oder wählen Sie die Chance einer reichen Zukunft? Sie alleine kennen die Antworten. Sie wissen, ob Sie wirklich glücklich sind mit Ihrem jetzigen Leben – oder ob Sie etwas verändern sollten. Veränderungen beginnen immer mit Ent-Scheidungen. Also mit Trennung. Das erfordert Mut.

Wer sich nicht entscheidet, blockiert sein Wachstum

Wissen Sie, wie in Afrika Affen gefangen werden? Der Jäger legt einen hühnereigroßen Stein in ein Baumloch von etwa sechs Zentimetern Durchmesser. Dabei tut er sehr geheimnisvoll. Die Affen beobachten ihn dabei aus sicherer Entfernung und werden neugierig.

Dann geht der Jäger einige Meter weg. Sofort nähert sich ein Affe dem Baum und greift in das Loch. Er fühlt den Gegenstand und will ihn aus dem Loch ziehen. Der Durchmesser des Lochs ist dafür aber zu klein. Der Affe könnte natürlich seine Hand jederzeit leicht aus dem Loch ziehen, wenn er den Stein loslassen würde. Aber dazu kann er sich nicht durchringen. Und so gelingt es dem Mann schließlich, den Affen zu fangen, indem er ihm in aller Ruhe einen Sack überstülpt.

Kann es sein, daß wir manchmal von unserer Vergangenheit gefangengehalten werden? Daß wir uns an Dinge und Sicherheiten klammern? Und kann es sein, daß wir dadurch nicht die Hände frei haben – für das Leben, daß uns glücklicher machen würde? Wir begegnen hier einer wichtigen Grundfrage: Was wollen Sie in Ihrem Leben erreichen?

Theodore Roosevelt sagte einmal: *»Es ist viel besser, große Dinge zu wagen, große Triumphe zu feiern, auch wenn es auf dem Weg zu Fehlschlägen kommt, als sich in die Reihe der schlichten Geister einzuordnen, die weder viel Freude noch viel Leid erfahren, weil sie in der Grauzone leben, in der es weder Sieg noch Niederlage gibt.«*

Gewinner klammern nicht, sie halten sich nicht krampfhaft an einer Situation fest, die sie nicht befriedigt. Sie können ein Risiko eingehen, weil sie wissen, daß alles besser ist als eine unbefriedigende Minimalexistenz. Armut bedeutet für die meisten Menschen in Europa nicht, Hunger zu leiden, sondern einen stumpfsinnigen Alltag zu leben.

Es ist ein großer Unterschied, ob Sie spielen, um nicht zu verlieren, oder ob Sie spielen, um zu gewinnen. Wer bemüht ist, nur nicht zu verlieren, konzentriert sich auf die Risiken und Gefahren. Wer auf Sieg setzt, hat eher die Möglichkeit des Sieges vor Augen. Was glauben Sie, wer von beiden fühlt sich wohl glücklicher?

Gründe, warum keine Entscheidungen getroffen werden

1. Viele Menschen meinen, ein Leben lang bei einem Beruf bleiben zu müssen

Die Berufswahl vieler Menschen wurde jedoch von ignoranten Teenagern getroffen – von uns. Vielleicht waren diese Entscheidungen gut, vielleicht aber auch nicht. Und dann könnte es an der Zeit sein, neue Entscheidungen zu treffen. Die wichtige Frage lautet: Lieben Sie Ihre Tätigkeit? Das Leben ist zu kurz, um tagtäglich einer Arbeit nachzugehen, die wir nicht richtig lieben. Und ganz gleich, was Sie tun, Sie stehen im direkten Wettbewerb mit Menschen, die genau diese Tätigkeit lieben.

2. Viele Menschen meinen, sich »später« entscheiden zu können

Aber jemand, der keine Entscheidung treffen kann, verliert das Vertrauen in sich selbst. Abgesehen davon, ist es gar nicht möglich, keine Entscheidung zu treffen. Auch wenn Sie sich nicht entschieden haben, haben Sie sich entschieden. Sie haben dann gewählt, daß alles so bleibt wie bisher. Oder Sie haben die Unentschiedenheit gewählt. Dieser Zustand kostet enorm viel Energie. Er belastet. Sie sind nicht frei und können sich nicht frei bewegen.

Dennoch sagen viele Menschen, daß sie sich ebensogut später entscheiden könnten. Am besten stellen Sie sich Ihr Ziel vor, als würde es auf einer Rolltreppe stehen. Es ist ständig in Bewegung – es entfernt sich von Ihnen. Wenn Sie einige Zeit zögern, um sich zu entscheiden, ist das Ziel schon außer Reichweite.

3. Viele Menschen haben Angst vor einer »falschen« Entscheidung

Dabei gibt es so etwas gar nicht. Mit der Entscheidung haben Sie ja eine Alternative abgewählt. Sie werden darum nie wissen, wie Ihr Leben verlaufen wäre, wenn Sie sich anders entschieden hätten.

Ein Beispiel: Angenommen, Sie wollen sich entscheiden, ob Sie ans Meer fahren oder in die Berge, und Sie wählen die Berge. Leider regnet es dort heftig – und zwar ununterbrochen die gesamten zehn Tage, die Sie dort verbringen. Die meisten Menschen würden jetzt sagen: »Ich habe die falsche Entscheidung getroffen.« Zu Recht?

Nicht unbedingt. Denn Sie wissen doch nicht, was Ihnen am Meer widerfahren wäre. Womöglich hätten Sie mit einer schweren Lebensmittelvergiftung die ganze Zeit im Bett gelegen. Vielleicht lernen Sie in den Bergen auch Ihren Traumpartner kennen. Sofort relativiert sich die ursprüngliche Einschätzung, eine »falsche« Entscheidung getroffen zu haben. Die Wahrheit ist: Wir werden nie genau wissen, ob wir besser gefahren wären, wenn wir uns anders entschieden hätten. Eben weil wir nicht wissen, wie unser Leben dann verlaufen wäre. Nachdem Sie eine Zeitlang nachgedacht haben, ist jede Entscheidung besser als gar keine.

4. Viele Menschen meinen, ihre Entscheidungen leicht und ohne Schmerz treffen zu können

Die ideale Entscheidung scheint die zu sein, die sich geradezu aufdrängt. Darum neigen Menschen oft dazu zu warten, bis nur noch eine Alternative übriggeblieben ist, weil die andere an Attraktivität verloren hat. Wir übersehen dabei, daß es sich dann nicht mehr wirklich um eine Entscheidung handelt. Das ist keine Wahl mehr.

Erst wenn Sie beide Alternativen würdigen, hat die Wahl wirklich Kraft. Je mehr Sie die nicht gewählte Alternative würdigen – obwohl Sie diese nicht gewählt haben –, um so mehr werten Sie die Alternative auf, die Sie gewählt haben.

Wenn Sie den Respekt vor sich selbst steigern wollen, so treffen Sie rasche Entscheidungen. Trainieren Sie Ihren »Entscheidungsmuskel«.

In den Momenten der Entscheidung bestimmen wir unser Schicksal

Stellen Sie sich vor: In den nächsten Jahren wird ein Mensch neu in Ihrem Leben auftauchen. Er wird Ihre Haustürschlüssel besitzen und Ihr Auto. Er wird in Ihrem Haus wohnen und an Ihrem Tisch sitzen. Er wird all die Dinge benutzen, für die Sie hart gearbeitet haben und die

Ihnen ans Herz gewachsen sind. Er wird Ihre Kontoauszüge lesen und kontrollieren, ob Sie wirklich etwas aus den letzten Jahren gemacht haben. Er schläft in Ihrem Bett. Und wenn Sie kritisch in den Spiegel schauen, dann sehen Sie ihn. Dieser Mensch sind Sie. Sie haben ihn geschaffen durch die Entscheidungen, die Sie heute treffen, und durch die Dinge, die Sie heute tun oder nicht tun.

Wie wird dieser Mensch aussehen? Wie wird er wohnen? Was wird er tun und welche Freunde wird er haben? Über wieviel Lebensqualität wird er verfügen? Wird er ein fröhlicher Mensch sein, der ein erfülltes Leben lebt?

Ihre Entscheidungen von heute bestimmen die Antworten auf diese Fragen. *Menschen, die ein geringes Selbstwertgefühl haben, beschützen sich selbst, indem sie keine Risiken eingehen.* Darum halten so viele Menschen an etwas fest, das ihnen im Grunde genommen gar nicht gefällt. Das größte Risiko ist doch, in der Zukunft ein Leben zu ertragen, das Ihnen keinen Spaß macht. Darum sagte ein sehr erfolgreicher Mann einmal: *»Warum gehen Sie kein Risiko ein; Sie können nicht vom Boden fallen.«*

Gewinner orientieren sich bei ihren Entscheidungen an dem, was sie wirklich wollen. Sie treffen Entscheidungen rasch und bleiben lange dabei. Die meisten anderen dagegen zögern lange, bis sie eine Entscheidung treffen, und werfen getroffene Entscheidungen wieder rasch um. Gewinner können schnell entscheiden, weil sie wissen, daß eine schlechte Entscheidung immer noch besser ist als gar keine. Sie können sich schnell entscheiden, weil Sie wissen, was sie wollen.

Der Schlüssel zu der Fähigkeit, eine schnelle Entscheidung zu treffen, ist, sich seiner Werte bewußt zu sein. Wenn Sie Klarheit über Ihre Werte haben, fallen Entscheidungen leicht.

Praxis:

Heute werde ich meine Fähigkeit verbessern, Entscheidungen zu treffen, indem ich mich zu folgenden Schritten verpflichte:

1. Ich trainiere meine Fähigkeit, mich schnell zu entscheiden. Ich stelle mir vor, es gäbe einen Entscheidungsmuskel, den ich jedesmal stärke, wenn ich eine schnelle Entscheidung treffe. Es gibt Menschen, die schauen sich die Speisekarte 15 Minuten lang an – und dann bestellen sie Spaghetti Bolognese. Ich nehme mir heute vor, innerhalb von 30 Sekunden zu entscheiden, was ich essen und trinken will. Selbst auf die Gefahr hin, daß ich einmal etwas essen muß, was mir nicht schmeckt. Ich treffe heute jede kleinere Entscheidung innerhalb von 30 Sekunden.

2. Ich frage mich bei allen Entscheidungen: Was sind die Konsequenzen, wenn ich mich so entscheide? Und: Wird die Entscheidung, die ich gerade treffe, mir und den Menschen um mich herum Glück bringen? So lerne ich, in mich hineinzuhören.

3. Ich beantworte mir die Fragen schriftlich: Wer will ich in fünf Jahren sein? Was will ich in fünf Jahren tun? Was will ich in fünf Jahren haben? Alle meine Entscheidungen richte ich nach diesen Zielen aus. Ich bin bereit, mich von den Dingen zu trennen, die mir im Grunde gar nicht gefallen. So habe ich beide Hände frei für meine Träume.

4. Ich überlege, ob es eine »schwierige« Entscheidung gibt, die ich seit längerem vor mir herschiebe. Ich schreibe die einzelnen Wahlmöglichkeiten auf. Dann überlege ich, ob ich mich mit erfahrenen Menschen besprechen könnte. Vor allem aber setze ich mir schriftlich eine Deadline, bis wann ich mich definitiv entschieden haben muß.

2. Gesetz: Lerne und wachse konstant

Einer alten indischen Schöpfungsgeschichte zufolge schuf Gott zunächst eine Muschel und legte sie auf den Meeresboden. Dort führte sie kein aufregendes Leben. Den ganzen Tag über tat sie nichts anderes, als ihre Klappe zu öffnen, etwas Meerwasser hindurchfließen zu lassen und dann wieder die Klappe zu schließen. Tagaus, tagein gab es für sie nichts anderes als Klappe auf, Klappe zu, Klappe auf, Klappe zu, Klappe auf, Klappe zu …

Dann schuf Gott den Adler. Ihm gab er die Freiheit, zu fliegen und selbst die höchsten Gipfel zu erreichen. Es existierte fast keine Grenze für ihn. Allerdings zahlte der Adler für diese Freiheit einen Preis: Täglich mußte er um seine Beute kämpfen. Nichts fiel ihm einfach so zu. Wenn er Junge hatte, mußte er oft tagelang jagen, um genügend Futter heranzuschaffen. Aber diesen Preis bezahlte er gerne.

Schließlich schuf Gott den Menschen und führte ihn zuerst zu der Muschel und anschließend zum Adler. Dann forderte er ihn auf, sich zu entscheiden, welches Leben er führen wolle.

* * *

KLUW: Konstant lernen und wachsen

Wir haben die Wahl zwischen den beiden Lebensformen. Die Muschel steht für Personen, die es versäumen, ihren Horizont zu erweitern. Der Preis dafür ist oft, daß sie ein Leben lang stets das gleiche tun müssen. Napoleon Hill sagte: »Manche Menschen sterben vorzeitig, weil sie zuviel essen, andere sterben, weil sie zuviel trinken, und noch wieder andere verkümmern einfach und sterben, weil sie nichts anderes zu tun haben.«

Wer sich entscheidet, wie ein Adler zu leben, der hat sicherlich keinen leichten Weg gewählt. Es gibt wahrscheinlich nur eine Möglichkeit, diesen Weg durchzustehen: Wir müssen am Lernen und Wachsen regelrecht Freude entwickeln. Je mehr wir lernen und wachsen, um so freier werden wir. Herausforderungen und Probleme werden bei solcher Betrachtungsweise zu Lektionen.

Die Lebensphilosophie KLUW – konstant lernen und wachsen – basiert auf vier Erkenntnissen.

1. Wachstum ist ein Teil unseres genetischen Codes

Woran erkennen wir, ob etwas lebt? Alles, was lebt, wächst. So können wir einen Stein von einer lebenden Koralle unterscheiden. Wenn etwas aufhört, zu wachsen und sich zu verändern, dann stirbt es. Zum einen handelt es sich bei Wachstum also um das Prinzip des Lebens. Es geht aber nicht nur darum, einfach zu wachsen, sondern Evolution bedeutet zielgerichtetes Wachstum. Wachstum, um lebensfähiger zu sein und um sich zu entwickeln.

2. Es handelt sich bei KLUW um ein Grundbedürfnis des Menschen

Wenn wir Kinder beobachten, dann ahnen wir, wie sehr es in unserer Natur liegt, lebenslang zu wachsen und zu lernen. Ständig wollen sie forschen, kennenlernen, untersuchen und ihre Fähigkeiten verbessern. Dabei gehen sie Abenteuer und Risiken ein und schonen sich nicht. Man fragt sich, wo das Kind die ganze Energie hernimmt. Vielleicht stimmt es tatsächlich, daß Menschen viel mehr Energie haben, wenn sie so leben, daß sie ihre Bedürfnisse erfüllen.

Beobachten Sie im Vergleich einmal Erwachsene, die nicht mehr lernen und wachsen. Sie überlegen zwar, wie sie ihre Zeit am besten verbringen können, aber glücklich sehen sie meist nicht aus. Der Grund ist einfach: Wenn wir aufhören, zu wachsen und zu lernen, wird unser Leben sinnlos und leer. Unerfüllte Bedürfnisse nehmen unsere Lebensfreude und rauben Energie.

3. Es gibt keine Religion, die nicht einen »besseren« Menschen anstrebt

Dabei geht es hier nicht um Religiosität als vielmehr um die Tatsache, daß die einzelnen Religionen der Welt die Sehnsüchte der Menschen ausdrücken. Und sie sollen helfen, diese Sehnsüchte zu erfüllen: die nach Erlösung, Erleuchtung, Heiligkeit, Frieden, besserem Leben und Liebe … All dies setzt voraus, daß wir uns verändern. Es gibt keine Religion, die besagt:»Du sollst dich nicht ändern.«

4. Für jedes Wirtschaftssystem und für jede Firma gilt:
Es kann niemals einen Stillstand geben. Eine Firma wächst oder wird schwächer. Wer versucht, ein bestimmtes Niveau zu halten, wird langfristig den Wettbewerb verlieren. Wer wirtschaftlich tätig ist, muß lernen und wachsen, oder er wird schwächer. Wir wissen das spätestens, seit Dr. W. Edwards Deming den Qualitätsgedanken definierte:»Qualität bedeutet nicht nur, einem bestimmten Standard zu entsprechen, sondern in einem lebendigen und dynamischen Prozeß stetige Verbesserungen zu erzielen.«

Wie sollen wir glücklich sein können, wenn wir gegen das Gesetz des Lebens, die Regeln der Evolution, gegen unsere Bedürfnisse, gegen unsere Sehnsüchte und gegen jede wirtschaftliche Vernunft verstoßen? Zu lernen und zu wachsen ist ein Teil unseres Lebenssinns. *Es gibt keine Droge und keine Ablenkung, die uns das geben kann, was wir durch KLUW werden und erleben.*

Eine Entscheidung, die wir immer wieder treffen müssen

Man könnte annehmen, daß wir uns zu einem Zeitpunkt in unserem Leben ein für allemal für eine der beiden Lebensformen entscheiden. Tatsächlich aber müssen wir die einmal getroffene Entscheidung immer wieder bekräftigen.

Wir müssen uns immer wieder überwinden, Bücher zu lesen, Journale zu schreiben, Seminare zu besuchen und uns mit den Menschen zu umgeben, von denen wir etwas lernen können.

Es gibt insbesondere zwei Gründe, warum Menschen aufhören zu lernen und zu wachsen:

Der eine ist die Meinung, nicht mehr besser werden zu können. Wir können immer dazulernen und wachsen. David Bowie sagte:»An dem

Tag, an dem Du denkst, Du kannst nicht mehr besser werden, fängst Du an, immer den gleichen Song zu spielen.«

Der zweite Grund ist die Gleichgültigkeit. Sie ist eine der größten Versuchungen, weil sie so harmlos anmutet. Aber wenn wir nicht konstant lernen und wachsen, dann verfallen wir unweigerlich in Verhaltensmuster und einen Lebensstil, der weit unter dem Niveau liegt, das wir verdienen.

Aber eine der größten Gefahren liegt in der Annahme: »Ein bißchen von etwas Schlechtem schadet doch nicht.«

Die Froschfalle

Was passiert, wenn man einen intelligenten Frosch in einen Topf mit heißem Wasser wirft? Der entscheidet sofort: »Das ist ungemütlich hier – ich haue ab.« Und springt raus. Wenn man aber den gleichen Frosch in einen Topf mit kaltem Wasser legt, den Topf auf den Herd setzt und langsam erhitzt – was dann? Der Frosch entspannt sich, merkt, daß es langsam zu warm wird, und denkt: »Ein bißchen Wärme schadet doch nicht.« Und bald ist er gekocht.

Die Moral: Vieles im Leben entwickelt sich langsam. So ist es zum Beispiel mit Schulden. Wenn Sie morgen aufwachen würden und hätten 68.000 Euro Schulden – wären Sie dann beunruhigt? Natürlich. Aber wenn sich die Dinge langsam entwickeln, unnötige 8,90 Euro heute, 14 Euro morgen, dann neigen wir dazu, das nicht zu ernst zu nehmen. *Aber alles im Leben addiert sich auf.* Irgendwann können wir uns vor Schulden kaum mehr bewegen – oder sind wohlhabend.

Wenn Sie morgen früh auf der Waage 30 Kilo mehr wiegen würden, wären Sie beunruhigt? Keine Frage. Aber wenn wir diesen Monat ein Kilo zunehmen und nächsten Monat eins, dann neigen wir dazu, das nicht so dramatisch zu sehen. Die Froschfalle warnt uns, auf die Trends zu achten; Kleinigkeiten nicht zu unterschätzen. Denn Kleinigkeiten summieren sich. Alles bringt uns unserem Ziel näher, oder es entfernt uns davon. Es gibt kein »neutral«. Wir müssen uns darum immer fragen: »Welche Richtung habe ich eingeschlagen?«

Der Langzeitvergleich

Es scheint keine Rolle zu spielen, ob wir heute einen Apfel oder eine Tafel Schokolade essen; ob wir in einem guten Buch lesen oder Seifenopern im Fernsehen anschauen; ob wir 10 Euro sparen oder sie ausgeben …

Aber nach zehn Jahren ist ein großer Unterschied sichtbar. Schokolade, Seifenopern und Geldausgeben führen zu Fettleibigkeit, Oberflächlichkeit und Armut. Obst, gute Bücher und Sparsamkeit eher zu Gesundheit, Wissen und Wohlstand. Niemand erwartet, daß es immer kluge Entscheidungen sind, die wir treffen. Aber das Leben ist die Summe aller unserer getroffenen Entscheidungen. Da ist Gleichgültigkeit ein schlechtes Rezept.

Ein Vater wollte in Ruhe arbeiten können und seinen Jungen für eine Weile beschäftigen. Er riß daher eine Weltkarte, die er in einem Magazin gefunden hatte, in kleine Stücke. Dann forderte er das Kind auf, die Karte wieder zusammenzusetzen.

Zu seinem Erstaunen kam dieses bereits nach wenigen Minuten mit der korrekt zusammengesetzten Weltkarte zurück. Der Vater konnte kaum glauben, daß sein Sohn dies so schnell zustande gebracht hatte. Der Junge erklärte: »Auf der anderen Seite von der Karte war das Gesicht eines Mannes. Das war einfach zusammenzusetzen. Ich habe mir gedacht: Wenn der Mann in Ordnung ist, dann ist auch die Welt in Ordnung.«

Das ist der Kern von KLUW: Wir setzen uns zusammen. Unsere kleinen und großen Entscheidungen bestimmen, wie unsere Zukunft aussehen wird. Wenn wir in Ordnung sind, dann ist auch unsere Welt in Ordnung.

Pat Riley

Der erfolgreichste Coach in der Geschichte des amerikanischen Basketballs war Pat Riley. Die Spieler seines Teams, die Los Angeles Lakers, waren 1986 der festen Meinung, sich nicht mehr steigern zu können. Da motivierte er sie, sich nur um 1 Prozent zu verbessern. 1 Prozent erschien lächerlich gering.

Aber Riley rechnete ihnen vor: Wenn zwölf Spieler ihre Leistung in den fünf Bereichen des Spiels um 1 Prozent verbessern würden, dann wäre das Team 60 Prozent effektiver. Er erklärte den Spielern auch, daß wahrscheinlich bereits 10 Prozent genügen würden, um den Titel zu holen. 1 Prozent erschien möglich und sogar leicht. Also strengten sich die Spieler an und gewannen die Meisterschaft scheinbar ohne Mühe.

Angenommen, Sie beschließen, sich in den fünf Bereichen Ihres Lebens: Gesundheit, Beziehungen, Finanzen, Emotionen und Job, um 1 Prozent zu verbessern. Wenn Sie das jeden Monat tun – nur ein Jahr lang, dann sind Sie um 60 Prozent effektiver geworden.

KLUW unterstützt sich selbst

Woher können wir die Disziplin nehmen, konstant zu lernen und zu wachsen? Die Antwort mag Sie verblüffen: Wir brauchen eine Art Zaubertrank. Das Geheimnis der Stärke von Asterix und Obelix liegt in ihrem Zaubertrank. Dieser Zaubertrank ist unser Umfeld, das uns beeinflußt – oft unbewußt. Es ist zu einem großen Teil dafür verantwortlich, wie unsere täglichen Entscheidungen ausfallen. Es sind aber auch die Bücher, die wir lesen, die Journale, die wir schreiben, und die Seminare, die wir besuchen.

Obelix hatte Glück, er ist als kleiner Junge in einen mit Zaubertrank gefüllten Kessel gefallen. Er ist schon als Kind auf eine bestimmte Art geprägt worden. Asterix hatte dieses Glück nicht. Er muß vor jeder schwierigen Situation erneut Zaubertrank zu sich nehmen. So geht es den meisten von uns: Wir brauchen diese Hilfen. Die Menschen, die uns Vorbild sind; die Bücher, die uns inspirieren; die Journale, die uns helfen, uns und unser Leben zu verstehen, aus Fehlern zu lernen und Selbstvertrauen aufzubauen; und die Seminare, die uns neue Wege zeigen und uns Anstöße geben.

Je mehr wir lernen und wachsen, desto mehr Verlangen haben wir, zu lernen und zu wachsen. Es wird zu unserer Natur. KLUW unterstützt sich also selbst.

Gewinner sind neugierig. Sie wollen die Person kennenlernen, die sie sein könnten. Gewinner nutzen Lob und Tadel, um konstant zu lernen und zu wachsen. Sie finden dabei das richtige Maß. Zwar schätzen sie Lob, aber sie schätzen es nicht zu hoch. Zwar fürchten sie Tadel, aber nicht so sehr, daß sie daran zugrunde gehen würden.

Wer in einem Quiz die Antworten nicht kennt, kommt nicht in die nächste Runde. Im Leben verhält es sich ähnlich. Für Gewinner bedeutet KLUW: Sie sind mit jedem Jahr weniger die Person, die sie früher waren; und mehr die, die sie gerne sein möchten.

Praxis:

Ich werde heute meine Gewohnheit festigen, konstant zu lernen und zu wachsen, indem ich mich verpflichte, folgende Schritte zu unternehmen:

1. Ich nehme mir vor, mindestens zwei inspirierende Bücher pro Monat zu lesen. Mit der Zeit werde ich sogar ein bis zwei Bücher pro Woche lesen.

2. Ich überlege mir, welches Seminar ich besuchen könnte.

3. Ich lege neben meinem Erfolgs-Journal zwei weitere Journale an: Ein Erkenntnis-Journal. Hier notiere ich alle Fehler und die Lehren, die ich daraus gezogen habe. Und ein Ideen-Journal, indem ich alle meine Ideen aufschreibe.

4. Ich erstelle eine Liste von zehn Personen, die ich gerne kennenlernen möchte, um von ihnen zu lernen.

5. Ich nehme mir fest vor, jeden Tag ein Kapitel in diesem Buch zu lesen.

3. Gesetz: Erlebe den heutigen Tag bewußt

Nach einer harten Woche fuhr die Managerin zum Strand, um endlich Ruhe zu finden. Dort lernte sie Melony, ein kleines Mädchen, kennen. Die Kleine wohnte mit ihrer Mutter in einer Hütte in der Nähe. Die gute Laune des Mädchens steckte die Managerin bald an: Ausgelassen spielten sie zusammen im Sand. Als sie sich erschöpft ausruhten, glitt eine Schwalbe vorbei. »Da fliegt Freude«, kommentierte die Kleine den Flug.

»Was fliegt dort?«

»Freude! Meine Mutter sagt immer, daß Schwalben Freude bringen.«

Die Managerin verabschiedete sich am Abend von dem Mädchen und fuhr nach Hause.

Immer, wenn sie spürte, daß sie wieder eine Dosis »Schwalbe« gebrauchen konnte, fuhr sie wieder zu Melony an den Strand. Sie hatten viel Spaß. Manches Mal saßen sie zusammen und beobachteten Schwalben. Nach einer Weile spürte auch die Frau, daß Schwalben Freude bringen. Auf eine eigenartige Weise waren sie Freunde geworden.

Eines Tages kam die Managerin sehr traurig an den Strand. Wie immer begrüßte Melony sie voller Freude. Aber die Frau wollte alleine sein: »Ich bin heute nicht in der Stimmung, mit dir zu spielen. Meine Mutter ist gestorben. Laß mich in Ruhe.«

»Hat es weh getan, als sie gestorben ist?«

»Natürlich hat es weh getan«, schnappte die Frau und ließ das Kind stehen. Zu sehr war sie von ihrem Schmerz gefangen.

Einige Wochen später ging es der Managerin etwas besser, und sie vermißte Melony. Auch fühlte sie sich ein wenig schuldig. Also fuhr sie wieder an den Strand. Aber dort fand sie Melony nicht.

Daraufhin ging sie zu der Hütte. Eine junge, sehr traurig aussehende Frau bat sie herein. Die Managerin stellte sich vor. »Ich vermisse Melony – wir haben immer so schön gespielt. Wo steckt sie denn?«

»Melony ist letzte Woche gestorben. Sie hatte Leukämie. Vielleicht hat sie Ihnen das nicht erzählt.« Plötzlicher Schmerz überwältigte die Managerin.

Die Mutter fuhr fort: »Sie liebte diesen Strand, und als sie mich bat, hierher zu kommen, da konnte ich es ihr nicht abschlagen. Es schien ihr hier so viel besser zu gehen, und sie hatte einige sehr glückliche Tage hier. Aber dann ging es plötzlich sehr schnell mit ihrer Gesundheit bergab ...« Ihre Stimme versagte. »Sie, sie ... Melony hat mich gebeten, Ihnen etwas zu geben. Ich suche es sofort.«

Die Mutter brachte ihr einen bunt bemalten Umschlag, auf dem stand: »Für meine Freundin«. Innen fand sie ein selbstgemaltes Bild von »ihrem« Strand: gelber Sand, blaues Meer und eine große Schwalbe. Darunter stand sorgsam geschrieben: EINE SCHWALBE BRINGT DIR FREUDE.

Die Managerin konnte ihre Tränen nicht länger zurückhalten. Sie nahm Melonys Mutter in die Arme.

Heute hängt das Bild über ihrem Schreibtisch, so daß sie es immer sehen kann. Das Geschenk eines kleinen Mädchens, das sie Freude gelehrt hatte.

* * *

Manchmal scheint es, daß wir erst durch Tragödien aus unserem Trott herausgerissen werden und uns auf das besinnen, was wirklich zählt. Wir sind oft zu beschäftigt, um die Schönheit eines Moments zu genießen und um dankbar zu sein für die Menschen um uns herum.

Schicksalsschläge

Viele von uns haben Tragödien erlebt und mußten Schicksalsschläge erdulden. Manchmal geschehen Dinge, die wir nicht verstehen. Manches scheint unsere Kräfte zu übersteigen. Katastrophen wie schwere Krankheiten und Tod gehören zum Leben. Niemand wird davon verschont. Wie reagieren wir? Suchen wir Erklärungen, hadern wir mit

Gott, klagen wir an, oder versuchen wir selbst in einer solchen Situation die »helle Seite« zu entdecken?

Als Robin, die kleine Tochter von George und Barbara Bush, im Alter von drei Jahren starb, war die Reaktion der Eltern bewundernswert: »Wir freuen uns, daß die Erde, auf der unsere Tochter lachte und lief, auch unsere Erde war. Darum wollen wir nicht über ihr Dahinscheiden trauern, sondern dankbar sein für die Zeit, die wir zusammen hatten. George und ich lieben und wertschätzen jeden Mensch mehr – wegen Robin. Sie lebt in unseren Herzen, Erinnerungen und Handlungen. Wir weinen nicht mehr über sie. Sie ist ein glücklicher, heller Teil unseres Lebens.«

Genießen wir den Augenblick

Wir sollten uns öfter darauf besinnen, wie wertvoll jeder Mensch ist, dem wir begegnen, und wie besonders jeder Moment, den wir erleben. Leider sehen wir vieles als selbstverständlich an und glauben, unendlich viel Zeit zu haben.

Erst im Angesicht eines Verlustes erkennen wir wieder, daß jeder Moment in Wahrheit ein Geschenk ist. Wie viele Geschenke nehmen wir einfach nicht an und übersehen sie sogar – weil wir uns zu sehr auf Sorgen konzentrieren oder auf angeblich »Wichtigeres«.

Wir brauchen mehr Abstand. Wir sollten uns bei allen Sorgen und Problemen fragen: *Was wird in fünf Jahren von diesen Problemen noch übrig sein?* Wahrscheinlich nichts … Höchstens eine ruinierte Gesundheit, wenn wir Negatives zu sehr in uns hineingefressen und Unbedeutendes überbewertet haben.

Was uns dagegen erhalten bleibt, sind die Momente, die unser Herz berühren. Jene »Magic Moments«, die Zaubermomente, die uns mit Glück und Frieden überfluten. Wie oft laufen wir an solchen Gelegenheiten vorbei …

Die Versäumnisse des modernen Zeitmanagements

Im Zuge des immer weiter perfektionierten Zeitmanagements ergeben sich vier Mißstände:

1. Viele Menschen haben trotz aller Zeitplaner und Seminare noch weniger Zeit als vorher. Zeitmanagement scheint seinen Triumph darin zu erfahren, den Menschen zu ermöglichen, noch mehr in den Tag hineinzupacken. Statt Zeit zu schenken, rauben die meisten Techniken Zeit.

2. Der Schwerpunkt wird darauf gelegt, Minuten zu sparen, während viele Menschen Jahre vergeuden. Wer sein Ziel nicht kennt, aber gutes Zeitmanagement betreibt, der gelangt nur schneller ans falsche Ziel. *Auf diese Weise werden wir immer perfekter darin, etwas zu tun, was nicht zählt.* Das Wichtigste wird nicht berücksichtigt, nämlich herauszufinden, was für uns wirklich von Bedeutung ist. Wir verherrlichen die Uhr und vernachlässigen den Kompaß. Wir bemerken gar nicht, was uns auf diese Weise entgeht. Es fällt uns vielfach erst dann auf, wenn es zu spät ist.

3. Alles Unvorhergesehene wird pauschal als »Unterbrechung« deklassiert. Selbst Menschen, die wir lieben, werden auf diese Art zur »Störung«. Dies ergibt sich natürlich zwangsläufig, wenn wir derart unter der Tyrannei von Terminen stehen. Dabei sollen die Termine uns dienen und nicht wir den Terminen. Wer sich nur auf Ziele, Pläne und Termine fixiert, lebt nur für die Zukunft. Das Fatale daran ist, daß er auch in Zukunft für die Zukunft leben wird. Auf diese Weise werden wir niemals den Moment genießen. Und wir werden den Wert eines Menschen nicht schätzen. Menschen sollten den Vorrang behalten.

4. Wir entwickeln schon fast ein schlechtes Gewissen, wenn wir einmal nichts tun. Wir geraten in die Beschäftigungsfalle. Wer nicht ständig etwas unternimmt, dem wird langweilig. Einem Menschen, der jeden Tag und jeden Moment als eine Chance und ein Geschenk

versteht, wird es nicht langweilig. Er weiß, daß Zeit relativ ist. Langeweile kann nur bei Menschen aufkommen, die nicht im Moment leben und eine Situation nicht richtig wahrnehmen und so nicht an ihr teilnehmen können.

Zeit, um Pausen zu machen, um zu reflektieren, um nichts zu tun

Es macht einem Gewinner sogar Freude, wenn die Zeit manchmal stehenzubleiben scheint. Das gibt ihm die Gelegenheit, gewisse Momente – wie in Zeitlupe – noch bewußter und intensiver zu erleben. Selbst Pausen werden genossen – als Chance zur Stille und zur Besinnung auf das Wesentliche.

Wir müssen nicht immer etwas tun; wir können auch manchmal nur sein. Aber möglicherweise will derjenige, der immer etwas tut, ablenken von dem, was er ist. Vielleicht will er auch nicht nachdenken und sich mit sich selbst beschäftigen.

Wir brauchen solche Pausen, um uns mehr mit unseren Werten zu befassen. Um über die Richtung nachzudenken, die wir einschlagen wollen. *Wir müssen immer wieder innehalten, um nicht vom Strom des Dringlichen mitgerissen zu werden.* Das Dringliche hat die Neigung, so »laut« zu erscheinen, daß es wichtig wirkt. Aber in ruhigen Momenten können wir differenzieren und uns auf die Richtung besinnen, die wir als die für uns wichtige erkannt haben. Wir können wieder Wichtiges von Pseudo-Wichtigem unterscheiden.

Und wir brauchen solche Pausen, um uns mehr auf die Menschen zu besinnen, die uns wichtig sind. Nichts kann die Zaubermomente ersetzen, die wir mit diesen Menschen zusammen erleben können. Nichts kann unser Leben auch nur annähernd so sehr bereichern.

Der heutige Tag ist Ihre Chance

In der heutigen Zeit scheint es »normal«, in der Vergangenheit zu leben – indem wir etwas bedauern – oder in der Zukunft – indem wir diese vorbereiten. Sicherlich ist es ein Zeichen des Fortschritts, wenn wir langfristig planen und für eine bessere Zukunft arbeiten. Aber dieses Denken kann auch zu einer Falle werden. Das ist immer dann der Fall, wenn wir gar nicht mehr die Schönheit des Moments erleben.

Der heutige Tag ist eine einmalige Chance, die nicht wiederkehrt. Eine Chance, um Qualitätszeit mit einem Menschen zu verbringen, den Sie schätzen. Eine Chance, um an Ihren Träumen und Zielen zu arbeiten. Eine Chance, um glücklich zu sein. Überlegen Sie darum: Was können Sie tun, um den heutigen Tag noch bewußter zu erleben als »normale« Tage?

Vieles hängt von unserer Sichtweise ab. Ein kleines Mädchen war im Wald geblieben, obwohl ein heftiges Gewitter tobte. Besorgt machte sich ihre Mutter auf den Weg, um sie zu suchen. Als sie ihre Tochter endlich gefunden hatte, bot sich ihr ein merkwürdiges Bild: Bei jedem Blitz blieb das Mädchen stehen, blickte zum Himmel und lächelte. Die Mutter fragte: »Hast Du denn gar keine Angst vor den Blitzen?« »Nein«, antwortete die Kleine, »Gott macht doch Fotos von mir.«

Sollte Ihnen heute eine Widrigkeit zustoßen, so nehmen Sie diese nicht zu wichtig. Lassen Sie sich durch nichts Ihre gute Laune verderben. Sagen Sie sich: *»Das Schlimmste, das mir heute passieren kann, ist, einen wundervollen Tag zu haben.«* Verwandeln Sie Frustration in Faszination. Behalten Sie die Macht über die Situation. Lassen Sie nicht zu, daß ein widriger Umstand die Macht über Sie erhält. Benjamin Disareli sagte: »Kleine Dinge beeinflussen kleine Geister.« *Wenn Sie es nicht zulassen, kann nichts und niemand Ihnen die Schätze nehmen, die der heutige Tag für Sie birgt.*

Der Legende nach konnten Alchemisten früher Blei und Erde in Gold verwandeln. Eine interessante Idee. Erfolgreiche Menschen sind in gewisser Weise Alchemisten. Sie nehmen Situationen und verwandeln sie in goldene Momente.

Dankbarkeit

Kennen Sie das Geheimnis eines fröhlichen und glücklichen Menschen? Jemand, der auch bei Regenwetter ein Lied pfeift und lächelt? *Das Geheimnis glücklicher Menschen ist die Fähigkeit, den Moment als Wunder zu erkennen und dafür dankbar zu sein.*

Heute ist eine Chance, um dankbar zu sein. Sie können für so vieles dankbar sein. Für die Menschen, die Sie lieben und von denen Sie geliebt werden. Für kostbare Momente. Dafür, daß Sie gesund sind, laufen können, sehen und hören können, ohne fremde Hilfe essen können und zu essen haben, sprechen können … Die Liste ließe sich endlos fortsetzen. Erkennen Sie, wie reich Sie sind und aus wie vielen Geschenken Ihr Tag besteht?

Machen wir uns klar, welch eine Vielzahl von Wundern wir oft als selbstverständlich betrachten. So ist es auch mit den Menschen um uns herum. Wir sollten sie niemals für selbstverständlich nehmen.

Gewinner genießen jeden Tag als eine einmalige Chance. Sie betrachten und schätzen die Menschen um sie herum als das, was sie sind: Geschenke und Wunder. Sie gewinnen Kraft, indem sie sich auf die einfachen Dinge besinnen, welche die Grundlagen des Lebens bilden. Sie sind dankbar und lassen sich auch von Frustrationen nicht davon abbringen, vom Leben fasziniert zu sein. Gewinner nutzen den heutigen Tag.

Praxis:

Ich erlebe den heutigen Tag bewußt und nutze ihn als Chance, indem ich mich zu folgenden Schritten verpflichte:

1. Heute denke ich ganz bewußt an die Menschen, die mein Leben bereichern. Ich suche besonders die Nähe einer dieser Personen und verbringe die Zeit mit ihr so, als wenn ich sie für eine lange Zeit nicht wiedersehen würde.

2. Sollte ich heute im Stau stehen oder mir sonst etwas Widriges zustoßen, so vertausche ich Frustration mit Faszination. Das Schlimmste, was mir heute widerfahren kann, ist, einen wundervollen Tag zu erleben.

3. Ich schreibe mir heute 25 Dinge auf, für die ich dankbar bin. Dadurch werde ich das Leben noch mehr lieben und mich reich fühlen. Statt sinnlos Zeit mit Warten zu vergeuden, nutze ich heute Pausen, um mich an noch mehr Punkte zu erinnern, für die ich dankbar sein kann. Auf diese Weise wird heute jedes Warten zu einem Geschenk.

4. Der heutige Tag ist nicht, wie er ist, sondern er ist das, was ich aus ihm mache. Ich beschließe darum jetzt, den heutigen Tag als eine Chance zu sehen und ihn als solchen zu nutzen. Jeden einzelnen Moment werde ich heute als Bereicherung sehen. Jede Begegnung als ein Geschenk. Jede Minute als eine Gelegenheit. Jede Sekunde mit einem lieben Menschen als ein Wunder.

4. Gesetz: Konzentriere Dich auf Deine einkommensproduzierenden Aktivitäten

Eines Tages unterhielt sich ein Schüler mit seinem Meister über Arbeit und Ergebnis. Besonders eine Frage beschäftigte den Schüler: Was ist das entscheidende Kriterium für die Höhe des Einkommens?

Der Meister zeigte auf einen Baum und fragte seinen Schüler: »Was ist das?«

»Ein Feigenbaum«, erwiderte der Schüler.

Der Meister fragte weiter: »Trägt er Früchte?«

Der Schüler wunderte sich über diese Frage und antwortete: »Nein, obwohl es Sommer ist, hat er keine Früchte.«

Worauf der Meister sagte: »Dann ist es ein unnützer Baum, der kein Recht hat, in unserem Garten zu bleiben. Reiß ihn raus.«

* * *

Was bestimmt unser Einkommen? Viele haben eine falsche Vorstellung davon, wer uns letztendlich bezahlt. Es sind die Verbraucher oder, anders ausgedrückt, der Markt. Wir werden für den Wert bezahlt, den wir in den Markt einbringen.

Und doch gibt es immer wieder Menschen, die behaupten, viel mehr wert zu sein als ihr derzeitiges Einkommen. Dann liegt es an ihnen, eine solche Behauptung zu beweisen. Tatsächlich ist es so, daß der Markt jedem genau das bezahlt, was er wert ist. Und wieviel Sie wert sind, bestimmen Sie ganz alleine.

Ergebnisse entstehen durch EPAs

Wenn wir von wirtschaftlichem Wert sprechen, handelt es sich immer um Ergebnisse irgendeiner Art. Letztendlich werden nur Ergebnisse bezahlt, nicht guter Wille und nette Versuche. Auch Entschuldigungen und Ausreden werden nicht honoriert. Der Magnat W. Clement Stone sagte einmal: *»Im Beruf habe ich es mir angewöhnt, Menschen nur*

nach Ihren Ergebnissen zu beurteilen. Ergebnisse sprechen eine viel
deutlichere Sprache als schöne Worte.«

Wollen Sie mehr Geld verdienen? Dann müssen Sie Ihren Wert im
Markt erhöhen, indem Sie mehr Ergebnisse erzielen. Der beste Weg
dazu ist der, sich auf die sogenannten EPAs (die Einkommens-Produzierenden Aktivitäten) zu konzentrieren. Schon Pareto hat herausge-
funden, daß 80 Prozent unseres Verdienstes durch 20 Prozent unserer
Aktivitäten entstehen. Das heißt, daß wir 80 Prozent unserer Zeit verschwenden oder zumindest nicht optimal einsetzen.

Was sind die magischen 20 Prozent in Ihrem Job, die 80 Prozent
aller Ergebnisse bewirken? Viele Verkäufer degradieren sich zu Wohn-
zimmerclowns, weil sie sich nicht trauen, die entscheidenden Ab-
schlußfragen zu stellen. Viele Angestellte arbeiten stundenlang an einem immer besseren Ablagesystem; viele Chefs erledigen die Arbeit
ihrer Mitarbeiter – immer auf Kosten der Tätigkeiten, die wirklich
Umsätze und Gewinne einbringen würden. Gewinner setzen auch große Teile der 80 Prozent für EPAs ein. Damit können sie ihre Produktivität erheblich steigern.

In jedem Job gibt es einige entscheidende Aufgaben, wenige bestimmte Tätigkeiten, die letztendlich die Höhe des Einkommens bestimmen. Auf diese müssen wir uns konzentrieren. Erstaunlicherweise
sind die EPAs meist keine sehr schwierigen Dinge. Überhaupt werden
Sie feststellen, daß Gewinner nicht die außergewöhnlich schwierigen
Dinge gut machen, sondern einige einfache Dinge außergewöhnlich
gut. Vor allem aber: Sie tun sie!

Stellen Sie sich immer wieder die Frage: Was müßten Sie häufiger
tun, um mehr Geld zu verdienen? Was auch immer die Antwort ist: Tun
Sie es!

Was hält die meisten Menschen wohl zurück, die anderen 80 Prozent
Ihrer Zeit stärker für EPAs einzusetzen? Die Angst vor Mißerfolg. Für
einen Mißerfolg kann es zwei Gründe geben: Zum einen können wir
Fehler gemacht haben – und sind dafür verantwortlich. Oder wir konnten das gewünschte Ergebnis nicht erzielen – ohne dafür verantwort-

lich zu sein. Es war einfach nicht möglich. Untersuchen wir beide Ursachen. Beide nehmen vielen Menschen den Mut. Oft deshalb, weil sie Mißerfolge für endgültig halten.

Mißerfolge gibt es, so wie es den Winter gibt

Beginnen wir mit dem Mißerfolg, den wir nicht zu verantworten haben. Hier ist der Fehlschlag Teil des Systems. Die folgende Geschichte erklärt, warum solche Mißerfolge uns nicht entmutigen müssen:

Die Erdmännchen leben tief im Inneren der Erde, weil es dort so angenehm warm ist. Es ging unter ihnen das Gerücht umher, daß es auf der Erdoberfläche sehr schön sei – aber auch sehr gefährlich. Sie wollten dem auf den Grund gehen und schickten einen Kundschafter nach oben.

Als dieser oben ankam und sein Köpfchen herausstreckte, bekam er den Schrecken seines Lebens. Es war ein Wintermorgen, und ein Schneesturm trieb dem kleinen Kerl Eis und Schnee ins Gesicht. So hatte er sich die Erdoberfläche aber nicht vorgestellt. Schnell krabbelte er wieder nach unten und berichtete seinem Volk von den todbringenden Gegebenheiten dort oben.

Weil sich aber die Gerüchte über eine schöne Erdoberfläche hartnäckig hielten, entschlossen sich die Erdmännchen im Juli dazu, noch einmal einen Kundschafter nach oben zu schicken. Diesen empfing ein ganz anderes Bild. Die Sonne schien herrlich warm, Vögel zwitscherten und Schmetterlinge flogen umher. Das Erdmännchen roch das duftende Gras und ließ sich die Sonne auf sein Bäuchlein scheinen. Wieder unten zurückgekehrt, berichtete er überschwenglich

Die Erdmännchen wußten nun nicht so recht, was sie glauben sollten. War dort oben nun Eis und Schnee oder herrlicher Sonnenschein und duftendes Gras? An einem Herbsttag und sechs Monate später im Frühling schickte man jeweils noch einen Kundschafter nach oben. Und wieder wurden sehr widersprüchliche Berichte abgegeben. Völlig verunsichert beschlossen die Erdmännchen, kein Risiko einzugehen und im Erdinneren zu bleiben.

Die Geschichte der Erdmännchen symbolisiert die vier Jahreszeiten, die es bei jeder Tätigkeit gibt. Es gibt Sommerzeiten, in denen alles gelingt, aber auch Zeiten tiefen Winters, in denen nichts funktioniert. Und es wird Zeiten geben, in denen Sie viel tun, aber trotzdem nur einige Teilergebnisse erzielen.

Manche Menschen suchen naiv eine Tätigkeit, bei der ewiger Sommer herrscht. Aber so wie sich in der Natur Sommer und Winter abwechseln, so wechseln sich auch im Geschäft gute und weniger gute Zeiten ab. Dies gilt überall und für jedes Geschäft. Bitte glauben Sie nicht, daß es irgendeine Ausnahme für dieses Naturgesetz gibt.

Gewinner akzeptieren, daß Sommer und Winter einander immer abwechseln werden. Darum lernen sie, auch mit schlechten Zeiten umzugehen. Sie lassen sich durch den Winter nicht entmutigen. Sie wissen ja, daß kein Winter ewig andauert. *Sie sprechen von einem Winter nicht als persönlichen Fehlschlag, sondern sie erkennen an, daß er ein Teil des Systems ist.*

SINALOA bringt Sicherheit

Für jeden Erfolg ist es wichtig, SINALOA zu verstehen. Diese Abkürzung steht für: *Safety In Numbers And Law Of Average*. Das heißt soviel wie: Ihre Sicherheit liegt in den Zahlen und dem Gesetz des Durchschnitts.

Wenn Sie einen Würfel nehmen und nur einmal würfeln, ist es eine reine Frage des Glücks, welche Zahl Sie treffen. Selbst wenn Sie nur zehnmal würfeln, ist es noch eine Frage des Glücks. Wenn Sie dagegen 150mal die Würfel geworfen haben, hat sich das Durchschnittsgesetz eingestellt. Je öfter Sie würfeln, desto höher ist die Wahrscheinlichkeit, daß alle Zahlen gleich oft fallen.

Da Ihr geschäftlicher Erfolg nicht von Glück oder Pech abhängen darf, gibt es nur einen Erfolgsgaranten: Immer, wenn Sie eine Tätigkeit oft machen, ergibt sich aufgrund der hohen Zahl das Gesetz des Durchschnitts. Und dann wird Ihre Tätigkeit für Sie kalkulierbar. Was auch immer in Ihrem Geschäft die EPAs sind: Sie müssen sie oft tun, denn nur dann haben Sie eine Garantie, erfolgreich zu sein. Alles andere wäre amateurhaftes Glücksspiel.

Wir werden immer Fehler machen

Der andere Grund, warum sich viele Menschen scheuen, genügend EPAs durchzuführen, ist die Angst vor Fehlern. Deshalb ist es wichtig, Fehler als das zu sehen, was sie sind: wichtige Bausteine unserer Entwicklung. Fehler sind nicht peinlich, solange es sich um neue Fehler handelt. Aus einmal gemachten Fehlern sollten wir lernen und sie möglichst nicht wiederholen. Für »neue« Fehler gilt: Nur wer gar nichts tut, macht keine Fehler. Fehler entstehen zwangsläufig, wenn jemand handelt. Fehler sind darum ein Zeichen dafür, daß jemand fleißig ist. So gesehen sind Fehler gut.

Watson Senior, der Gründer von IBM, wurde einmal gefragt, was denn ein Mensch tun müßte, um in seinem Konzern aufzusteigen. Watson antwortete: *»Er muß nur seine Fehlerquote verdoppeln.«* Watson wußte, daß jeder, der seine Angst vor Fehlern und Ablehnung verliert, mehr EPAs durchführt.

Fehler entstehen besonders dort, wo jemand außergewöhnliche Leistungen vollbringt. Noch niemand hat großartige Ergebnisse hervorgebracht, wenn er aus Angst vor Fehlern oder einer Blamage zögerte.

Erfolge bringen Anerkennung und Geld. Nicht so Fehler – sie bringen zunächst keine Belohnungen. Aber sie sind für unsere Entwicklung wichtig, weil sie Erfahrung bringen. Erfahrungen führen zu besseren Entscheidungen, die neue Erfolge bewirken. Fehler sind darum für unsere Entwicklung mindestens genauso wichtig wie Erfolge. Wer keine Fehler mehr macht, beraubt sich seiner Chance, zu lernen und sich weiterzuentwickeln.

Gewinner kennen ihre EPAs und üben sich darin, soviel Zeit wie möglich auf sie zu verwenden. Sie verlassen sich auf SINALOA. Auch wenn sie Mißerfolg und persönliche Fehler nicht mögen, so lassen sie sich doch davon nicht aufhalten.

Praxis:

Ich werde heute den Prozentsatz meiner einkommensproduzierenden Aktivitäten verbessern, indem ich mich verpflichte, die folgenden Schritte durchzuführen:

1. Ich überlege, wie ich meine Zeit gestern verbracht habe. Ich mache mir bewußt, daß sich nicht viel ändern wird, wenn ich meine EPAs nicht gezielt plane. Ich frage mich: Was kann ich heute konkret tun, um stärker in den Bereichen zu arbeiten, die mein Einkommen bestimmen?

2. Ich finde heraus, wie viele EPAs ich in meinem Geschäft innerhalb einer Woche oder eines Monats durchführen muß, um auf der ganz sicheren Seite zu sein. Sobald ich diese Zahl kenne, treffe ich den Entschluß, drei Monate lang SINALOA für mich arbeiten zu lassen.

3. Wenn ich gerade einen Sommer erlebe, dann weiß ich, daß ein Winter kommen wird. Ich weiß, daß jetzt Zeit ist, die Ernte einzufahren. Darum verdopple ich jetzt meine Anstrengungen. Ich beschließe, mich durch keinen Winter von meinen Zielen abbringen zu lassen.

4. Um einen Winter überstehen zu können, muß ich mich gut vorbereiten. Ich entschließe mich, jeden Tag ein Kapitel in diesem Buch zu lesen. Darüber hinaus beschließe ich, Seminare zu besuchen, um als Persönlichkeit zu wachsen.

5. Gesetz: Werde zu einer Persönlichkeit

In einem Hofnarr erwachte plötzlich der Drang nach einem besseren Leben. Er wollte Reichtum, spannende Reisen und Luxus. Vor allem aber wollte er endlich Respekt. Sein ganzes Leben hatten die Leute mit dem Finger auf ihn gezeigt und gesagt: »Schau mal, der Narr dort.« In Zukunft sollten die Menschen Achtung vor ihm haben.

Also trug er dem König sein Anliegen vor. Dieser entschied: »Narr, viele Jahre lang hast du mir Freude bereitet. Darum will ich deinen Wunsch erfüllen und schenke dir ein beträchtliches Vermögen.«

Der Narr begann sofort, sein neues Glück zu genießen. Er wohnte in einem teuren Haus und aß köstliche Speisen. Allerdings entdeckte er, daß die Menschen um ihn herum den Respekt nur heuchelten. Er war für sie weiterhin der Narr – wenn auch ein reicher. Außerdem verbrauchte er sein Vermögen in Windeseile.

Er trug dem weisen Berater des Königs sein Problem vor. Dieser schüttelte lächelnd den Kopf und zeigte auf ein Glas und eine Amphore voll Wein: »Ich könnte nicht den ganzen Wein in dieses Glas schütten. Das Glas ist zu klein. Ebenso ist deine Persönlichkeit zu klein für deine Wünsche. Der König hat dir Reichtümer gewährt, aber deine Persönlichkeit ist nicht in der Lage, sie festzuhalten.«

* * *

Stück für Stück – eine Lektion nach der anderen

Wenn die Dinge besser werden sollen, müssen zuerst wir besser werden. Wir alle kennen Menschen, die darauf warten, daß sich die Umstände verbessern, damit sie erfolgreich werden, oder auch nur damit »beginnen« können. Tatsächlich werden sich die Umstände für sie aber nie ausdauernd verändern, solange sie zu »klein« sind, um »günstige Umstände« in ihrem Leben festzuhalten. Damit die Umstände sich verändern können, muß zuerst die Person sich ändern. Es ist wie in der Schule. Wir beginnen in der ersten Klasse. Dann kommen wir in die zweite und in die dritte Klasse. Ein kluges System. Das Prinzip dahinter lautet: Wenn wir besser werden, wird unser Spiel größer.

Manch einer mag denken: »Gib mir zwei Millionen Euro, und ich habe keine Geldsorgen mehr,« Falsch. Zuerst die erste Klasse. Zuerst einmal muß man lernen, mit der jetzigen Situation zurechtzukommen. Zuerst lernen wir 1.000 Euro zu sparen und anzulegen. Dann 10.000 und so weiter. Wir verbessern uns nicht, indem wir auf bessere Umstände hoffen, sondern indem wir das Beste aus dem machen, was wir gerade haben.

Oft ist es wenig hilfreich, sich zu fragen, ob wir »gut genug« für eine bestimmte Tätigkeit sind. *Erst indem wir in einer bestimmten Aufgabe tätig sind, werden wir zu dem Menschen, der sie erfolgreich durchführen kann.* Wenn Sie bereits »gut genug« für eine neue Aufgabe sind, dann ist diese Aufgabe möglicherweise für Sie schon zu klein. Sie können dann ja nicht mehr an dieser Aufgabe wachsen.

Wir werden etwas durch unser Werk

Denken Sie an eine erfolgreiche Persönlichkeit, und Sie werden auch gleich an das Werk denken, das sie berühmt und »groß« gemacht hat. Einstein wurde etwas durch seine Theorien in der Physik. Beckenbauer durch seine Verdienste im Fußball. Gandhi durch die gewaltlose Befreiung Indiens. Mutter Teresa durch ihr Hilfswerk. Ganz gleich, welche berühmte Persönlichkeit Ihnen einfällt, sie wurde erst durch ihr Werk zu dem, was sie ist.

Einer der effektivsten Wege, uns zu verbessern, ist, durch unser Werk zu wachsen. Wer sich ein besseres Leben wünscht, sollte darum so schnell wie möglich beginnen, hart zu arbeiten. Wir werden am Anfang nicht alles richtig machen. Aber das ist nicht weiter schlimm, wenn wir hart genug arbeiten und uns nicht entmutigen lassen. Zwar machen uns Erfolge reicher, aber die Mißerfolge lassen uns wachsen.

Die fünf Lehren vom Sämann

Vielleicht erinnern Sie sich an das Gleichnis vom Sämann. Der säte fleißig seine Körner. Aber nicht alle kamen ans gewünschte Ziel. Einige wurden von den Vögeln gefressen, andere vertrockneten auf dem Weg, und wieder andere wurden von Dornen erstickt. Daraus ergeben sich fünf wichtige Lehren:

1. Nicht alle Saat geht auf. Wir müssen viel säen, denn uns wird nicht alles gelingen. Wir dürfen uns nicht auf ein einziges Korn verlassen.

2. Wir sollten uns nicht hauptsächlich auf unsere Feinde konzentrieren, sondern auf unsere Arbeit. Wer seine Feinde vernichtet, erreicht dadurch fast nie sein eigenes Ziel. Bedenken Sie: Wer erfolgreich ist, wird immer Feinde haben. Das liegt einfach in der Natur – Vögel und Dornen gibt es immer. Der kluge Sämann sät einfach weiter.

3. Wir müssen zuerst unser Bestes geben und säen, und dann erst können wir ernten. Die Belohnung kommt nach der Arbeit. Das Universum belohnt Anstrengung und keine Entschuldigungen. Oft sehen wir, daß jemand versucht, dieses Naturgesetz umzudrehen. Langfristiges Glück kann auf diese Weise aber nicht entstehen.

4. Wir brauchen Geduld. Wachstum braucht Zeit. Zwei Tage nach dem Säen werden wir noch keine Pflanzen ernten. Arbeit alleine reicht nicht. Erst die Kombination mit Geduld bringt Ergebnisse.

5. Wir ernten, was wir gesät haben. Unsere gute wie schlechte Saat begleitet uns im Leben. Wir sollten vorsichtig sein, welches Saatgut wir verwenden: Die Saat könnte aufgehen.

Sechs Hindernisse für den Erfolg

Warum sind nicht mehr Menschen erfolgreich? Schließlich waren doch die Chancen nie besser als heute. Es gibt sechs Hindernisse, die jeden Erfolg bereits im Keim ersticken. Diese sind auch der Grund, warum es nie gelingen kann, für alle Menschen die gleichen Lebensbedingungen zu schaffen. Es handelt sich nämlich um Prozesse, die in einem Menschen stattfinden und die von außen fast nicht beeinflußt werden können.

1. *Arroganz.* Haben Sie Menschen kennengelernt, die auf alles mehr Antworten als Fragen haben? Wie Goethe schon feststellte: »Die meisten Menschen wollen etwas sein – keiner will etwas werden.« Um zu wachsen, müssen wir Schüler sein.

2. *Ignoranz.* Viele Menschen sind – aus welchen Gründen auch immer – nicht bereit, sich zu öffnen, um Neues unvoreingenommen zu prüfen.

3. *Eitelkeit.* Wir nehmen uns selbst zu ernst und sind zu würdevoll. Energie wird darauf verschwendet, gut »auszusehen«. Diese Energie fehlt dann für wirkliche Ergebnisse. Außerdem ist übertriebene Eitelkeit kein Zeichen ausgeprägter Intelligenz.

4. *Angst.* Angst wird hervorgerufen durch die Vorstellung, was Schlimmes passieren könnte. Wir konzentrieren uns so auf das, was wir *nich*t wollen. Dieses Bild wird dann so lange vor dem inneren Auge wiederholt, daß wir meinen, es könne leicht Realität werden.

5. *Selbstzweifel.* Wir glauben, nicht gut genug zu sein. Selbstzweifel entstehen immer dann, wenn wir uns mit anderen vergleichen, statt auf die eigenen Stärken zu schauen. Wir müssen unser Selbstbewußtsein systematisch aufbauen, indem wir zum Beispiel ein Erfolgs-Journal führen, in dem wir alle unsere Erfolge notieren.

6. *Schuld.* Viele Menschen leben nicht das Leben, das sie sich wünschen, weil sie von egoistischen Menschen durch Schuldvorwürfe

geschickt manipuliert werden. Wenn wir unserem Leben eine erfüllende Aufgabe geben, verschwinden falsche Schuldgefühle oft wie von selbst.

Alle diese Hindernisse werden in diesem Buch behandelt. Aber harte Arbeit alleine ist noch nicht der Garant für Erfolg.

Die vier Möglichkeiten zu arbeiten

Wir können bei einer Arbeit zwischen »richtigen« und »falschen« Dingen unterscheiden. Mit »richtig« für Sie ist eine sinnvolle Aufgabe gemeint, die drei Voraussetzungen erfüllt: Erstens macht sie Ihnen Spaß. Zweitens entspricht sie Ihren Talenten und Fähigkeiten. Drittens können Sie damit Probleme anderer Menschen lösen und genügend Geld verdienen. Die richtige oder falsche Aufgabe können wir jeweils mit einer richtigen und falschen Einstellung verrichten – dabei spielen die obengenannten sechs Hindernisse eine große Rolle. Bitte überlegen Sie, in welcher der vier Beschreibungen Sie sich momentan wiederfinden:

Wir tun die falschen Dinge mit der falschen Einstellung
Das Ergebnis einer solchen »Strategie« ist katastrophal. Das Leben wird sinnlos und freudlos.

Wir tun die falschen Dinge mit der richtigen Einstellung
In diesem Fall können wir zwar einige unserer Ziele erreichen. Aber wir werden sehr viel Zeit und Energie verschwenden, weil wir viele Rückschläge erleiden müssen.

Wir tun die richtigen Dinge mit der falschen Einstellung
So werden wir zwar einige kleinere Erfolge erzielen, aber letztendlich unser Ziel verfehlen.

Wir tun die richtigen Dinge mit der richtigen Einstellung
Nur in diesem Fall werden wir unser gewünschtes Ergebnis sehr schnell erzielen.

Diese Beschreibung ist sehr einfach – aber auch sehr treffend. Sie ermöglicht einen raschen Selbsttest. Tun Sie das Richtige? Das heißt: Arbeiten Sie in einem Bereich, der Sie mit Leidenschaft erfüllt und Ihren Talenten entspricht? Und arbeiten Sie mit der richtigen Einstellung? Sollten Sie nicht die richtigen Dinge mit der richtigen Einstellung tun, so überlegen Sie, was Sie verändern können. Lassen Sie sich z.B. nicht von den sechs Hindernissen (Arroganz, Ignoranz, Eitelkeit, Angst, Selbstzweifel und Schuld) zurückhalten.

Viele Menschen jammern und klagen. Sie reden von Ungerechtigkeit. Dabei tun sie die falschen Dinge mit der falschen Einstellung. Dann wollen sie etwas ernten, was sie gar nicht gesät haben. Sie ignorieren die Naturgesetze.

Gewinner verlieren keine unnötige Zeit, indem sie auf bessere Umstände hoffen. Sie verschwenden auch keine Energie, indem sie versuchen, Dinge zu verändern, auf die sie keinen Einfluß haben. Sie verschwenden Ihre Zeit nicht für das Erfinden von Ausreden. Sie wissen, daß ihre Lebensumstände sich automatisch positiv verändern werden, wenn sie sich mit großer Begeisterung auf eine gute Arbeit stürzen.

Richard Bach sagte: »Wenn wir das Leben beginnen, erhält jeder von uns einen Marmorblock und die nötigen Werkzeuge, um diesen Block zu bearbeiten. Wir können ihn unser ganzes Leben lang unbehauen mitschleppen, wir können ihn zu Kieseln verarbeiten, oder wir können ihm eine herrliche Form geben.«

Es ist unser Geburtsrecht, glücklich und erfolgreich zu sein. Aber wir dürfen uns nicht von den sechs Feinden des Erfolgs abhalten lassen. Der alleinige Wunsch macht nicht bedeutend, vermögend und einflußreich. Wir werden erst etwas durch unser Werk. Nichts kann die Stelle von harter, zielgerichteter Arbeit einnehmen. Gewinner wissen, daß ihre Talente ihnen einen Platz auf diesem Planeten schaffen.

Praxis:

Da ich eine stärkere Persönlichkeit werden möchte, will ich wachsen, indem ich mich zu folgenden Schritten verpflichte:

1. Ich betrachte meinen Job bzw. meine Firma als mein Vehikel zu einer erfolgreicheren Persönlichkeit und zu besseren Umständen. Darum arbeite ich mit großer Energie und Begeisterung. Ich setze alles daran, um etwas zu werden – durch mein Werk.

2. Ich will meine Fehler nicht wiederholen und aus ihnen lernen. Darum beginne ich ein »Erkenntnis-Journal«. Ich notiere alles, was ich aus meinen – und den Fehlern anderer Menschen – lernen konnte.

3. Ich lese Literatur, die meinem Persönlichkeitswachstum hilfreich ist. Ich tausche Fernsehzeit ein in Lesezeit und werde mindestens eine Stunde in einem Sachbuch lesen.

4. Ich weiß, daß ich auf meinem Weg manche Enttäuschungen erleben werde. In solchen Situationen benötige ich Motivation. Motivation entsteht aus einer klaren Vision und Selbstbewußtsein. Diese Motivation kann mir auf Dauer kein anderer Mensch geben. Ich beantworte die Frage schriftlich: »Wer wird davon profitieren, wenn ich ein erstrebenswertes Ziel erreicht habe?«

5. Ich schreibe heute unbedingt in meinem Erfolgs-Journal fünf Dinge auf, die mir gut gelungen sind.

6. Gesetz: Tue es einfach

In den sechziger und siebziger Jahren dominierte Adidas weltweit den Markt der Sportschuhe. Nirgendwo war ein ernst zu nehmender Konkurrent in Sicht.

Da gründeten einige junge Männer eine Firma für Sportschuhe, die es mit dem Konzernriesen Adidas aufnehmen sollte. Sie taten das gegen den Willen ihrer Familien, die dem Vorhaben keine Chance einräumten und sie kritisierten und verspotteten. Der Aufbau der Firma an sich war schon hart genug. Die Widerstände innerhalb ihrer Familien überstiegen fast ihre Kräfte.

Eines Tages saßen die jungen Männer zusammen und suchten nach einem Rezept gegen die Anfeindungen. Sie überlegten eine Zeitlang hin und her und fanden keine Lösung.

Schließlich sagte einer von ihnen: »Ganz gleich, was sie sagen, just do it!« (Tue es einfach!) Die anderen verstanden ihn sofort. Sie sollten nicht soviel auf andere hören, sondern es einfach tun. Nicht soviel nachdenken, sondern es einfach tun. Just do it.

Diese drei Worte inspirierten sie so sehr, daß sie entschieden, sie zu ihrem Firmenslogan zu machen. Sie bedruckten ihre T-Shirts mit der Aufschrift: »JUST DO IT!« und trugen sie bei der Arbeit.

Sie wissen, welche Firma gemeint ist: Nike zog innerhalb weniger Jahre an Adidas vorbei und wurde der größte Sportschuhhersteller weltweit. Heute noch tragen die Mitarbeiter in der Hauptzentrale von Nike die »JUST DO IT!«-T-Shirts.

* * *

Die Welt ist voll von Individuen, die unter ihren Möglichkeiten bleiben, weil sie nicht gelernt haben zu handeln. Von Menschen, die »wissen«, wie es geht, es aber nicht tun. Sokrates hat die Meßlatte hoch angelegt. Er sagte: »Ich nenne den Menschen faul, der Besseres leisten könnte.«

Wissen ist nur eine potentielle Macht. Es wird erst dann wertvoll, wenn es in die Hände von Menschen gelangt, die damit wirksam umgehen können. *Das größte Talent von Gewinnern ist ihre Fähigkeit, sich zum Handeln zu motivieren.*

Viele Menschen leiden an dem Wasserfall-Syndrom. Sie springen in den Fluß des Lebens, ohne ihre Richtung festzulegen. Sie lassen sich einfach treiben und von den Strömungen mitreißen. Sie fühlen sich machtlos ausgeliefert und tun darum nichts. Und dann entdecken sie eines Tages, daß sie nur einige Meter von einem gewaltigen Wasserfall entfernt sind. Endlich wachen sie auf. Aber der Absturz läßt sich nun nicht mehr verhindern.

Je früher wir handeln, um so leichter wird es uns fallen. Alle Gesetze der Gewinner sind wertlos, wenn wir sie nicht umsetzen und nichts tun. Es mag verführerisch sein, im ruhigen Wasser einfach zu baden. Aber auf diese Weise vergeuden wir unser Leben.

Viele Menschen wissen, was sie *haben* wollen; aber sie wissen nicht, wer sie *sein* und was sie *tun* wollen.

Die häufigsten Ausreden

Folgende Fragen sollten wir uns von Zeit zu Zeit stellen:

1. Könnte es sein, daß Sie eine Handlung hinausschieben – aus Angst vor Fehlern? Haben Sie Angst, sich zu blamieren?

2. Gibt es etwas, was Sie jetzt nicht tun, weil gerade nicht »der richtige Zeitpunkt« ist?

3. Meinen Sie, für etwas noch mehr Vorbereitung zu benötigen? Mehr Wissen, mehr Erfahrung, bessere Fundamente?

4. Meinen Sie, daß eine gute Chance nur einmal kommt und Sie darum dieser Chance nicht zu früh begegnen dürfen – weil Sie noch nicht »gut genug« sind?

5. Müssen sich erst noch ein paar Umstände ändern?

6. Glauben Sie, daß Ihre Träume nicht realistisch sind?

Wir müssen kritisch hinterfragen, ob die obengenannten Fragen möglicherweise nur Ausreden sind – Entschuldigungen, um nicht zu handeln. Denn das sind sie fast immer. Sie wissen ja: *Der beste Moment zu handeln ist jetzt.*

Vieles wird sich finden und von alleine lösen, wenn wir nur beginnen und aktiv sind. Es gibt keine perfekte Vorgehensweise. Es gibt überhaupt keine Perfektion, die ein Mensch schaffen könnte. Und es gibt auch keinen perfekten Zeitpunkt. Aus diesem Grund handeln Gewinner SSWIM (so schnell wie irgend möglich).

Alles Große beginnt klein. Alles baut auf den Fehlern auf, die wir am Anfang gemacht haben. Fehler sind das Fundament für spätere richtige Entscheidungen. Und Fehler sind das Fundament für persönliche Stärke. Fehler sind gut.

Es ist besser, *unvollkommen zu beginnen, als perfekt zu zögern.* Wir sind niemals bereit für die ganz großen Aufgaben. Nur indem wir beginnen, lernen wir die notwendigen Dinge. *Die beste »Vorbereitung« ist, es einfach zu tun.*

Aber wie oft hören wir: »Wenn ich erst mal mehr Energie habe, dann werde ich anfangen zu joggen.« Falsch! Die Energie kommt, wenn wir joggen. »Sobald ich einen Job habe, für den es sich lohnt, werde ich hart arbeiten.« Auch falsch! Jobs, die sich lohnen, bekommen wir, weil wir hart arbeiten.

Ruhm erfolgt aus dem Tun

In einer Scheune standen zwei Pflüge. Der eine war sehr rostig, der andere wunderschön glänzend. Neidisch betrachtete der rostige Pflug seinen herrlich anzusehenden Nachbarn und fragte ihn: »Warum bist du so prächtig, während ich so gammelig und so wenig attraktiv aussehe. Das ist nicht gerecht, ich bin für mehr Gleichheit.« Der schöne Pflug antwortete: »Mein Glanz kommt von der Arbeit.«

Soziale Gerechtigkeit ist heute in aller Munde. Und tatsächlich liegt vieles im argen. Aber soziale Gerechtigkeit darf nicht mißbraucht werden. Es kann nicht angehen, daß sich ein ganzer Teil der Bevölkerung darauf ausruht, daß ihn der andere Teil ernährt, obwohl er selbst für sich sorgen könnte. Damit bestehlen sie diejenigen, die es wirklich brauchen, und sich selbst. Wer auf Kosten anderer lebt, wird immer schwächer und unglücklicher.

Für alle, die arbeiten können, gilt: *Gleiches bekommt, wer Gleiches tut.* Alles andere wäre keine Gerechtigkeit, sondern Gleichmacherei. Gleichmacherei aber bestraft diejenigen, die die Zugpferde unseres Systems sind: die, die es einfach tun. Aber durch Gleichmacherei werden auch die Menschen bestraft, die unsere Hilfe wirklich brauchen.

Für alle, die nicht für sich selbst sorgen können, muß unser Solidarbeitrag besser sein, als dies im Moment meist der Fall ist. Jemanden lediglich nicht verhungern zu lassen, ist zu wenig. Wir müssen uns an der Lebensqualität der Hilflosen in unserem Land messen lassen.

Die Gesetze der Gewinner

Dieses Buch wird Ihnen die gewünschten Resultate nicht bringen, wenn sie es nur flüchtig lesen. Selbst wenn Sie die einzelnen Gesetze so oft lesen, daß Sie sie nicht mehr vergessen können, hat sich noch nichts verändert. Sie müssen handeln. Sie müssen die einzelnen Gesetze in Ihr Leben integrieren, indem Sie täglich mit ihnen arbeiten. Darum sind die Praxisübungen – Ihre Handlungen – die Brücke. Die Brücke von diesem Buch zu Ihnen. Und die Brücke von Ihrer momentanen Situation zu einem noch besseren Leben.

Lesen und arbeiten Sie jeden Tag mit einem Kapitel. Wenn Sie fertig sind, fangen Sie wieder von vorne an. Überspringen Sie dabei die Gesetze, die Sie bereits gemeistert haben oder zu denen Sie im Moment keinen Bezug haben. Aber ganz gleich, wie Sie vorgehen: Handeln Sie. Arbeiten Sie mit den Gesetzen.

Führen Sie lieber nur eine Übung wirklich durch – anstatt über alle nachzudenken. Suchen Sie sich die Übung heraus, die Sie heute umsetzen wollen. Es gibt Lektionen, die heute für Sie wichtiger sind als andere. Aber handeln Sie. Denken Sie daran, daß es bereits zu viele Menschen auf dieser Welt gibt, die ihre Talente vergeuden.

Die Erkenntnisse, auf denen die Gesetze der Gewinner beruhen, sind zum Teil schon tausende Jahre alt. Gewinner aller Zeiten lebten nach ihnen. Aber wahrscheinlich hat sie noch niemand vollständig beherrscht. Warum? Zum einen, weil wir wachsen und Herausforderungen auf immer höheren Ebenen begegnen. Zum anderen erkennen wir um so mehr Wachstumsbereiche, je mehr wir uns mit den Gesetzen der Gewinner beschäftigen – also wirklich etwas tun. Es ist darum ein Zeichen von fast sträflicher Überheblichkeit, wenn jemand sagt: »Das weiß ich alles schon.«

Jeder lernt anders. Für manche Menschen ist es hilfreich, wenn sie über ihre Aktivitäten Buch führen. Manche legen sich für die Übungen ein eigenes Arbeitsbuch an, mit dem sie die schriftlichen Praxisübungen machen, und erstellen Raster für ihre Eigenkontrolle. Wenn Sie auch auf diese Weise vorgehen wollen, dann sollten Sie zudem Ihre Ergebnisse notieren. Es gibt aber auch das »Gesetze der Gewinner Praxisbuch«. Mehr dazu finden Sie im Anhang dieses Buchs.

Der einzige Maßstab

Viele angeblich faule Menschen haben in Wahrheit nur keine Ziele, die es sich zu verfolgen lohnt. *Warum sollten sie schneller laufen, wenn sie nicht einmal die Richtung kennen?*

Vergessen Sie nicht: Es gibt nur einen Maßstab, um zu bemessen, wie ernst Sie es meinen: Ihre Handlungen. Wenn Sie feststellen, daß Sie nicht genügend aktiv sind, dann sollten Sie sich mit Ihren Gründen beschäftigen. Fragen Sie sich, warum Sie etwas erreichen wollen, warum Sie unbedingt Erfolg haben müssen.

Nehmen Sie sich Zeit für die Beantwortung dieser Fragen. Denn was einen Menschen vorantreibt, ist nicht das Wissen, *wie* er etwas tun muß, sondern das Wissen, *warum* er es tun *muß*. Wer genau weiß, warum er etwas tun will, wird das *Wie* immer finden.

Legen Sie ein Traumalbum an, in das Sie alle Ihre Träume in Form von Bildern einkleben. Das können Ausschnitte aus Magazinen, Fotomontagen, Zeichnungen … sein. Schauen Sie sich jeden Tag Ihre Träume an. Während Sie dieses Album betrachten, fragen Sie sich: »Welche dieser Träume will ich realisieren, und warum sind sie mir so wichtig?« Suchen Sie Ihre Motivationsknöpfe. Finden Sie heraus, was Sie vorantreibt, und setzen Sie diese Dinge bewußt ein.

Enrico Caruso

Caruso hatte schon als Kind den Traum, an der Mailänder Scala zu singen. Irgendwann aber begrub er seinen Traum »vorübergehend« und schloß sich einer Wanderoper an.

Eines Tages traf ihn ein Freund auf Sizilien. Als dieser von der Wanderoper hörte, war er alles andere als begeistert. Er glaubte an Carusos Talent und kannte dessen alte Träume. Er fragte ihn: »Was machst du hier?« Caruso antwortete ihm: »Das habe ich dir doch gerade erzählt!«

Der Freund erwiderte: »Du verstehst nicht. Ich will wissen: Was hast du aus deiner Chance gemacht?«

Caruso überflog sein Leben. Er hatte aufgehört zu üben, er war Kompromisse eingegangen und hatte seine einstigen Ziele aufgegeben. Er war im Mittelmaß versunken. Er hatte keinen Respekt mehr vor sich selbst. Er hatte nichts aus seiner Chance gemacht. Vor lauter Frust trank Caruso sehr viel Wein.

Als sein Auftritt kam, war er völlig betrunken. Auf der Bühne trat er auf die Schleppe der Sopranistin. Dadurch wurde ihr das Kleid vom Leib gerissen. In dem anschließenden Tumult stürzte die ganze Bühne ein. Die ernste Oper war zur Farce geworden. Durch den Schreck wieder nüchtern geworden, gab Caruso im letzten Akt sein Bestes. Er sang, wie er noch nie gesungen hatte. Er sang, als wäre er bereits an der Mailänder Scala.

Die Zuschauer bekamen Gänsehaut. Die anwesenden Kritiker waren begeistert. Alle waren sich einig, daß sie noch nie einen Menschen so hatten singen hören.

Gleich nach der Vorstellung verließ Caruso die Wanderoper und begab sich nach Mailand. Er übte jeden Tag. Nicht ein Tag verging, ohne daß er sein Bestes gegeben hätte. So wurde er an der Mailänder Scala berühmt und schließlich ein Weltstar.

Lassen Sie sich niemals entmutigen, die Dinge zu tun, die Sie gerne tun würden. Erlauben Sie niemandem, Ihnen einzuflüstern: »Das ist unmöglich und nicht zu schaffen.« Fragen Sie sich: »Welche Autorität besitzt dieser Mensch, daß er das Wort ›unmöglich‹ so leichtfertig gebraucht?« Manche Menschen denken, »es« ist zu schaffen, andere denken, »es« ist nicht zu schaffen. Beide werden recht behalten, denn der eine wird handeln, der andere nicht.

Alles, was uns wertvoll ist auf dieser Welt, ist von Menschen erbaut und erschaffen worden, die handelten. Menschen, die es einfach getan haben. Gewinner wissen, daß nichts so entscheidend ist wie das Tun. Just do it.

Praxis:

Heute trainiere ich meine alles entscheidende Fähigkeit zu handeln, indem ich mich zu folgenden Schritten verpflichte:

1. Ich notiere alles, was ich vor mir herschiebe, auf einer Liste und überlege, was ich davon heute erledigen sollte.

2. Ich schaue heute in mein Traumalbum. Habe ich für alle fünf Bereiche des Lebens (Gesundheit, Beziehungen, Finanzen, Emotionen und Job) Ziele; und kommen diese in Form von Bildern in meinem Traumalbum vor?

3. Ich lege ein Journal an, in dem ich alle schriftlichen Praxisübungen aus diesem Buch machen kann. Auf diese Weise geht mir nichts verloren und ich kann meine Fortschritte erkennen.

4. Ich frage mich: Schiebe ich etwas vor mir her, weil ich den Zeitpunkt für nicht richtig halte? Kann es sich dabei um eine Ausrede handeln?

7. Gesetz: Gehe richtig mit Streß um

Ein Weiser fiel seinen Schülern auch dadurch auf, daß er ein unglaubliches Arbeitspensum bewältigen konnte. Sie fragten ihn, wie es möglich sei, daß er trotzdem niemals gestreßt wirkte, sondern jederzeit ruhig und gesammelt war.

Die Antwort des Weisen:
»Wenn ich stehe, dann stehe ich.
Wenn ich gehe, dann gehe ich.
Wenn ich laufe, dann laufe ich.«

Seine Schüler entgegneten: »Das kann nicht das Geheimnis sein. Denn das tun wir auch. Aber warum sind wir dann so leicht gestreßt, obwohl wir viel weniger Arbeit haben?«

Der Weise antwortete: »Vielleicht liegt der Grund darin:
Wenn ihr steht, dann geht ihr schon.
Wenn ihr geht, dann lauft ihr schon.
Wenn ihr lauft, dann seid ihr schon am Ziel.«

* * *

Streß scheint zu einer Volksplage geworden zu sein. Fast jeder leidet heute zumindest zeitweise darunter. Und man ist sich einig, daß Streß ungesund ist. Darum versuchen viele Menschen, dem Streß zu entkommen. Kaum jemand aber weiß genau, was Streß eigentlich ist. Und so entstehen Irrmeinungen und Mythen. Streß wird zum modernen Monster. Schauen wir uns die drei häufigsten Mythen über Streß an:

1. Streß macht krank.

2. Zuviel Arbeit produziert Streß.

3. Man sollte dem Streß ausweichen.

Alle drei Aussagen sind nicht korrekt.

Streß ist gesund

Beginnen wir mit der ersten Aussage, Streß mache krank. Streß ist in Wahrheit zunächst einmal gesund. Er entsteht, wenn die innere Balance der Körperzellen aus dem Gleichgewicht gerät. Die Streßhormone stellen das Gleichgewicht der Körperfunktionen wieder her. Dieses Phänomen kann sowohl als positiv als auch als negativ empfunden werden. Die Menge und die Kontrolle darüber machen oft den Unterschied aus. So ist die nutzbar gemachte Kraft des Feuers in Form einer Kerze positiv. Aber der Hausbrand ist unkontrolliert und negativ. Streß ist gesund und positiv, solange er nutzbar gemacht wird und nicht aus der Kontrolle gerät.

Wenn wir unsere Gedanken kontrollieren, kann Streß uns nichts anhaben

Auch die zweite Aussage ist falsch. Sehr viel Arbeit muß keineswegs Streß verursachen. Streß entsteht nicht durch äußere Umstände, sondern dadurch, was wir mit diesen Umständen machen. Für unseren Streß ist folglich nicht die Arbeit an sich verantwortlich, sondern die Art und Weise, wie wir damit umgehen.

Von Gandhi berichtet man, daß er mit über 70 Jahren noch problemlos 16 Stunden täglich arbeitete – ohne gestreßt zu sein. Wie ist das möglich? Das Geheimnis liegt in der Konzentration auf eine einzige Sache. Wahre Genies können sich vollkommen konzentriert mit einer Sache beschäftigen, sie dann auch wieder ganz aus ihrem Gedächtnis streichen und sich der nächsten Sache widmen.

Während ihrer Wanderschaft trafen zwei Mönche auf eine schöne Frau, die einen Fluß mit starker Strömung nicht ohne Hilfe überqueren konnte. Ohne zu zögern nahm einer der beiden Mönche die Frau auf seine Schulter und trug sie ans andere Ufer. Schweigend wanderten sie weiter. Eine ganze Weile später rügte ihn der andere Mönch: »Wir haben ein Gelübde getan, daß wir keine Frau anfassen. Wie konntest du sie einfach auf deine Schultern setzen.« Der erste Mönch antwortete: »Ich habe die Frau vor einer Stunde am Ufer abgesetzt. Aber du trägst sie offensichtlich immer noch mit dir herum.«

Die meisten Menschen können ihre Gedanken nicht kontrollieren. Während sie versuchen, eine Aufgabe zu erledigen, denken sie daran, was sie gestern vergessen haben und was sie als nächstes und übernächstes tun müssen. Ihre Gedanken gleichen einem unkontrollierten Hausbrand. Um den Streß als positive Kraft zu nutzen, müssen wir unsere Gedanken kontrollieren. Kontrolle haben wir, wenn wir völlig konzentriert, fokussiert und achtsam sind. Wir sollten alle unsere Energie und Macht dem Augenblick geben. Derartige Konzentration ist erlernbar. Zwar gibt es wahrscheinlich keinen Menschen, der zu jeder Zeit vollständig konzentriert ist. Aber Gewinner trainieren die Fähigkeit der Konzentration und werden immer besser darin.

Achten Sie auf Ihre Schultern und Ihren Kiefer

Auch die dritte Aussage – daß man dem Streß möglichst ausweichen solle – ist falsch. Wir können dem Streß gar nicht ausweichen. Wer das versucht, wird lediglich feststellen, daß er sich immer nichtigere Dinge zu Herzen nimmt und sich immer schneller überfordert fühlt. Jemand, der dem Streß ausweichen will, erreicht genau das Gegenteil. Er wird nämlich immer streßanfälliger.

Ein Leben ohne Streß gibt es nicht. Darum sollten wir lernen, damit umzugehen und ihn anzunehmen. Wer öfter in sich hineinhört, spürt, wann der Streß negativ wird. Es gibt zwei deutliche körperliche Zeichen dafür: Die Schultern »steigen« immer höher. Beobachten Sie einen gestreßten Menschen, und Sie werden feststellen, daß er seine Schultern gut fünf Zentimeter höher trägt als in entspanntem Zustand.

Das zweite Indiz ist das Zusammenpressen der Kiefer. Wer längere Strecken mit dem Auto fährt, sollte darauf achten. Im entspannten Zustand »hängt« der Unterkiefer locker herunter. Aber wer fast krampfhaft kräftig seine Zähne zusammenpreßt, sollte sehr bald eine Pause machen. Fünf Minuten reichen oft. Stellen Sie sich ruhig hin und konzentrieren Sie sich darauf, daß Sie mit jedem Ausatmen Ihre Schultern weiter senken. Sie werden fühlen, wie die Anspannung während dieser Übung weicht und der Kiefer sich entspannt.

24 Regeln für Umgang mit Streß

Kontrollierter Streß ist eine gesunde und positive Kraft. Die folgenden Regeln werden Ihnen helfen, trotz vieler Aufgaben entspannt und ruhig zu sein:

1. Die wichtigste Regel: Konzentrieren Sie sich vollkommen auf das, was Sie gerade tun. Wenn Sie essen, essen Sie (und lesen nicht). Tun Sie niemals zwei oder drei Dinge gleichzeitig. Das Geheimnis der Freude besteht darin, vollständig dort anwesend zu sein, wo wir uns gerade befinden.

2. Entschleunigen Sie. Bestimmen Sie das Arbeitstempo, bei dem Sie sich wohlfühlen.

3. Nehmen Sie sich Zeit für das Wesentliche in Ihrem Leben. Planen Sie Ihre Woche und Ihren Tag.

4. Nehmen Sie nicht zuviel in Ihre Agenda. Wer zuviel macht, kann nur noch reflexartig reagieren – wie unter Zwang.

5. Lernen Sie, sich abzuschotten. Denn auch der liebenswerteste Mensch kann zum Streßbringer werden. Ein »Bitte nicht stören«-Schild an der Tür kann nicht nur in einem Hotel sinnvoll sein.

6. Planen Sie genug Zeit ein, um pünktlich zu sein. Hetze verursacht Streß.

7. Vermeiden Sie übermäßigen Ehrgeiz und einen zu großen Perfektionsanspruch an sich selbst.

8. Wenn Sie Erfolge erzielen, dann freuen Sie sich. Machen Sie eine Pause und feiern Sie. Seien Sie dankbar und glücklich. Kosten Sie das Gefühl aus.

9. Erwarten Sie keinen dauerhaften Erfolg. Akzeptieren Sie, daß es Sommer und Winter, Berg und Tal gibt.

10. Nehmen Sie sich nicht zu wichtig. Dann kann man Sie nicht enttäuschen und auch nicht so schnell beleidigen. Wenn Gewinn und Verlust, Lob und Tadel Sie nicht aus der Ruhe bringen, dann haben Sie inneren Frieden.

11. Unnötige Sorgen in bezug auf Ihre Zukunft beeinträchtigen Ihre Konzentration und verursachen Streß. Sie benötigen all Ihre Energie für den jetzigen Moment.

12. Halten Sie Ordnung. Wer nur einen Vorgang auf seinem Schreibtisch hat, hat eine größere Chance, konzentriert zu sein. Machen Sie einen reinen Tisch, bevor sie sich der nächsten Sache annehmen.

13. Lernen Sie, alles zu genießen, was Sie tun. Freude kommt automatisch dann auf, wenn wir uns entspannt bemühen, etwas gut zu machen. Seien Sie mit dem Herzen bei allem, was Sie tun. Auch routinemäßige Arbeiten machen so Spaß.

14. Legen Sie Pausen fest, und halten Sie diese Pausen ein. Wenn Sie meinen, keine Zeit für Pausen zu haben, dann brauchen Sie erst recht eine.

15. Handeln und lenken Sie. Aber lassen Sie auch Dinge zu. Es ist stressig, immer unter Kontrolle sein zu wollen.

16. Wenn Sie meinen, daß Sie viel zuviel zu tun hätten, dann schreiben Sie alle anstehenden Aktivitäten auf. Meist ist es gar nicht so viel, wie es einem vorkommt. Dann arbeiten Sie die Dinge gemäß ihrer Priorität ab.

17. Delegieren Sie. Fragen Sie sich, wer Ihnen etwas abnehmen kann. Üben Sie, Aufgaben und Verantwortung abzugeben. Geben Sie auch anderen eine Chance, Fehler zu machen – Sie müssen nicht alle selbst machen.

18. Ein Teil Ihres Tages sollte aus Routine bestehen. Tägliche Disziplin hilft, das innere Gleichgewicht zu erhalten.

19. Seien Sie von Zeit zu Zeit richtig albern. Lachen Sie Psychostreß ab. Wer lachen kann, ist der König der Welt.

20. Wenn Sie ein »Erfolgstyp« sind: Tun Sie von Zeit zu Zeit Dinge völlig absichtslos. Es muß nicht alles sinnvoll sein, was Sie tun. Gönnen Sie sich Leichtigkeit.

21. Vermeiden Sie die Erreichbarkeitsfalle. Manche betrachten es als große Leistung, das Handy manchmal auszuschalten. Vielleicht wäre es besser, es statt dessen nur manchmal einzuschalten.

22. Werden Sie Ihr eigener Animateur. Gönnen Sie sich Zeit für Freizeit, Beziehungen, Spaß … Investieren Sie in Ihre Gesundheit und Ihr emotionales Wohlbefinden.

23. Nehmen Sie sich regelmäßig einen »Gammeltag«. Wann waren Sie das letzte Mal einen ganzen Tag im Bett?

24. Versuchen Sie nicht, alle Regeln auf einmal umzusetzen – das wäre zu stressig.

Ruhe und Gelassenheit sind unser Normalzustand. Lediglich der Geist neigt dazu, wie ein Grashüpfer von Gedanke zu Gedanke zu springen. Es gilt, den Geist zu beherrschen, statt sich von ihm beherrschen zu lassen. Dazu gibt es viele Wege.

Aber wahrscheinlich gibt es nichts Wirkungsvolleres als die altbe-
kannten Praktiken des Gebets, der Meditation, der bewußten Stille
oder der Verbundenheit mit der Natur. Sie führen alle zu einer höheren
Bewußtseinsebene.

Viele Menschen tun sich heute schwer, an eine überragende Intelligenz zu glauben. Aber auch sie sind gut beraten, sich der Praktiken zu
bedienen, die Ruhe und Frieden schenken. Ganz gleich, welchen
Glauben oder welche Welteinstellung ein Mensch haben mag, etwas
davon kann jeder zu einem Bestandteil seines Lebens machen. Und es
wird langfristig kaum durch etwas anderes zu ersetzen sein.

Praxis:

Heute werde ich meine Fähigkeit verbessern, mit Streß umzugehen, indem ich mich verpflichte, folgende Schritte umzusetzen:

1. Wenn das Telefon klingelt, nehme ich das als Signal, auf meine Schultern und meinen Unterkiefer zu achten. Sollte ich Anspannung erkennen, atme ich sofort langsam aus und senke dabei meine Schultern. Das wiederhole ich mehrere Male.

2. Heute werde ich mich beim Essen nur auf das Essen konzentrieren. Ich werde eine Kerze anzünden und Blumen auf den Tisch stellen. Ich sorge für leise Musik und lasse mir Zeit. Ich werde die Mahlzeit richtig genießen.

3. Ich werde mich heute voll auf meine Gesprächspartner konzentrieren. Ich werde auf das achten, was sie sagen und wie sie es sagen. Und ich werde in ihrem Gesicht zu lesen versuchen, warum sie das sagen. Ich will meine Gesprächspartner vollkommen verstehen.

4. Ich nehme mir aus der Liste der 24 Regeln diejenigen heraus, die mir besonders helfen können, entspannt und ruhig zu sein, und hänge sie für mich sichtbar auf. Sollte ich heute negativen Streß empfinden, so schaue ich sogleich auf meine Liste.

5. Ich setze mich heute 15 Minuten ruhig und bequem hin und tue – NICHTS.

8. Gesetz: Lerne, Schwierigkeiten zu meistern

Sir Winston Churchill war bereits 93 Jahre alt, als er von einer Universität eingeladen wurde, einen Vortrag zu halten. Von weit her kamen Menschen, um den berühmtesten Zeitgenossen ihres Landes zu hören.

Als Churchill den Vortragssaal betrat, waren tausende Menschen versammelt. Der Dekan der Universität stellte Churchill als den bedeutendsten lebenden Engländer vor, der im Begriff war, nun seine wichtigste Rede zu halten, gewissermaßen die Quintessenz seines langen Lebens. Unter großem Applaus ging Churchill ans Podium. Und dann hielt er folgende Rede: *»Geben Sie nie, nie, nie, nie auf.«*

* * *

Churchills Leben

Die Menschen brauchten eine Weile, um zu verstehen, daß die Rede zu Ende war. Und nicht alle waren sehr glücklich darüber – schließlich hatten viele einen weiten Weg zurückgelegt. Aber wenn wir die Biographie Churchills betrachten, dann wird schnell deutlich, warum seine Rede so kurz ausfiel.

Nichts war dem alten Mann so wichtig wie diese Botschaft: Wer aufgibt, hat verloren. Wir können viele Fehler machen – das ist nicht schlimm. Wir können viele Probleme haben – die kann man lösen. Aber wenn wir aufgeben, dann ist es vorbei. *Wer einmal einen Traum aufgibt, wird höchstwahrscheinlich nie mehr anfangen zu träumen.* Und wer aufgehört hat zu träumen, hat aufgehört, lebendig zu sein.

Für lange Zeit war Churchill als Politiker in Vergessenheit geraten. Viele Jahre wurde sein Durchhaltevermögen auf die Probe gestellt. Als er dann doch schließlich zum Premierminister ernannt wurde, tobte der Zweite Weltkrieg. Man fragte ihn, woher er wisse, daß er in dieser schwierigen Zeit der Richtige sei. Churchill antwortete: *»Ich weiß es, weil ich mich ein ganzes Leben lang darauf vorbereitet habe.«*

Dann kam die Zeit, als die deutschen Kampfflieger London bombardierten. Viele, viele Zivilisten wurden getötet. England schien am Ende. Und jede Nacht kamen erneut die Bomber. Immer mehr Menschen starben. Berater und Bekannte forderten Churchill auf, sich den Deutschen zu ergeben, damit das »sinnlose Morden« aufhören würde.

In einer Nacht wurde Churchill mehr denn je auf die Probe gestellt. Bomber warfen erneut ihre tödliche Ladung über London ab. Die besten Freunde Churchills hatten sich um ihn versammelt und wollten ihn dazu bringen, sich zu ergeben. Sie unterstellten ihm, sein Volk sinnlos zu opfern. Selbst seine besten Freunde warfen ihm vor, sich des Mordes an seinen Landsleuten schuldig zu machen.

Aber Churchill wußte, daß dies noch viel größere Opfer bedeuten würde. Also schwang er seine Fäuste gegen die dunklen Bomber und schrie: *»Ich werde nie aufgeben. Niemals. Nie, nie, nie!«*

Die Lektion, an der wir nicht vorbeikommen

Nicht jeder Mensch wird gleichermaßen in seinem Ausdauervermögen auf die Probe gestellt. Aber für uns alle ist Ausdauer eines der wichtigsten Gesetze. In einer Hinsicht ist es sogar das wichtigste: *Alle anderen Fehler können Sie korrigieren. Aber wenn Sie aufgeben, dann ist es vorbei.* Schluß und aus. Darum muß jeder Mensch ein dickeres Fell aufbauen, eine größere Frustrationstoleranz.

Warum sprechen Gewinner von Schwierigkeiten als Lektionen? Warum können uns die Dinge manchmal nicht einfach zufallen? Warum müssen wir so oft kämpfen? Eine letzte Antwort gibt es darauf wohl nicht. Es handelt sich um ein Mysterium des Lebens.

Aber wir wissen: Das Leben funktioniert so. Unsere Knochen müssen belastet werden, sonst werden sie schwach. Innerhalb weniger Tage würden sie sogar brechen. Das wissen wir von Astronauten, die sich für einige Zeit in der Schwerelosigkeit aufgehalten haben. Auch wir benötigen Rückschläge, um stark zu werden.

Ein Junge schaute einem Schmetterling zu, der dabei war, sich unter größten Anstrengungen aus seinem Kokon herauszuzwängen. Mitleidig wollte er dem Tier helfen und den Kokon für ihn öffnen. Sein Vater hielt ihn zurück. Denn die »Hilfe« des Jungen hätte den Tod des Schmetterlings bedeutet. Der Kampf ist für ihn wichtig, weil dadurch seine Flügel gestärkt werden. Ohne die Anstrengung bleibt er schwach und kann nicht fliegen.

Die Babyboomer

Viele Männer, die das amerikanische Wirtschaftswunder mitbewirkt haben, hatten in ihrer Jugend die schwere Wirtschaftskrise durchlebt. Danach waren sie Soldaten im Zweiten Weltkrieg. Sie hatten gelernt, mit Schwierigkeiten umzugehen. Die Männer, die diese Firmen aufgebaut haben, sind inzwischen alt geworden und haben die Chefsessel an ihre Söhne und Töchter weitergegeben. Und diese Generation, die sogenannten Baby-Boomer, ist ganz anders aufgewachsen. Sie haben keine Not erlebt. Ihre Eltern haben alle Schwierigkeiten von ihnen ferngehalten, denn sie wollten, daß ihre Kinder es besser haben.

Als aber die Baby-Boomer die Firmen leiten sollten, da taten sie, was sie immer getan haben: Nämlich Problemen und Schwierigkeiten aus dem Weg zu gehen. Sie waren der Aufgabe nicht gewachsen.

Abraham Lincoln sagte: »Ihr könnt den Menschen nie auf Dauer helfen, wenn ihr für sie tut, was sie selber für sich tun sollten und können.«

Die Schwierigkeiten steigern sich von Stufe zu Stufe

Das Leben gleicht einer Treppe. Auf den einzelnen Plattformen bemühen wir uns eine ganze Weile, ohne daß es aufwärts geht. Dann aber geht es auf einmal sprungartig nach oben – wo wieder eine Plattform auf uns wartet – nur auf einem höheren Niveau. Diese Plattformen mit ihren Herausforderungen haben einen Sinn. Sie bereiten uns auf die nächste Stufe vor. Jede Stufe hat ihre Schwierigkeiten. Ohne sie gemeistert zu haben, kommen wir nicht weiter. Und das ist gut so. Denn wir wären nicht stark genug für die nächste Stufe.

Sie können Niederlagen nicht vermeiden. Sie gehören zum Leben und zum Geschäft. Sie können andere Menschen und die Naturgesetze nicht ändern. Die meisten Dinge können Sie nicht ändern. Dies zu versuchen, würde nur zu Frustrationen führen. Das einzige, was Sie ändern können, sind Sie selbst und das Ausmaß, in dem die Schwierigkeiten Sie beeinflussen.

Ganz gleich, wie gut Ihre Idee, Ihre Produkte oder Ihr Service ist: Sie werden nie unschlagbar sein. Es wird immer Menschen geben, die Ihr Produkt oder Ihre Idee ablehnen. Es wird immer Schwierigkeiten geben. *Jedes »Nein« und jede Herausforderung stellt entweder eine Entschuldigung dar aufzugeben oder eine Möglichkeit, zu lernen und weiterzugehen.* Die Schwierigkeiten werden zu einer Barriere oder stärken Sie für die nächste Stufe. Die Wahl haben Sie.

Was wäre die Alternative?

Je aktiver Sie sind und je weiter Sie vorankommen, desto größer ist die Zahl der Herausforderungen, mit denen Sie fertig werden müssen. Manche Menschen wollen Problemen ganz aus dem Weg gehen und suchen nach einer Beschäftigung, bei der es keine Enttäuschungen gibt. Schwierigkeiten sind aber ein fester Bestandteil jedes Erfolgs. Das Ergebnis der vergeblichen Suche wäre Frustration.

Andere Menschen wollen auf der Stufe verbleiben, auf der sie sich gerade befinden, weil sie gehört haben, daß die Schwierigkeiten auf jeder höheren Stufe zunehmen. Dabei übersehen sie, daß wir solange auf einer Stufe bleiben, wie wir bestimmte Probleme nicht gemeistert haben. Und diese Probleme lassen uns nicht in Ruhe: Sie tauchen immer wieder vor uns auf. Eine Lektion, die wir nicht gelernt haben, wird uns immer wieder serviert. Immer und immer wieder. Das führt unweigerlich zu Frustrationen. Da macht es doch wohl mehr Spaß, zu lernen und neue Herausforderungen zu meistern.

Einige der möglichen Stufen

Gewinner empfinden es als spannend, daß es auf jeder Stufe verschiedene Schwierigkeiten gibt. Sie freuen sich geradezu darauf, Probleme auf immer höheren Ebenen zu lösen. Es zeigt ihnen, daß sie gewachsen sind. Wohl aus diesem Grund begnügte sich Churchill nicht damit zu sagen: »Geben Sie nie auf.« Er sagte: »Nie, nie, nie, nie«, weil er um die unterschiedlichen Ebenen wußte, auf denen uns Schwierigkeiten begegnen.

Folgende Probleme können Ihnen beispielsweise auf den einzelnen Ebenen begegnen:

1. Ebene: Sie haben eine Idee, aber niemand glaubt daran, daß Sie diese Idee umsetzen können. Ihre Bekannten und Verwandten reden Ihnen zu, doch »vernünftig« zu sein. Sie müssen lernen, stärker an sich zu glauben.

2. Ebene: Sie wollen sich selbständig machen, aber Sie benötigen mehr Kapital. Banken verweigern Ihnen das Geld, weil Sie zunächst einmal Erfolge nachweisen sollen. Aber um diese Erfolge zu erreichen, brauchen Sie Geld. Sie müssen lernen, für Ihren Erfolg zu kämpfen.

3. Ebene: Ihr Geschäft läuft, aber anstatt Anerkennung zu ernten, entdecken Sie Neider. Man verbreitet falsche Dinge über Sie. Sie müssen lernen, daß es keine Rolle spielt, was andere über Sie sagen.

4. Ebene: Sie befinden sich in einer schwierigen Phase und bekommen Probleme mit Ihrem Partner. Sie haben für den Geschmack Ihres Partners »zu wenig Zeit«. Ihr Partner versteht Ihren plötzlichen Ehrgeiz nicht. Sie müssen lernen, Ihren Partner mit einzubeziehen, und erkennen, daß Sie stärker sind, wenn Sie Ihren Partner auf Ihrer Seite haben.

5. Ebene: Sie haben einige große Kunden für Ihr Produkt oder Ihre Dienstleistung gewonnen. Diese bezahlen aber die Rechnung nicht. Ihre Außenstände sind immens. Sie müssen lernen, sich auf das Unvorhergesehene vorzubereiten und Rücklagen zu bilden.

6. Ebene: Sie eilen von Erfolg zu Erfolg, aber Sie bekommen gesundheitliche Probleme. Sie müssen lernen, daß sich Ihr Leben nicht nur um den beruflichen Erfolg drehen kann. Jetzt ist es Zeit, sich um die anderen Bereiche Ihres Lebens zu kümmern.

7. Ebene: Sie brauchen dringend qualifizierte Mitarbeiter – können diese aber nirgendwo finden. Sie müssen lernen abzugeben. Es ist ein großer Unterschied, ob Sie »Arbeitsesel« suchen oder Partner, denen Sie eine echte Chance bieten.

8. Ebene: Sie haben eine Zeitlang großen Erfolg, und dann bricht Ihnen vieles zusammen. Sie müssen lernen, daß kein Erfolg ewig anhält. Denn auf dem Gipfel stehen Sie gleichzeitig neben dem Abgrund. Nach jedem Gipfel kommt ein Tal – aber dann wieder ein Gipfel …

9. Ebene: Alles erscheint zunehmend sinnloser. Sie können und wollen sich nicht mehr motivieren. Finanzielle Erfolge können nur eine Zeitlang die innere Leere überdecken. Sie müssen den Sinn Ihres Lebens kennenlernen, in sich hineinhören und sich mehr um andere kümmern.

Dies ist nur ein kleiner Auszug von möglichen Lektionen. Kaum haben Sie eine gelernt, so taucht schon die nächste auf. So ist das Leben. Wann immer wir auf eine solche Lektion treffen, wird eines von zwei Dingen passieren: *Entweder wir geben auf, oder wir werden stärker.*

Sie können es positiv sehen: Wenn Sie auf eine neue Schwierigkeit stoßen, dann heißt das, daß Sie Fortschritte gemacht haben. Sie haben die alte Ebene verlassen und befinden sich jetzt auf einer höheren. Sie haben sich für die nächste Ebene qualifiziert.

Der Turbo

Es gibt einen Weg, den Prozeß des Lernens und Wachsens zu beschleunigen. Gewinner warten erst gar nicht auf schwierige Situationen. Sie gehen bewußt auf neue Herausforderungen zu. Sie beginnen neue Projekte, obwohl sie wissen, daß sie dort viele Probleme meistern müssen.

Was andere für mißliche Situationen halten, sind für sie Herausforderungen und Chancen.

Ihr Wahlspruch lautet: *Nach jedem Problem, das wir gelöst haben, suchen wir sofort ein neues, größeres Problem.* Sie wissen, daß jede höhere Aufgabe eine größere Frustrationstoleranz erfordert. Darum trainieren sie bewußt ihre Fähigkeit, mit Schwierigkeiten umzugehen.

Woher nehmen sie die Kraft, das zu tun? Sie haben eine interessante Entdeckung gemacht: *Am Anfang einer neuen Tätigkeit erscheinen die relativ leichten Dinge schwer. Aber die schweren Dinge fallen später relativ leicht.* Es ist wie beim Schreibenlernen. Während der ersten Schreibstunden fällt es schwerer, ein »a« zu schreiben, als Jahre später »Motorradrennen«.

Sie müssen die momentanen Schwierigkeiten meistern. Wenn Ihnen das gelingt, entwickelt sich Ihr »Durchhaltemuskel«, und Sie werden die schwierigeren Situationen später viel leichter überwinden, als Sie es jetzt für möglich halten.

Nicht die Schwierigkeiten halten uns zurück, sondern allenfalls unsere Einstellung zu ihnen. Der einzig wirklich gefährliche Feind ist nicht außerhalb von uns zu suchen, sondern in uns. Gewinner geben nie, nie, nie, nie auf. Niemals!

Praxis:

Heute werde ich meine Fähigkeit verbessern, Schwierigkeiten zu meistern, indem ich mich zu folgenden Schritten verpflichte:

1. Heute gebe ich auf keinen Fall auf. Ich weiß, daß es viele Formen des Aufgebens gibt. Heute werde ich darum alles, was ich mir vornehme, umsetzen.

2. Ich überdenke meine Einstellung zu Problemen und stelle fest: Ich alleine treffe die Entscheidung, wie ich damit umgehe. Vielleicht werde ich Schwierigkeiten nicht beim ersten Hinsehen willkommen heißen. Aber mit dem zweiten Gedanken erkenne ich, daß Herausforderungen in meinem Leben das Material darstellen, aus dem ich meine Treppe zum Erfolg bauen kann.

3. Ich rede so schnell wie möglich mit einem Gewinner, der eine ähnliche Situation bereits gemeistert hat, und frage ihn um Rat.

4. Ich schreibe auf, welche Schwierigkeiten ich bereits überwunden habe. So gewinne ich Zuversicht für die Zukunft.

5. Ich beginne ein Journal, in dem ich alle wichtigen Lektionen meines Lebens notiere. So lerne ich aus Fehlern und Schwierigkeiten.

9. Gesetz: Erfinde das Rad nicht neu

Ein junger Mann kam zum Meister, weil er die Geheimnisse des Lebens lernen wollte. Der Meister forderte ihn auf, sich vorzustellen. Daraufhin redete der junge Mann eine ganze Zeitlang von seinen guten Eigenschaften und Erfolgen.

Als der Weise ihm eine erste Aufgabe übertrug, war der junge Mann nicht einverstanden. Er meinte, eine bessere Idee zu haben. Denn schließlich hatte er bereits einige Erfolge erzielt. Zwar auf anderen Gebieten, aber das ließe sich doch sicher auch auf diese Situation übertragen. Ganz gleich, was der Weise vortrug, der junge Mann hatte immer einen »besseren« Vorschlag.

Darauf nahm der Weise ein volles Glas und bat den jungen Mann, es zu halten. Dann begann er, Wein aus einer Kanne in das Glas zu schütten. Als das Glas bereits voll war, lief der Wein über den Rand auf den Boden. Der Weise schüttete trotzdem weiter, bis der junge Mann entsetzt rief: »Hören Sie auf zu gießen, es wird ja alles verschwendet.«

Der Weise erwiderte: »So ist es auch mit allem, was ich dir beibringen könnte. Es würde nur verschwendet. Du bist bereits voll wie dieses Glas.«

Der junge Mann fragte: »Sind denn meine bisherigen Erfahrungen nichts wert?«

Der Weise antwortete: »Deine Art zu denken hat dich zu dem gemacht, was du heute bist und hast. Die gleiche Art zu denken wird dich nicht zu dem bringen, was du gerne hättest. Gehe fort, und komme erst wieder, wenn du leer bist. Erst dann kann ich dir etwas beibringen.«

* * *

Die Wahrscheinlichkeit ist groß, daß es auch auf Ihrem Gebiet jemanden gibt, der dort bereits große Erfolge zu verzeichnen hat. Haben Sie schon einmal erwogen, diese Person kennenzulernen und um Rat zu fragen? Die Alternative wäre, sich alles selbst beizubringen.

Wir sollten Bewährtes übernehmen

Kreativität ist eine erstrebenswerte Eigenschaft. Aber sie ist nicht zu jedem Zeitpunkt angebracht. Manchmal zahlen wir für die Kreativität einen zu hohen Preis. Das ist zum Beispiel am Anfang einer neuen Tätigkeit der Fall, wenn wir versuchen, in den fundamentalen Dingen kreativ zu sein. Anstatt ein bewährtes System zu übernehmen und meistern zu lernen, versuchen viele, das Rad neu zu erfinden. Dies mag wie ein ehrbarer Versuch erscheinen; die Frage ist nur: Inwieweit weichen wir der eigentlichen Arbeit aus? Kreativität kann schnell zum Vorwand werden, eine Grundtätigkeit nicht zu erlernen.

Wahrscheinlich werden Sie im Laufe der Zeit Ihre eigenen Varianten entdecken. Aber besonders am Anfang einer Tätigkeit sollten Sie keine Energie darauf verschwenden, das Rad neu zu erfinden. Sie brauchen Ihre ganze Kraft, um die Anfangshürden zu überwinden, die sich bei jeder neuen Tätigkeit zwangsläufig ergeben.

Es gibt einfach keinen Ersatz dafür, sich die fundamentalen Strategien, das Handwerkszeug, anzueignen. Auch wenn viele meinen, die fundamentalen Dinge würden nicht auf sie zutreffen. Sie glauben, daß ihre Erfahrung, ihr Wissen und ihre besondere Situation eine andere Strategie erfordert. Tatsächlich aber ist *jeder* Mensch einzigartig, und genauso einzigartig sind auch die persönlichen Gegebenheiten und Situationen, in denen sich jeder Mensch befindet. Fundamentale Strategien heißen aber gerade deshalb »fundamental«, *weil sie für jeden Menschen die Basis zu der betreffenden Tätigkeit bilden.*

Am Anfang werden Gewohnheiten ausgebildet

Der Anfang einer neuen Tätigkeit wird oft unterschätzt. Viele meinen, erst einmal vorsichtig umherschnuppern zu können. Das ist oft ein verhängnisvoller Fehler. Denn am Anfang werden entscheidende Weichen gestellt. Sehr bald werden sich Routinearbeiten herausbilden. Und da ist es wichtig, von Anfang an die richtigen Fertigkeiten auszubilden. Sie kennen das Sprichwort: *»Übung macht den Meister.«* In

Wahrheit wird dieses Sprichwort oft falsch verstanden. Nur die Übung bewährter Dinge macht den Meister. *Übung an sich macht zunächst nur beständig.* Was auch immer Sie üben, es wird zu einer Gewohnheit. Wenn Sie etwas Falsches üben, entwickeln Sie eine schlechte Gewohnheit. Wenn Sie etwas Richtiges üben, entwickeln Sie gute Gewohnheiten.

Am Anfang einer neuen Tätigkeit legen Sie die Gewohnheiten fest, die Sie meist durch das ganze Geschäft hindurch begleiten werden. Was auch immer Sie jetzt tun, werden Sie wahrscheinlich beibehalten. Die Einarbeitungsphase ist eindeutig nicht der Zeitpunkt, um zu spielen und zu experimentieren. Wer das tut, der entwickelt lediglich die Gewohnheit, zu spielen und zu experimentieren. Viele, die am Anfang herumschnuppern, hören nie mehr auf herumzuschnuppern.

Kleinkind-Phase, Teenager-Phase und Reife-Phase

Menschen durchlaufen im Berufsleben verschiedene Phasen. Zuerst die Kleinkind-Phase. Kleinkinder sind begierig, soviel wie möglich zu lernen. Sie machen alles nach, was sie sehen. Sie fragen nicht nach dem Sinn oder Unsinn, sie übernehmen es zunächst einmal. Es macht Spaß, Menschen in dieser Phase etwas beizubringen.

Nachdem sich einige Erfolge eingestellt haben, beginnt die Teenager-Phase. Der Teenager ist überzeugt, selbst auf alles bessere Antworten zu wissen. Er wird unbelehrbar. Dies ist eine sehr gefährliche Stufe. Denn wer meint, alle Antworten zu wissen, hört auf, Fragen zu stellen. Und damit hört er auf, zu lernen und zu wachsen und sich weiterzuentwickeln. Einem Teenager kann darum niemand wirklich helfen. Er will sich nicht helfen lassen. Viele Menschen bleiben in der Teenager-Phase stecken. Sie halten sich dennoch für klug und zehren von vergangenen Erfolgen.

Dabei ist es so einfach: Mindestens solange sich die gewünschten Resultate nicht eingestellt haben, sollten wir belehrbar bleiben. Unsere Art zu denken hat uns ja das beschert, was wir heute haben. Die gleiche Art zu denken wird uns nicht zu dem machen, der wir gerne wären. Manchmal ist es klug, dem Rat eines weisen Menschen zu folgen – auch wenn die angeratene Strategie nicht sofort einleuchtet.

Schließlich folgt die Reife-Phase. Wir werden wieder lernfähig, weil wir erkennen, daß es immer Raum für Wachstum gibt. Wir haben nicht alle Antworten und werden auch niemals alle Antworten haben. Die Probleme werden nicht aufhören, weil wir etwas mehr wissen oder mehr Geld verdienen. Die Probleme werden lediglich eine andere Dimension annehmen. Somit sind wir immer wieder gefordert, uns neues Wissen anzueignen und neue Kräfte zu entwickeln.

Fragen Sie Experten

Die Strategie, die Erfahrung anderer zu nutzen und nicht das Rad immer neu zu erfinden, läßt sich auf viele Bereiche des Lebens anwenden. So auch, wenn Sie ein Problem lösen wollen. Meist sind Sie nicht der erste, der ein bestimmtes Problem hat. Fast immer gibt oder gab es Menschen, die dieses Problem bereits erfolgreich gemeistert haben. Darüber können Sie sich Literatur besorgen, oder Sie können das Gespräch mit diesen Menschen suchen.

Das gleiche gilt, wenn Sie versuchen, eine bestimmte Arbeit zu tun, die nicht zu Ihrer Kernkompetenz gehört. Hier wollen viele Menschen das Geld sparen, das die Verpflichtung eines Experten kosten würde, und versuchen, die Arbeit selbst zu erledigen. Dieses Vorgehen findet fälschlicherweise auch noch breite Anerkennung. Man sagt bewundernd über eine solche Person: »Die kann sich helfen, das ist ein Multitalent.« In Wahrheit wird ein wichtiger Grundsatz der Gewinner außer acht gelassen: Wir werden nur dann wirklich erfolgreich, wenn wir uns auf das konzentrieren, was wir am besten können. Alle anderen Bereiche sollten wir an Spezialisten delegieren, die das tun, was sie wiederum am besten können. Gewinner folgen auch hier dem Grundsatz, das Rad nicht neu zu erfinden.

Sofort kommt von einigen Menschen der Einwand: »Das kostet aber viel Geld, wenn ich immer Experten verpflichten wollte.« Das ist richtig. Aber es wird meist noch wesentlich mehr Geld bringen, wenn wir die eingesparte Zeit richtig nutzen – z.B. für unsere Hobbys und unsere Familie. Auch ist die Arbeit von gut gewählten Experten meist um ein Vielfaches erfolgreicher als die Do-it-yourself-Methode.

Der normale Mensch setzt Zeit ein, um Geld zu sparen. So erledigt er viele Arbeiten selbst, für die er nicht qualifiziert ist, und andere, für die er überqualifiziert ist. Gewinner kaufen sich mit Geld mehr Zeit. Denn Zeit ist das wertigere Gut. Verlorenes Geld können wir wieder verdienen. Verlorene Zeit ist für immer verloren.

Wir lernen am schnellsten durch Imitation

Es ist in Europa vielfach verpönt, etwas von anderen zu übernehmen. Statt zu imitieren, wollen wir die eigene Individualität leben. Will man jemanden mit Verachtung strafen, so sagt man, er habe »nur abgekupfert«. So scheint es für viele ehrenwerter, das Rad neu zu erfinden – nach dem Motto: Hauptsache, ich habe es selbst zustande gebracht. Aber wir sind nicht alleine auf diesem Planeten. Die Menschheit wird irgendwann einmal müde, die hunderttausendste Erfindung des Rads zu feiern – es bringt sie auch nicht weiter.

Natürlich haben wir das Bedürfnis zu beweisen, daß wir außergewöhnlich und einzigartig sind. Die Frage ist nur, auf welchem Niveau wir dieses Bedürfnis ausleben. Als Kleinkind kopieren wir alle um uns herum. So lernen wir rasch und schaffen uns die Grundlage, um zu leben. Ebenso sollten wir die Erkenntnisse erfolgreicher Menschen übernehmen – als Grundlage für individuelle Meisterwerke. Es ist ein Zeichen von Intelligenz, auf den Erfolgen anderer aufzubauen. Auf den Schultern eines Riesen können wir viel weiter schauen.

Die fundamentalen Erkenntnisse früherer Meister nicht in seine Überlegungen und seine Arbeit aufzunehmen, wäre Ignoranz. Individualität kann sich auf der Grundlage des bisherigen Wissens viel besser entwickeln. Und sie kann vor allem zu größeren Höhen gelangen. Vor Mozart gab es auch schon andere Komponisten. Und von ihnen hat er gründlich gelernt. Das hat ihn aber nicht daran gehindert, selbst geniale Kompositionen zu schaffen.

Praxis:

Ich werde heute die Strategien der Erfolgreichen meiner Branche umsetzen, indem ich mich verpflichte, folgende Schritte zu unternehmen:

1. Ich finde heraus, welche die fundamentalen Fertigkeiten in meiner Branche sind. Inwieweit beherrsche ich mein Handwerkszeug? Ich erstelle mir schriftlich einen Aktionsplan über die Fertigkeiten, die mir fehlen. Diesen bespreche ich mit einem Menschen, der in meiner Branche großen Erfolg hat.

2. Ich überprüfe mich, ob ich mich in irgendeinem Gebiet meines Lebens in der Teenager-Phase befinde. Dies würde meinem Anspruch, ständig zu wachsen, entgegenwirken. Ich werde dann sofort alles daransetzen, um wieder lernwillig zu sein.

3. Bei Problemen frage ich mich, wer bereits ein ähnliches Problem gemeistert hat. Ich suche Rat bei dieser Person.

4. Ich frage mich, ob ich heute Dinge tun wollte, für die ich entweder überqualifiziert oder unterqualifiziert bin. Ich lasse mir heute von Experten helfen.

10. Gesetz: Entwickle Momentum

Haben Sie schon einmal versucht, einen Zug aufzuhalten, der mit 200 Stundenkilometern über die Gleise rast? Selbst wenn Sie eine dicke Mauer auf die Gleise bauen würden – der Zug würde mühelos durch sie hindurchbrausen. Der Grund ist: Der Zug hat MOMENTUM. Er ist in Bewegung, er hat treibende Kraft, er hat Fahrt aufgenommen.

Eine Lok hat tausende Pferdestärken. Sie ist stark genug, einen ganzen Zug zu bewegen. Wenn sie jedoch stillsteht, kann schon ein kleiner Widerstand verhindern, daß sie Fahrt aufnimmt. Wenn Sie vor eines der Räder einen Keil schieben, kann die Lok nicht losfahren. Alle Anstrengung ist vergeblich.

Ohne Momentum genügt eine Kleinigkeit, um das ganze Unternehmen scheitern zu lassen. Mit Momentum geht alles wie von selbst, Hindernisse sind kein Problem.

* * *

Alte Gewohnheiten sind schwer zu brechen. Eine neue Tätigkeit ist oft schon alleine dadurch schwierig, daß sie unbekannt ist. In einer solchen Situation kann Sie fast jedes kleine Problem aufhalten. Fangen Sie sofort an, Ihr Momentum aufzubauen. Je eher, desto besser. Sie werden nie alle Hindernisse und ungünstigen Umstände aus dem Weg räumen. Niemals wird es eine völlig problemlose Zeit geben.

Probleme bilden kein ernsthaftes Hindernis, wenn Sie Momentum aufgebaut haben. *Momentum aufzubauen ist der einzig sinnvolle Weg, mit Problemen und schwierigen Situationen umzugehen.* Wenn wir in voller Fahrt sind, können uns Probleme und neue, unbekannte Situationen wenig anhaben.

Tatsächlich ist es so, daß alle Zeit, die Sie in Ihr Geschäft oder in Ihre berufliche Laufbahn investieren, dem Aufbau Ihres Momentums hilft. Alles, was Sie tun, wird Ihr Momentum entweder vermindern oder vergrößern.

Besonders am Anfang einer neuen Tätigkeit geht es darum, möglichst schnell Momentum zu entwickeln. Es ist wie bei einem stehenden Auto, das Sie anschieben wollen. Die ersten Meter sind die schwersten. Sie brauchen alle Kraft. Wenn der Wagen aber erst einmal rollt, benötigen Sie wesentlich weniger Kraft.

Immer wieder erleben wir, daß Menschen kein Momentum aufbauen, weil sie in eine der vier Denkfallen geraten:

- »Ich werde es versuchen.«

- »Ich setze zunächst nur die halbe Kraft ein.«

- »Ich arbeite ergebnisorientiert.«

- »Ich suche zunächst die richtige Strategie.«

Im folgenden werden Sie sehen, warum die vier Aussagen Erfolg und Momentum verhindern.

»Versuchen« gibt es nicht

Es einmal auszuprobieren, den Wagen anzuschieben, ist nicht möglich. Entweder Sie setzen alle Kraft ein und schieben ihn an, oder Sie lassen es sein. Etwas zu versuchen ist eigentlich gar nicht möglich. Entweder Sie tun etwas, oder Sie tun es nicht. Wenn Sie diese Zeilen lesen und sich bester Gesundheit erfreuen, dann können Sie aufstehen. Zu »versuchen« aufzustehen, gibt es nicht. Entweder Sie stehen auf, oder Sie bleiben sitzen.

Die Menschen, die sagen, daß sie etwas versuchen, handeln oft nicht. Es ist, als ob sie darauf warten, daß sich ein Hindernis einstellt, das sie von ihrem Vorhaben abhält. *Jemand, der etwas tut, erwartet den Erfolg. Jemand, der etwas »versucht«, wartet darauf, daß etwas dazwischenkommt.*

Das Beispiel von dem stehenden Wagen verdeutlicht noch mehr: Wenn Sie nur etwas Kraft einsetzen, dann wird er nie richtig ins Rollen kommen. Sie werden dann nie erfahren, daß die Tätigkeit relativ leicht ist, wenn der Wagen einmal rollt. Und Sie bewegen sich gar nicht oder nur ein wenig von der Stelle. Halbe Anstrengung bringt nicht den halben Erfolg; sie bringt überhaupt keinen.

Ergebnisorientiertes Arbeiten verhindert Momentum

Es ist gut, am Anfang einer neuen Tätigkeit Vollgas zu geben. Dabei sollten Sie Ihre Erwartungen nicht zu hoch schrauben. Zu diesem Zeitpunkt ist es noch nicht wichtig, Ergebnisse zu erzielen. Ergebnisse können täuschen. Ergebnisse können das Resultat von glücklichen oder unglücklichen Umständen sein. Momentum unterliegt solchen Umständen nicht. Momentum erzeugt immer Resultate. Konzentrieren Sie sich mehr auf Ihr Momentum als auf einzelne Ergebnisse.

Ein Mensch, der sich mehr auf Ergebnisse als auf das Momentum konzentriert, bleibt immer unter seinen Möglichkeiten. Zu einem Problem wird ergebnisorientiertes Arbeiten besonders dann, wenn jemand untätig abwartet, bis er eine Möglichkeit entdeckt, auf bequeme Weise Ergebnisse zu erzielen. So lautet die Ausrede vieler fauler Menschen: »Ich bin ergebnisorientiert.«

Menschen, die nur Ergebnisse jagen, kommen sich genial vor, haben aber die Kraft des Momentums nicht verstanden. *Wenn Momentum einmal vorhanden ist, finden sich Mittel und Wege, die dem normalen Menschen verborgen bleiben.* Es kommen Ergebnisse zustande, die man nicht vorhersehen und darum auch nicht planen konnte. Momentum wird zum Selbstläufer.

Es gibt ein weiteres Argument gegen ergebnisorientiertes Arbeiten: Ergebnisorientierte Menschen müssen sich immer wieder motivieren. Sie erleben nie das Gefühl, daß etwas wie von alleine geschieht. Sie fragen sich, warum einige Menschen fast mühelose »Disziplin« zeigen, während sie selbst sich immer wieder abmühen müssen. Die Antwort ist: Die angebliche Genialität dieser Menschen erweist sich als ihr größtes Hindernis. Sie berauben sich selbst der Chance, dauerhaft motiviert zu sein.

Die Ergebnisse erfolgen automatisch aus der Bewegung. Sie sind das Resultat. Es ist wichtig, in Bewegung zu kommen. Wer einmal richtig in Fahrt ist, kann leichter weiterfahren als anhalten. Momentum hält Sie in Fahrt.

Warten Sie nicht auf die perfekte Strategie

Wir brauchen keine perfekte Strategie, um ein Projekt starten zu können. Unzweifelhaft wäre das von Vorteil. Aber eine Strategie ist nicht die unbedingte Voraussetzung. Viele heute erfolgreiche Firmen haben zunächst verschiedene Strategien verfolgt, bevor sie ihre gewinnende Strategie gefunden haben. Wenn Sie eine erprobte Strategie haben, so sollten Sie sich daran halten und nicht unnötig versuchen, das Rad neu zu erfinden. Aber wenn Sie nicht über eine Strategie verfügen, so sollten Sie darauf vertrauen, daß Sie eine solche finden werden, wenn Sie genügend Momentum aufgebaut haben. Experimentieren Sie mit einigen Taktiken, die für andere funktionieren. Finden Sie heraus, was für Sie am besten paßt.

Gewinner warten nicht tatenlos auf eine perfekte Strategie, denn sie wissen: Diese Strategie entwickelt sich oft erst durch Momentum.

Wo wollen Sie Momentum entwickeln?

Aber Vorsicht. Momentum ist ein tückisches Phänomen. Es kann *für* uns arbeiten, aber auch *gegen* uns. Manche Menschen haben Momentum im Nörgeln und Meckern aufgebaut, im Naschen, im übermäßigen Geldausgeben … Angenommen, jemand beginnt mit »großer Disziplin« täglich eine Tafel Schokolade zu essen. Dann hat er nach einigen Wochen Momentum als Schokoladenesser. Er muß sich dann nicht wundern, wenn die Gier nach Schokolade nun schwer zu stoppen ist. Wir sollten also von Zeit zu Zeit kritisch untersuchen, ob wir dabei sind, schädliche Gewohnheiten anzunehmen. Und wir sollten uns fragen, welche Gewohnheiten wir gerne hätten. Dann müssen wir nur noch den Aktionsplan erstellen.

Momentum beginnt mit Disziplin

Um Ihrem Momentum die notwendige Stabilität zu geben, müssen Sie einen wichtigen mentalen Muskel entwickeln: Disziplin. Wenn Sie in irgendeiner neuen Unternehmung erfolgreich werden wollen, müssen Sie die Grundlagen beherrschen. Um die Grundlagen zu lernen, brauchen Sie Disziplin. Je mehr Sie üben, um so besser werden Sie. Je besser Sie sind, um so aufregender werden die Resultate. Je besser die Resultate sind, um so motivierter sind Sie. Je motivierter Sie sind, um so mehr arbeiten Sie und um so mehr Momentum haben Sie … Aber es beginnt mit der Disziplin, die Grundlagen zu lernen.

Disziplin steht auf der persönlichen Beliebtheitsskala vieler Menschen zwischen Zahnarzt und Durchfall. Aber wir brauchen sie, um in Fahrt zu kommen. Bevor Momentum entstanden ist, heißt die Wahl einfach: sofortiges Vergnügen oder langfristige Belohnung.

Die gute Nachricht lautet: Der »Kampf« gegen unsere schlechten Gewohnheiten dauert nicht *ewig*. Eine große Menge Disziplin ist nur für die kurze Übergangzeit notwendig, bis Sie neue Gewohnheiten aufgebaut haben. Ganz gleich, wie schwierig Ihnen etwas fällt, wenn Sie es drei bis sechs Wochen lang mit Disziplin tun, dann haben Sie eine neue Gewohnheit aufgebaut. Sie haben dann Momentum, das heißt: Es wird Ihnen dann leichter fallen, es zu tun, als es nicht zu tun. Die Tätigkeit, die Sie anfangs nur mit eiserner Disziplin aufnehmen konnten, ist nun zu einem Vergnügen geworden.

Die drei Phasen der Disziplin

Wie aber ist es dann möglich, daß jemand nach Jahren mit einer guten Gewohnheit bricht? Weil die obige Aussage nicht ganz korrekt ist. Denn in Wahrheit brauchen wir immer ein wenig Disziplin – zumindest von Zeit zu Zeit – auch wenn wir volles Momentum haben. Es gibt drei Stufen für die Disziplin.

Stellen Sie sich vor, Sie hassen joggen und wollen dennoch damit beginnen, täglich zu laufen:

Die erste Stufe ist die **Start-Phase.** Sie dauert circa drei bis sechs Wochen. In dieser Zeit ist es oftmals ein ständiger Kampf, sich zum Joggen aufzuraffen.

Die **zweite Phase:** Sie haben Momentum aufgebaut und springen morgens wie selbstverständlich in die Joggingschuhe. Aber nicht jeden Tag, sondern nur fünf von sieben. Die anderen beiden Tage brauchen Sie noch etwas Disziplin. Aber längst nicht soviel wie in der ersten Phase. Sobald Sie losgelaufen sind, genießen Sie den Lauf. Und das war während der ersten Wochen ganz anders.

Die **dritte Phase** beginnt nach circa einem Jahr. Jetzt stolpern Sie jeden Morgen automatisch in Ihre Joggingschuhe. Sie wachen sogar mit der Vorfreude auf das Joggen auf. Jeden Tag im Monat … bis auf einen oder zwei. An diesen Tagen brauchen Sie noch etwas Disziplin, um loszulaufen. Diese Phase hält ein Leben lang an. Ganz selten brauchen wir noch ein wenig Disziplin – die weitaus meiste Zeit erhält sich das Momentum von alleine.

Wenn es einmal läuft …

Wenn Sie einmal das richtige Momentum aufgebaut haben, dann brauchen Sie es nur aufrechtzuerhalten. Dazu benötigen Sie nur selten etwas Disziplin. Entwickeltes Momentum gibt Ihnen viel mehr Kraft, als das es kostet, um es in Gang zu halten.

Ein großes Unternehmen hatte viele Millionen für eine Werbekampagne ausgegeben. Die Kampagne war erfolgreich, und der Umsatz schnellte nach oben. Dennoch brach der Konzern die Werbung nicht ab. Beobachter fragten daraufhin den Konzernchef, warum er jetzt nicht die teure Werbung einstelle. Schließlich hatte er seine Umsatzziele doch übertroffen.

Der Konzernchef antwortete: »Stellen Sie sich vor, Sie sitzen in einem Flugzeug. Um es in die Luft zu bringen, ist eine große Energieleistung notwendig. Nach einiger Zeit fliegen Sie angenehm ruhig dahin. Werden Sie nun die Motoren abstellen?«

Momentum ist wie der sprichwörtliche Schneeball, der zur Lawine wird. Es kostet Zeit und Anstrengung, einen Schneeball zu machen, ihn auf die Bahn zu setzen und gleichmäßig den Berg hinunterrollen zu lassen. Aber wenn er einmal rollt, dann passen Sie auf. Er wird weiterrollen und weiterwachsen, und er wird alles und jeden überrollen, der den Fehler macht, sich ihm in den Weg zu stellen. Und er rollt ohne Mühe.

Gewinner arbeiten mit Volldampf daran, Momentum aufzubauen. Es braucht viel Zeit und Anstrengung, um eine sinnvolle Unternehmung zu starten. Aber wenn es einmal läuft, kann nichts und niemand es stoppen – außer Sie selbst.

Praxis:

Ich werde heute Momentum entwickeln, indem ich mich verpflichte, folgende Schritte durchzuführen:

1. Ich treffe die bewußte Entscheidung, so lange mit aller mir möglichen Anstrengung zu arbeiten, bis ich Momentum erreicht habe. Ich verstehe, daß dies ökonomisch und klug ist. Ein Wagen rollt viel leichter, wenn er erst einmal angeschoben ist.

2. Heute arbeite ich mit aller Disziplin. Denn mir ist bewußt, daß Disziplin der Schlüssel zum Aufbau von Momentum ist.

3. Ich schaue heute nicht so sehr auf die Ergebnisse. Denn ich weiß, daß die Ergebnisse sich automatisch einstellen, wenn ich genügend Momentum aufgebaut habe. Ich warte auch nicht auf bessere Umstände, denn ich weiß, daß Momentum diese besseren Umstände erst schafft.

4. Ich fertige eine Liste von den Bereichen an, in denen ich Momentum entwickelt habe. Momentum arbeitet für mich, aber auch gegen mich. Ich schreibe auf, auf welchen Gebieten ich neben meinem Job Momentum entwickeln will: Sport, Eßgewohnheiten, Familienleben, Lesen, Umgang mit Geld …

11. Gesetz: Träume und lebe Deinen Traum

Die fünfjährige Tochter kam eines Tages aufgeregt ins Bett ihrer Mutter gesprungen. »Mama, was willst du werden, wenn du groß bist?«

Die Mutter dachte, es handele sich um ein neues Spiel, das sich ihre Tochter ausgedacht hatte. »Hmmm, ich denke, ich werde eine Mutti, wenn ich groß bin.«

Die Tochter protestierte: »Du kannst keine Mutti werden, denn du bist ja schon eine. Was willst du werden?«

»Na gut, ich will dann eine Lehrerin werden«, antwortete die Mutter.

»Nein, das geht nicht. Das bist du auch schon!«

»Schatz, es tut mir leid. Ich weiß nicht, was ich sagen soll.«

»Mama, sage mir doch einfach, was du werden willst, wenn du groß bist. Du kannst alles werden, was du sein willst.«

Die Mutter verstand plötzlich. Sie war dermaßen überwältigt, daß sie nicht antworten konnte. Ihre Tochter gab auf und verließ das Schlafzimmer. Diese unscheinbare Unterhaltung hatte die Mutter tief berührt. In den Augen ihrer Tochter konnte sie immer noch alles werden, das sie werden wollte. Ihre Familie, ihre Ausbildung, ihr gegenwärtiger Halbtagsjob, ihre zwei Kinder ... – nichts von den scheinbar unveränderbaren Gegebenheiten hatte im Moment Bedeutung für sie. Denn in den Augen ihrer jungen Tochter durfte sie noch träumen. Ihre Zukunft war noch nicht festgelegt. In den Augen ihrer Tochter mußte sie noch wachsen, und es gab noch eine Menge Dinge, die sie sein konnte.

* * *

Die Umstände, in denen Sie sich jetzt gerade befinden, sind nebensächlich. Die einzig entscheidende Frage ist: Wer und was wollen Sie in der Zukunft sein? Es kommt nicht darauf an, ob jemand Ihnen gesagt hat: »Das ist unmöglich.« Es kommt auch nicht darauf an, ob es diese Menschen noch in Ihrem Leben gibt. Wichtig ist nur, daß *eine* Person nicht in dieses Lied einstimmt: Sie selbst.

Denken Sie niemals, Ihr Leben sei »gelaufen«. Denn wenn *Sie* nicht nach Ihren Träumen greifen, dann wird es niemand tun.

Eine zweite Falle hört sich nicht spektakulär an, aber sie zerstört viele Träume auf hinterlistige, schleichende Art. Es handelt sich um die Idee, daß man *im Moment* noch nicht den Träumen nachgehen könne. Daß jetzt noch nicht der geeignete Zeitpunkt sei. Machen Sie sich bewußt, daß es den idealen Zeitpunkt für einen Neubeginn gar nicht gibt. Jedesmal, wenn Sie einen Neubeginn aufschieben, entfernen Sie sich in Wahrheit ein Stück weiter davon.

Katastrophen als Neubeginn

Selbst Katastrophen dürfen uns nicht entmutigen. Es ist möglich, daß uns ein schlimmes Ereignis so betroffen macht, daß die Zukunft sinnlos erscheint. Dann müssen wir uns bewußt machen, daß oftmals in der Katastrophe auch eine Chance für unsere Zukunft liegen kann.

Die erste Beziehung eines 17jährigen Mädchens war in die Brüche gegangen. Der Freund hatte mit ihr Schluß gemacht. Sie war am Boden zerstört. Da fiel ihr Blick auf einen Satz, den ihre Mutter mit Lippenstift auf ihren Schlafzimmerspiegel geschrieben hatte: »Wenn die Halbgötter gehen, dann kommen die Götter.«

Wollen Sie Ihr Leben mit Halbgöttern verbringen – oder mit Göttern? Wollen Sie mit Kompromissen leben? Solche Fragen sind nicht leicht zu beantworten. Vielleicht ist es gut, daß uns die Entscheidung von Zeit zu Zeit abgenommen wird. Es geschehen Dinge, auf die wir keinen Einfluß haben. Aber es liegt an uns, wie wir reagieren.

Im Dezember 1914, als Thomas Edison 67 Jahre alt war, brannte sein Laboratorium vollkommen aus. Der Schaden belief sich auf über 3,5 Millionen Mark, und er war nur für knapp 400.000 Mark versichert. Was aber viel schlimmer war: Seine gesamten Forschungsergebnisse waren vernichtet. Seine wissenschaftliche Sammlung und alle seine Aufzeichnungen und Erinnerungen waren in Flammen aufgegangen. Sein Lebenswerk war zerstört.

Sein Sohn suchte ihn und fand Edison, wie er das Feuer aus einer sicheren Entfernung betrachtete. Er war völlig ruhig und gefaßt und schaute lächelnd auf die Zerstörung. Er bat lediglich eindringlich, daß man seine Frau zu ihm bringe. Als diese dann bald darauf eingetroffen war, sagte er: *»Schau mal, wir werden in unserem ganzen Leben nie wieder so etwas Einzigartiges erleben. Katastrophen haben einen großen Wert. Alle unsere Fehler verbrennen gerade. Gott sei Dank können wir ganz neu anfangen.«*

Sollten Sie eine Katastrophe erlebt haben, so ist diese Einstellung sicherlich hilfreich. Jetzt haben Sie die Chance für einen Neubeginn.

Allerdings braucht niemand auf eine Katastrophe zu warten, um einen Neubeginn zu machen. Die gute Nachricht, die Sie sich einfach nur wieder bewußt machen müssen, lautet: Sie dürfen träumen. Sie dürfen werden, was und wer Sie sein wollen. Sie haben ein Recht, Ihre persönliche Lebensvision zu entdecken und ihr zu folgen. Sie haben ein Recht auf ein Leben mit Leidenschaft. Und – das ist das entscheidende – die Vergangenheit ist nicht gleich der Zukunft. Sie können sich jederzeit eine neuartige Zukunft schaffen.

Haben Sie aufgehört zu träumen?

Nicht nur die Vergangenheit, sondern auch die Gegenwart kann zu einer Falle werden. Ein Mann hatte eines Tages seinen Haustürschlüssel verloren. Er begann, danach zu suchen. Eine Nachbarin, die ihn dabei beobachtet hatte, bot ihre Hilfe an. Während die Frau wirklich ernsthaft suchte und selbst unter Sträuchern nachschaute, fiel ihr auf, daß der Mann immer nur unter einer Laterne blieb. Dort machte er immer einige Schritte nach vorne und einige zurück.

Verwundert forderte die Frau ihn auf, auch woanders zu suchen, schließlich könne er die Schlüssel doch auch an einer anderen Stelle verloren haben als unter der Laterne. Der Mann antwortete: »Natürlich kann ich die Schlüssel auch woanders verloren haben. Aber hier ist Licht.«

Zu viele Menschen vermuten die Erfüllung ihrer Träume und ihre Leidenschaft in der Nähe der Tätigkeit, die sie gerade ausführen. Tatsächlich könnten Sie die Leidenschaft Ihres Lebens eventuell an ganz anderen Stellen finden. Womöglich liegt der Schlüssel dazu irgendwo in Ihrer Vergangenheit. Spüren Sie darum die alten Träume auf, die Sie vielleicht irgendwann einmal vergraben haben. Und akzeptieren Sie, daß Ihre Kraft ausreicht, Ihr Leben zu verändern.

Der Mensch will ein Fernsehprogramm und ein Theaterprogramm, einen Reiseplan für den Urlaub … Er will ein besseres Zeitmanagement. Aber ist es nicht geradezu lächerlich, wenn die Geschwindigkeit wichtiger ist als die Richtung? Ist es nicht gefährlich, wenn ein Mensch Minuten sparen will, während er gerade Jahre verschenkt und vielleicht sogar gerade dabei ist, seine Träume zu begraben? Weil er sich zu wenige Gedanken über die Richtung gemacht hat, die er gerne einschlagen würde. Weil er es nicht für möglich hält, daß er morgen etwas ganz anderes sein und tun kann als gestern und heute.

Ein kompletter Neuanfang ist möglich

Gilbert Kaplan hat mit 25 Jahren sein erstes Magazin gegründet. Er war der typische Workaholic. Innerhalb von 15 Jahren hat er es zu einer der führenden Zeitschriften mit hoher Auflage gebracht. Er arbeitete beinahe rund um die Uhr. Dann – mit 40 Jahren – verkaufte er sein Unternehmen plötzlich. Was war geschehen?

Eines Tages hatte er Mahlers 2. Symphonie gehört. Und der Klang hatte ihn unendlich verzückt. Die Musik weckte etwas in ihm, was lange geschlummert hatte. Aber da war noch etwas: Er fand, daß Mahlers zweite anders interpretiert werden sollte. Irgend etwas fehlte. Das, was er hörte, wurde Mahler nach seinem Dafürhalten nicht gerecht.

Er verkaufte sein Unternehmen und beschloß, Dirigent zu werden. Alle Experten waren sich darin einig, daß dies ein unmögliches Unterfangen sei. Denn Kaplan hatte nie zuvor dirigiert und konnte auch kein einziges Musikinstrument spielen. Auch seine Freunde hielten ihn für verrückt: Ein Manager, der nicht einmal Noten lesen kann – mit 40 –

Dirigent, einfach lachhaft! Von dieser Kritik ließ sich Kaplan nicht entmutigen, er steckte sein Ziel sogar noch höher: Er wollte Mahler so spielen, wie es noch keiner vorher geschafft hatte.

Dann begann er zu lernen; er lernte von den besten Dirigenten. Er ließ sich coachen und arbeitete ununterbrochen an seinem Traum. Nur zwei Jahre danach war dieser Wirklichkeit geworden. 1996 spielte Gilbert Kaplan das erfolgreichste Klassikalbum der USA ein. Im gleichen Jahr eröffnete er die Salzburger Festspiele – als gefeierter Dirigent.

Wie wir unsere Träume verwirklichen

Unsere Träume und Ziele werden zu einer Art Magnet, der alles und jeden anzieht, um uns der Erfüllung näher zu bringen. Zugegeben, das ist nicht leicht zu glauben. Jedoch weiß jeder erfolgreiche Mensch davon zu berichten.

Allerdings genügt es nicht, von Zeit zu Zeit ein wenig zu träumen. Wir müssen unsere Ziele vielmehr in unserem Nervensystem konditionieren. Wir müssen immer wieder an sie denken, ohne sie in Frage zu stellen. Da hilft ein einfacher Trick: Wir stellen uns vor, wir hätten unsere Ziele bereits erreicht. Das heißt, wir nehmen sie mental vorweg und genießen sie emotional.

Jedesmal, wenn wir uns derart auf unsere Träume konzentrieren, schaffen wir eine Verbindung zwischen dem Punkt, an dem wir heute stehen, und jenem, den wir erreichen wollen. Mit jedem Mal stärkt sich die Gewißheit, daß sich unsere Wünsche erfüllen. Die Gewißheit überträgt sich in wirksames Handeln, das den Erfolg bewirkt. Das sich dadurch ebenfalls aufbauende Selbstvertrauen läßt uns nach Wegen und Möglichkeiten schauen.

Je mehr wir unsere Träume leben, um so stärker werden wir

Norman Vincent Peale trifft den Kern, wenn er sagt: »Die meisten Menschen wollen nicht glauben, daß sie alles in sich haben, das nötig ist, um das zu werden, was sie sich wünschen; und so versuchen sie, sich mit Dingen zu begnügen, die ihrer nicht würdig sind.« Und Benjamin Disraeli sagte: *»Nichts kann dem Willen eines Menschen trotzen, der sogar seine Existenz aufs Spiel setzt, um sein erklärtes Ziel zu erreichen.«*

Warum ist es so, daß einige Menschen andere für sich einspannen und andere sich einspannen lassen? Der Unterschied liegt in dem Grad, in dem wir unseren Träumen folgen. Wenn sich zwei Menschen begegnen, ist die Wahrscheinlichkeit hoch, daß derjenige, der eine echte Entscheidung getroffen hat und sich am stärksten engagiert, den anderen letztlich beeinflussen und mehr oder weniger für sich einspannen wird. Je mehr wir unsere Träume leben, desto stärker sind wir. Fast scheint es so, als wenn das Universum zielbewußten Menschen auf geheimnisvolle Weise hilft.

Es gibt im Leben nichts Erfüllenderes, als unseren Visionen und Träumen zu folgen. Auf der anderen Seite gibt es wohl nichts Frustrierenderes, als seine Träume zu verraten und schließlich zu verdrängen.

Gewinner lehnen sich von Zeit zu Zeit einen Moment zurück und fragen sich: »Lebe ich meine Träume, oder lebe ich auf Sparflamme?« Sie wissen, daß sie sich als Designer ihres Lebens die Zukunft schaffen können, die sie erträumen. Sie kreieren sich das Leben, das ihrer würdig ist. Gewinner wissen, daß die Vergangenheit und auch die Gegenwart nicht gleich der Zukunft sind. Wir können jederzeit ein neues Bild malen, auch wenn die Farben zunächst dieselben sind. Dante sagte: »Eine mächtige Flamme entsteht aus einem winzigen Funken.«

Leben Sie das Leben auf Ihre Weise. So wie Frank Sinatra sang: *»And more, much more than this, I did it my way ...«* (*»Vor allem aber habe ich es auf meine Weise getan ...«*) Mr. Sinatra hat so gelebt, und er ist so gestorben. Darum hat der Präsident der Vereinigten Staaten auf seiner Beerdigung gesagt: *»He did it his way.«* (Er hat es auf seine Weise getan.)

Wir haben die Wahl: Entweder wir leben unsere Träume, oder wir helfen anderen bei der Erfüllung ihrer Träume. Auf ihrem Sterbebett sagte eine Mutter zu ihrem Sohn: »Versprich mir: SEI JEMAND.« Abraham Lincoln hat es seiner Mutter versprochen. Gewinner wissen: Das Leben ist zu kurz, um unbedeutend zu sein.

Praxis:

Ich werde mich heute stärker als Gestalter meiner Zukunft betätigen und verpflichte mich zu folgenden Schritten:

1. Ich werde mir heute eine Auszeit nehmen. Ich setze mich hin oder gehe nur mit der halben Schrittgeschwindigkeit spazieren. Ich finde Ruhe und höre auf meine innere Stimme.

2. Ich überlege, wieviel sich in meinem Leben in den letzten sieben Jahren ereignet hat. Was habe ich alles an Neuem kennengelernt, wieviel habe ich getan, wieviel erworben, wie viele neue Menschen kennengelernt? Wie hat sich meine Persönlichkeit entwickelt, und was habe ich alles erlebt? Ich mache mir bewußt, daß sich in den nächsten sieben Jahren genauso viel ereignen kann.

3. Ich frage mich: Wenn ich wirklich die Wahl hätte, was würde ich gerne tun und sein? Was sind meine Träume? Wer will ich in sieben Jahren sein, und was will ich tun? Ich schreibe meine Gedanken dazu auf. Es kann mir helfen, wenn ich mich frage, was ich so richtig gerne tue und was davon meinen Talenten entspricht.

4. Ich erkenne, daß ich tatsächlich die Wahl habe. Ich kann jederzeit das Leben kreieren, daß auch morgen meiner würdig ist. Ich bin der Designer meines Lebens. Ich habe den Mut, glücklich zu sein.

12. Gesetz: Achte auf Deinen Körper

Stellen Sie sich vor, Sie würden ein Rennpferd besitzen, das eine Million Dollar wert ist. Wie würden Sie dieses Pferd behandeln, und wie würden Sie es füttern? Würden Sie ihm einige Wodka-Lemon zu saufen geben und Pommes-frites mit Mayonnaise und Mousse au Chocolat zum Nachtisch? Würden Sie ihm Bier statt Wasser geben und ein Pfund Eis mit extra viel Sahne statt Hafer? Würden Sie das edle Tier mit House-Musik beschallen und nachts mit ihm durch die Lokale ziehen? Würden Sie ihm das Rauchen beibringen und ihm einen Fernseher in den Stall stellen, damit es so richtig nervös wird und schlecht schläft?

Natürlich würden Sie all diese Dinge nicht tun. Aber warum tun so viele Menschen dies ihrem Körper an?

* * *

Gesundheit ist nicht nur die Abwesenheit von Krankheit

Wie würden Sie Gesundheit definieren? Den meisten Menschen fällt dazu nichts Besseres ein, als zu sagen: »Wenn ich nicht krank bin, dann bin ich gesund.« Aber Gesundheit ist viel mehr als die Abwesenheit von Krankheitssymptomen. Gesundheit bedeutet Vitalität, Energie, Lebensqualität und Lebensfreude.

Es ist möglich und auch notwendig, daß Sie Ihre Gesundheit laufend verbessern. Sie können buchstäblich Ihre Menge an Gesundheit steigern und Ihre Vitalität erhöhen. Sie können täglich mehr Energie bekommen.

Viele Menschen befassen sich mit ihrer Gesundheit erst dann, wenn sie nicht mehr vorhanden ist. Erst wenn sie sich unwohl, schlapp und krank fühlen, unternehmen sie etwas. Auch hier gilt der Grundsatz: Wenn wir uns nicht um die wichtigen Dinge kümmern, dann werden sie irgendwann dringend. Und dann müssen wir uns mit ihnen befassen. Im Bereich der Gesundheit bedeutet dies, daß Ihnen dann nichts anderes mehr übrigbleibt, als Schadensbekämpfung zu betreiben.

Vielleicht fragen Sie sich, warum ein Buch über Gewinner ein Kapital über »Gesundheit« enthält. Nun, Gewinner wissen, daß ihre Gesundheit ganz erheblich mit darüber entscheidet, wie effektiv sie sind. Es ist schwierig, die Welt erobern zu wollen, wenn wir vor lauter Krankheit nicht aus dem Bett kommen.

Ihre Gesundheit hat erheblichen Einfluß darauf, wie Sie sich fühlen, wie motiviert Sie sind, wieviel Begeisterung Sie aufbringen, wieviel Charisma Sie haben und wie anziehend Sie wirken.

Wir sollten uns mit unserer Gesundheit befassen und darauf achten, was wir essen, trinken und wie oft wir uns bewegen. Es ist sehr viel leichter, Erfolg richtig auszukosten, wenn wir über eine gute Gesundheit verfügen.

Meiden Sie Extreme

Es wird viel darüber erzählt und geschrieben, was ein Mensch alles tun und lassen sollte, um eine optimale Gesundheit zu haben. Dabei ist wichtig zu erkennen, daß jeder Körper unterschiedlich reagiert. Was dem einen nutzt, schadet dem anderen geradezu. Wir müssen zum einen lernen, in uns hineinzuhören. Zum anderen sollten wir wissen, daß alles Extreme eher schadet. Wir benötigen eine ausgeglichene, vernünftige Lebensweise.

Essen Sie beispielsweise nicht viel von einer bestimmten Sache, sondern essen Sie wenig von vielen verschiedenen Dingen. Verfallen Sie nicht auf Dauer in eine bestimmte Diät. Oft erfahren wir erst nach Jahren die Schattenseiten einer bestimmten Ernährung. Es geht auch nicht darum, möglichst alles »Schlechte« zu meiden. Achten Sie vielmehr darauf, daß Ihr Körper genügend gute, vollwertige Nahrung bekommt.

Der Körper gibt uns »deutliche« Signale, was er benötigt. So überfällt uns von Zeit zu Zeit der Heißhunger auf eine bestimmte Sache.

Wir können einem solchen Heißhunger nachgeben, ohne ein schlechtes Gewissen zu haben. Jeder Mensch durchläuft verschiedene Entwicklungsstufen und Phasen. Darum gibt es auch keine »gute« oder »schlechte« Ernährung. Hören wir auf unseren Körper – er weiß, was wir brauchen.

Grundsätze, die wir leicht vergessen

Das Leben soll Spaß machen. Wir mögen keine Verbote und Einschränkungen. Aber es ist sinnvoll, sich an einigen wenigen grundsätzlichen Tips zu orientieren – das steigert den Spaß und das Wohlgefühl erheblich:

Essen Sie langsamer, weniger und ruhiger

Wir alle essen zuviel. Essen Sie weniger. Das gilt auch für viele schlanke Menschen unter uns. Wissenschaftler haben immer wieder bestätigt, daß wir mit einem Drittel unserer täglichen Nahrung gut auskommen würden. Die anderen zwei Drittel rauben uns eher Energie, denn wir verschwenden für nichts mehr Energie als für die Verdauung.

Essen Sie darum weniger, dafür aber langsamer, kauen Sie gut, und genießen Sie Ihr Essen. Setzen Sie sich zum Essen immer hin. Lesen Sie möglichst nicht während des Essens, und fahren Sie kein Auto dabei. Wenn Sie essen, dann konzentrieren Sie sich darauf und haben Spaß daran.

Essen Sie Leben

Achten Sie darauf, daß möglichst viel (am besten mindestens 30 Prozent) Ihrer Nahrung aus natürlichen, vollwertigen Bestandteilen zusammengesetzt ist. Essen Sie viel Obst und Gemüse. Experimentieren Sie, und finden Sie heraus, was Ihrem Körper am besten bekommt. Trinken Sie z.B. frisch gepreßte Säfte.

Denaturierte Fabriknahrung ist für unseren Körper nur Ballast. Wer darauf nicht verzichten will, muß mit gesunden Lebensmitteln einen

Ausgleich schaffen. Vermeiden Sie es, Zucker, Kaffee, Fett und Alkohol im Übermaß zu sich zu nehmen. Es hat wenig Sinn, schädliche Substanzen täglich in rauhen Mengen aufzunehmen.

Aber fallen Sie nicht in Extreme. Einige »militante Gesundheitsaposteln« sehen ziemlich krank aus. Und einen glücklichen Eindruck machen sie auch nicht.

Trinken Sie viel

Trinken Sie mehr. Damit ist nicht Alkohol gemeint. Ein Bier hat zum Beispiel genauso viele Kalorien wie zwei Brötchen. Würden Sie auf die Idee kommen, nach dem Abendessen noch acht Brötchen zu essen? Mit viel trinken ist Wasser gemeint. Wir benötigen zwei bis drei Liter Flüssigkeit am Tag. Kaffee, Cola, alkoholische Getränke und Milch sind in dem Sinne keine Flüssigkeit, denn sie entziehen dem Körper mehr Flüssigkeit, als daß sie ihm welche zuführen. So sollten wir beispielsweise für jede Tasse Kaffee, die wir trinken, zusätzlich zwei Glas Wasser trinken. Es ist dabei am besten, nicht soviel während der Mahlzeiten zu trinken, weil Sie dadurch Ihre Verdauung erschweren. Trinken Sie zwischen den Mahlzeiten.

Viele Menschen vergessen, ausreichend Flüssigkeit zu sich zu nehmen. Für sie wäre es gut, wenn sie sich eine gewisse »Routine« festlegten. So können Sie es sich zum Beispiel zur Gewohnheit machen, regelmäßig ein Glas Wasser zu trinken, wenn Sie aufstehen, wenn Sie zum Sport fahren, wenn Sie vom Sport kommen, bevor Sie schlafen gehen …

Bewegen Sie sich ausreichend

Bewegen Sie sich mehr. Unser Körper ist ein Bewegungsapparat und kein Sitzapparat. Er ist darauf ausgerichtet, wenigstens 50 bis 60 Kilometer täglich zu laufen. Sie müssen sich natürlich nicht jeden Tag bewegen. Nur an den Tagen, an denen Sie essen. Nur wenn wir uns täglich wenigstens 40 Minuten sportlich betätigen, kann unser Körper optimal funktionieren.

Aerobische Sportarten haben dabei ungeahnte, positive Auswirkungen auf den gesamten Organismus: Die allgemeine Leistungsfähigkeit, die Wachheit, die Funktionen der inneren Organe werden gesteigert, die Verdauung und der Stoffwechsel werden gefördert, das Immunsystem wird gestärkt, die Stimmung und die Vitalität werden verbessert.

Viele Menschen meinen, keine Zeit für Sport zu haben. Das ist so, als würde man seine Uhr anhalten, um Zeit zu gewinnen. Wenn Sie regelmäßig Sport machen, können Sie sich erheblich besser konzentrieren und sind wahrscheinlich weniger krank. Sie gewinnen Zeit, anstatt Zeit zu »verlieren«. Und Sie gewinnen Lebensqualität.

Gönnen Sie sich regelmäßig Pausen
Wir brauchen ausreichende Perioden der Ruhe. Machen Sie öfter einmal eine Entspannungspause. Immer, wenn Sie Ihren Alltag als zu stressig empfinden, so meditieren oder relaxen Sie zehn Minuten. Gehen Sie ein paar Minuten spazieren. Hören Sie entspannende Musik. Schließen Sie die Augen, und denken Sie an nichts. Sollte Ihnen das nicht gelingen, so denken Sie an eine entspannende Szene wie einen Strand oder einen Wald.

Auch hier behaupten immer wieder Menschen, sich das nicht leisten zu können. In Wahrheit aber können wir es uns nicht leisten, darauf zu verzichten. Wer regelmäßig Pausen einschiebt, ist wesentlich leistungsfähiger. Unterbrechen Sie also Ihren Tag von Zeit zu Zeit. Geben Sie sich einen freien Tag pro Woche, und machen Sie Ferien.

Langzeitstrategie

Ein wesentlicher Unterschied zwischen Amateuren und Profis liegt im Verständnis von Langzeitstrategien. Profis gefährden nicht ihr langfristiges Ziel – Vitalität und Gesundheit – durch Maßnahmen, die nur einen kurzfristigen Erfolg schaffen. Eine 95-Stundenwoche mag kurzfristig Ergebnisse erbringen, aber langfristig macht das krank. Mit viel Kaffee kann man kurzfristig wach bleiben. Aber damit bringt man den Körper um die Ruhe, die er dringend benötigt. Eine Grippe nicht auszukurieren mag für das aktuelle Projekt von Vorteil sein. Langfristig gesehen aber ist das einfach dumm.

Wir sollten langfristige Probleme nie durch kurzfristig ausgerichtete Strategien lösen.

Gewinner achten auf ihre Gesundheit und sorgen dafür, daß sie für ihre nächsten Aufgaben mehr Energie aufbauen. Für einen Radprofi bedeutet jedes Kilo Übergewicht, daß er an einem durchschnittlichen Berg eine Minute langsamer ist. Ein Gewinner weiß, daß es ihn viel Leistungsvermögen kostet, wenn er Raubbau mit seiner Gesundheit treibt.

Praxis:

Heute werde ich auf meinen Körper achten, indem ich mich zu folgenden Schritten verpflichte:

1. Heute esse ich achtsam. Das heißt, ich esse weniger und dafür langsamer, achte darauf, was ich zu mir nehme, und kaue länger und gründlicher. Heute esse ich mehr Früchte und Salat. Wenn ich Hunger auf Snacks habe, dann kaufe ich mir heute Nüsse und Obst.

2. Ich trinke heute einige Gläser Wasser. Besonders vor dem Essen verhindert das Trinken, daß ich unsinnig große Mengen Nahrung in mich hineinschütte.

3. Ich bewege mich mindestens 35 Minuten. Wenn ich joggen gehe, dann überanstrenge ich mich nicht. Sobald es mir zu anstrengend wird, gehe ich ein Stück. Ich muß niemandem etwas beweisen. So habe ich Spaß am Joggen.

4. Heute unterbreche ich meine Arbeit jeweils spätestens nach 90 Minuten und mache eine kurze Bewegungspause. Ich gehe dann für fünf Minuten an die frische Luft oder mache ein paar Fitneßübungen. Auf diese Weise habe ich mehr Energie und kann mich besser konzentrieren. Insgesamt schaffe ich so viel mehr.

5. Ich vereinbare heute, mich von einem guten Arzt einmal richtig durchchecken zu lassen.

13. Gesetz: Laß Dich von Ablehnung nicht entmutigen

Jaffet war einer von vielen, die dem prominenten Redner zuhörten. Er war begeistert und nahm sich vor, einiges in seinem Leben zu ändern.

Anschließend machte Jaffet eine interessante Entdeckung: Nicht alle Zuhörer bewerteten den Vortrag gleich. Eine Gruppe lachte über ihn und kritisierte den Sprecher.

Eine weitere Gruppe fand ihn weder besonders gut noch besonders schlecht. Die meisten aber hatten die Botschaft so empfunden wie Jaffet. Sie waren begeistert und brannten darauf, die Inhalte in ihrem Leben umzusetzen.

Jaffet ging zu dem Redner, um ihn direkt zu fragen, warum die Zuhörer auf dieselbe Rede so unterschiedlich reagierten. Dieser antwortete: »Diese drei Gruppen von Menschen findet jeder Redner vor. Die Prozente verschieben sich, aber in jeder größeren Zuhörerschar finden sich immer Menschen, die spotten und kritisieren, andere, die sich neutral verhalten, und welche, die begeistert sind.

Anfangs wollte ich erreichen, daß alle begeistert sind. Aber das geht nicht, denn manche haben es sich zur Lebensaufgabe gemacht, kritisch und negativ zu sein. Auch erfordert es Mut, sich für Neues zu öffnen. Und den hat nicht jeder.

Ich fand heraus, daß es leichter ist, mich mit den drei Gruppen abzufinden. Ich konzentriere mich nur noch auf die Gruppe, die meine Botschaft positiv aufnimmt. Seither geht es mir viel besser.«

* * *

Die drei Gruppen

Jeder Gewinner hat gelernt, mit Ablehnung umzugehen. Er weiß, daß es immer drei Gruppen gibt:

- Eine Gruppe wird sie ablehnen.

- Die zweite Gruppe kann sich nicht entschließen und tut schließlich gar nichts.

- Und die dritte Gruppe nimmt Sie bzw. Ihr Projekt oder Ihre Idee an.

Ganz gleich, was Sie tun, Sie werden immer diese drei Gruppen finden. Das ist eine fundamentale Wahrheit und braucht in keiner Weise an Ihrem Produkt, Ihrer Dienstleistung, Ihrer Firma oder an Ihnen selbst zu liegen. Es liegt einfach in der Natur des Menschen.

Die drei Phasen

Jede Idee und jedes Projekt durchläuft drei Phasen. Das läßt zunächst keine Aussage über die Güte des Projektes zu. Die drei Phasen sind:

Phase 1: Spott. Man wird nicht ernst genommen, und manche Menschen machen sich lautstark lustig.

Phase 2: Kritik. Spott ist jetzt nicht mehr angebracht, weil sich Erfolge eingestellt haben. Darum wird jetzt kritisiert. Die zweite Phase kann durchaus als Fortschritt betrachtet werden. Denn Kritik muß man sich erst verdienen.

Phase 3: Anerkennung. Wer lange genug durchhält und seiner Linie treu bleibt, den wird man schließlich nicht mehr kritisieren. An Stelle der Kritik tritt die Anerkennung. Zwar gibt es immer noch Menschen, die gerne kritisieren würden – aber es ist einfach nicht mehr »in«, dies zu tun.

Glücklicherweise gibt es innerhalb jeder Phase die bereits beschriebenen drei Gruppen. Es wird also nicht jeder spotten und auch nicht jeder kritisieren. Allerdings werden das auch Menschen tun, von denen Sie eigentlich Unterstützung erhofft hätten. Aber es wird in jeder Phase auch andere geben, die für gut erachten, was Sie tun.

An der Kritik wachsen, ohne an ihr zu zerbrechen

Für diese drei Gruppen und die drei Phasen gibt es wahrscheinlich keine Ausnahme. Die Frage ist nur, wie wir damit umgehen. Häufig können wir zwei Extreme beobachten. Zum einen gibt es Menschen, die sich gegen Kritik vollkommen verschließen. Dadurch nehmen sie sich die Chance, selbstkritisch zu hinterfragen und zu lernen. Das andere Extrem bilden diejenigen, die sich jede Kritik und jede Ablehnung derart zu Herzen nehmen, daß ihnen gleich Zweifel an ihrer Tätigkeit kommen. Oft versuchen diese Menschen, es allen recht zu machen. Zwangsläufig werden sie sich selbst dadurch untreu.

Die Kunst ist, den goldenen Mittelweg zu finden. Wir dürfen einerseits nicht blind werden für berechtigte Kritik und müssen offen genug sein zu erkennen, wenn etwas einfach nicht funktioniert. Andererseits dürfen wir nicht vergessen, daß es immer Fehlschläge gibt und daß Kritik unvermeidlich ist. Es gilt also, an der Kritik zu wachsen und nicht an ihr zu zerbrechen.

Eine klare Abgrenzung zwischen diesen beiden Extremen gibt es nicht. Wir sollten hinterfragen, ob die Kritik konstruktiv und berechtigt ist, oder ob es sich um systembedingte bzw. destruktive Kritik handelt.

Immer wenn Sie dies nicht eindeutig entscheiden können, weisen Sie die Kritik ab. *Sie werden sicherlich erfolgreicher, wenn Sie eher eine etwas zu dicke als eine zu dünne Haut haben.*

Gewinner haben die Fähigkeit ausgebildet, destruktive Kritik nicht persönlich zu nehmen. Sie erkennen, daß das Problem eher bei dem Kritisierenden selbst liegt. Ebenso wissen sie, daß immer ein gewisser Prozentsatz spottet, lacht und ablehnt. Nichts auf dieser Welt wird allen Menschen gefallen.

Wir entscheiden, was uns beeinflußt

Es steht nicht in unserer Macht, Menschen zu verändern. Und das ist gut so – jeder soll seinen freien Willen haben. Aber wir haben die

Macht zu entscheiden, ob wir uns davon von unserem Weg abbringen lassen. Es wird immer Menschen geben, die nicht mögen, was wir anzubieten haben. Das ist nicht schlimm. Aber wir dürfen nicht anfangen, so wie sie zu denken.

Eine alte Weisheit besagt: »Wenn du ein Haus verläßt, dann schüttele den Staub aus deinen Sandalen.« Es scheint logischer, den Staub aus den Sandalen zu schütteln, bevor man ein Haus betritt. Aber der Satz will auf etwas anderes hinaus: Es spielt keine Rolle, ob die Menschen in einem Haus oder sonst irgendwo etwas annehmen oder ablehnen. Denn es wird nach dem Gesetz des Durchschnitts immer genügend Menschen geben, die für etwas zu begeistern sind.

Aber es werden auch viele Menschen die gleiche Sache ablehnen. Und oftmals erklären sie wortreich den Grund ihrer Ablehnung. Manche Argumente können dann so störend werden wie Sandkörnchen in Sandalen. Anfangs behindern ein paar Sandkörner nicht sehr stark. Aber nach einigen Kilometern reiben auch die kleinsten Sandkörnchen die Füße so wund, daß man schließlich ganz aufhören muß zu wandern. Gewinner haben die Fähigkeit ausgebildet, unberechtigte Kritik wie Sandkörner abzuschütteln.

Wir müssen uns mit den drei Gruppen abfinden

Warum aber gibt es die drei genannten Gruppen? Warum gibt es Menschen, die alles kritisieren? Es handelt sich um ein Mysterium, das die Geschichte vom Frosch und dem Skorpion veranschaulicht.

Ein Skorpion kam an einen Fluß. Weil er nicht schwimmen konnte, fragte er einen Frosch, ob er ihn ans andere Ufer bringen würde. Der Frosch lehnte ab: »Ich bin doch nicht blöd – kaum sind wir mitten auf dem Fluß, stichst du mich mit deinem gefährlichen Stachel, und ich sterbe.«

»Meister Frosch, benutze doch dein Froschhirn«, erwiderte der Skorpion. »Wenn ich dich steche und du untergehst, dann sterbe ich doch auch.«

Das leuchtete dem Frosch ein, und er erlaubte dem Skorpion, auf seinen Rücken zu krabbeln. Kaum waren die beiden mitten auf dem Fluß, da stach der Skorpion dem Frosch seinen Giftstachel tief in den Rücken. Sterbend fragte der Frosch: »Warum hast du das getan? Jetzt werden wir beide ums Leben kommen.«

Der Skorpion antwortete: »Weil ich ein Skorpion bin.«

Es gibt Menschen, die versuchen werden, Sie zu verletzen. Manche tun das aus Neid, andere, weil sie selbst unzufrieden sind. Natürlich sagen sie nicht: »Ich beneide diesen Menschen, darum nörgele ich an ihm herum.« Neider kleiden ihre Worte vielmehr in scheinbar ernst zu nehmende Kritik.

Wieder andere haben es sich zur Lebensaufgabe gemacht, negativ zu sein. Das darf uns nicht stören. Es ist ja die Aufgabe des Miesepeters, alles mies zu machen. Vielleicht haben Sie sich auch schon einmal gefragt, warum ein bestimmter Mensch immer wieder lügt. Die Antwort: Weil er ein Lügner ist. Ein Dieb stiehlt, und ein Lügner lügt. Ein Negativling kritisiert, und ein Spötter spottet.

Es gibt überhaupt nur eine Methode, Kritik zu vermeiden: Sei nichts und tue nichts. Das Mittel hilft. Wir sollten unser Leben nicht nach Nörglern ausrichten, die versuchen, ihr eigenes Unglücklichsein besser zu ertragen, indem sie andere ebenfalls unglücklich machen.

Wir entscheiden, ob uns Kritik trifft

Und weil das so ist, läßt sich ein Gewinner davon nicht beeindrucken. Er weiß, *daß nicht die Kritik und der Spott an sich verletzen, sondern die Art und Weise, wie wir damit umgehen.* Würde uns jemand bezichtigen, der heimliche Anführer einer Armee grüner Marsmännchen zu sein, so würden wir milde lächeln. Wir fühlen uns meist nur dann getroffen, wenn wir uns unserer Position unsicher sind.

Kritik und Ablehnung bekommen alle Menschen ab. Unterschiedlich ist, wie wir damit umgehen. Und das wiederum hat mit unserem Gefühl zu tun. Das Gefühl, das wir über unsere »Sache« haben. Über unsere Firma. Über die Menschen, mit denen wir zusammenarbeiten.

Das Gefühl für die Chance und das Marktpotential. Vor allem aber macht eines den Unterschied aus: Unser Gefühl über uns selbst. *Unberechtigte Kritik kann nicht verletzten. Wir können uns nur selbst verletzen.*

Nicht *was* Sie sagen und tun, macht den Unterschied aus, sondern *wie* Sie es sagen und tun. Ihr Gefühl gibt den Ausschlag. Alle Menschen haben eine gewisse Bereitschaft, etwas zu tun. Ein wenig Bereitschaft reicht aber nicht aus. Wenn das Gefühl für die eigene Sache zu schwach ist, wird man anfällig für Kritik und läßt sich von Mißerfolg entmutigen.

Gewinner haben ein besonderes, *außergewöhnliches* Verlangen. Die Begeisterung für ihre Sache ist einfach stärker. Sie sind hungriger, lernwilliger, eifriger. Sie sind bereit zu tun, was auch immer nötig ist, um ihr Ziel zu erreichen. Wer ein derartiges Gefühl für seine Aufgabe entwickelt, der läßt sich nicht so leicht beirren.

Ein solches Gefühl läßt sich entwickeln. Je mehr Gründe wir haben, warum wir unsere Ziele erreichen müssen, desto stärker wird unser Gefühl für unser Projekt. Und dann ist es auch nicht wichtig, was die anderen sagen. Denn dann ist Ihnen Ihr Ziel wichtiger, als die Meinung der anderen.

Wir entscheiden, worauf wir uns konzentrieren

Wir alle nehmen selektiv wahr. Ein Weg zu einem glücklicheren und erfolgreicheren Leben ist: Konzentrieren Sie sich stärker auf die Gruppe, die Sie und Ihre Ideen annimmt. Betreiben Sie ein positives Erinnerungsmanagement. Schreiben Sie Ihre Erfolge auf, so verlängern Sie den Zeitraum, in dem Sie sich an sie erinnern.

Sie werden erleben, daß ein Mensch um so erfolgreicher ist, je weniger er sich an seine Mißerfolge erinnert. Das Gespräch von wenig erfolgreichen Menschen dreht sich mehr um die Katastrophen, die Niederlagen, die sie erlitten haben, und die mißliche Situation, in der sie sich befinden. Gewinner reden dagegen darüber, was ihnen in letzter Zeit besonders gut gelungen ist.

Die einen verlängern negative Gedanken und Niederlagen, während die Gewinner positive Gedanken und Erfolge verlängern. Die einen sind von jeder Kritik erschüttert, während andere solche Kritik abschütteln wie Sandkörner. Die Frage ist nicht: Welche der beiden Gruppen hat recht bzw. unrecht? Sondern: »Welcher geht es besser?« Die Antwort wird klar, wenn Sie beide Gruppen eine Zeitlang beobachten.

Praxis:

Ich werde heute den richtigen Umgang mit Ablehnung trainieren, indem ich mich zu folgenden Schritten verpflichte:

1. Heute werde ich jeden Erfolg schriftlich festhalten. Ich frage mich nicht nur, *was* mir gut gelungen ist, sondern auch, *warum* es mir gut gelungen ist.

2. Jede Ablehnung streife ich sofort ab wie Staub. Ich verstehe, daß es immer eine Gruppe gibt, die ablehnt, was ich tue. Das akzeptiere ich. Ich nehme es auch nicht persönlich.

3. Ich weiß, daß ich die Menschheit nicht verändern kann. Ich konzentriere mich auf die Dinge, die ich kontrollieren kann: Ich erhöhe meine Qualität und arbeite an meiner Einstellung.

4. Heute spreche ich gezielt mit Menschen, die sich über positive Dinge und Erfolge unterhalten. Sobald jemand heute von negativen Erfahrungen sprechen will, gehe ich weg. Und auch ich werde heute nur über Positives reden. Ich weiß: Über Negatives reden ist wie Dünger auf Unkraut gießen.

14. Gesetz: Gib 110 Prozent

Ein Reporter fragte den bulgarischen Weltmeister im Gewichtheben: »Wenn Sie trainieren und zehnmal ein Gewicht stemmen, welche der zehn Wiederholungen ist die wichtigste?«

Der Weltmeister erwiderte: »Die elfte.«

* * *

Um 110 Prozent zu geben, müssen Sie zunächst verstehen, daß Ihr Bestes nicht gut genug ist.

Wenn Sie jetzt für einen Moment dieses Buch auf die Seite legen und einige Liegestütze machen würden, wie viele würden Sie schaffen? Wenn Sie »alles geben«, dann haben Sie Ihr Bestes gegeben. Wenn Sie viele Jahre keine Liegestütze gemacht haben, dann ist Ihr »Bestes« aber wahrscheinlich kein überwältigendes Resultat. Wenn Sie jetzt jedoch jeden Tag nur fünf Minuten Liegestütze üben würden, wie viele würden Sie nach drei Monaten schaffen?

Wenn Sie vorher untrainiert waren, dann würden Sie sich auf jeden Fall stark verbessern. Wir sind eigentlich zu viel mehr in der Lage, als unser momentaner Zustand das vermuten läßt. Das gilt für jeden Bereich des Lebens. Wir alle haben in verschiedenen Bereichen stark unterentwickelte »Erfolgsmuskeln«.

Die zusätzlichen 10 Prozent multiplizieren das Ergebnis

Stellen Sie sich jetzt vor, Sie würden während der drei Monate jeden Tag dreimal fünf Minuten Liegestütze üben. Jedesmal würden Sie alles geben (100 Prozent). Und wenn Sie absolut nicht mehr können, dann machen Sie noch einen (110 Prozent). Sie werden diese 110 Prozent nicht jedesmal schaffen, manchmal wird es nur ein halber Liegestütz. Aber jeder Sportler weiß: *In der »zusätzlichen« Wiederholung, in der Wiederholung, die eigentlich gar nicht mehr geht, liegt das größte Wachstum.*

Wenn Sie drei Monate auf diese Art trainieren, zu wie vielen Liege-stützen wären Sie dann in der Lage?

Es gibt immer wieder Menschen, die bereit sind, 110 Prozent zu geben. Das sind diejenigen, die auf ihrem Gebiet zur Spitzenklasse gehören werden. Und sie bekommen die Belohnung. Die zusätzlichen 10 Prozent Anstrengung machen den Unterschied aus zwischen gro-ßem Erfolg und Mittelmäßigkeit. Zwischen Reichtum und Existenz-minimum. Aus den zusätzlichen 10 Prozent erwächst also weit mehr Belohnung, als man vermuten könnte. Durch die Anstrengung dieser zusätzlichen 10 Prozent erreichen Sie bald 100 Prozent mehr Ergeb-nis. Oft werden es jedoch 1.000 Prozent oder gar 10.000 Prozent und mehr Ergebnis.

Um wirklich zu erfahren, wie gut Sie sein können, müssen Sie bereit sein, 110 Prozent zu geben. Machen Sie es sich zur Gewohnheit, die Extra-Meile zu gehen. Geben Sie immer mehr, als irgend jemand von Ihnen erwarten könnte.

Der Milliardär, Sir John Templeton, einer der erfolgreichsten Fondsmanager aller Zeiten, gab nur sehr selten Interviews. Er wollte seine Zeit anders nutzen. Fototermine lehnte er meist völlig ab. Einem renommierten Magazin gab er schließlich ausnahmsweise einen Foto-termin von 30 Minuten. Der Fotograf fotografierte ihn jedoch fast sie-ben Stunden lang. Als Sir John gefragt wurde, warum er den Mann so lange hatte fotografieren lassen, sagte er: »Es stimmt, ich wollte keine Zeit mit Fotos verschwenden. Aber dieser Mann hat 110 Prozent gege-ben. Er war so voller Leidenschaft bei der Arbeit, und er war so in seine Arbeit verliebt, daß ich seine Romanze nicht stören wollte.«

Warum geben nicht alle 110 Prozent?

Warum geben manche Menschen maximal 50 bis 80 Prozent ihres Leistungsvermögens und andere 110 Prozent? Die Antwort ist ver-blüffend einfach: Wir tun das, woran wir Spaß haben. Es gibt tatsäch-lich Menschen, die Spaß haben daran, 110 Prozent zu geben. Keiner ist mit einer solchen Veranlagung geboren. Wir neigen dazu, den Weg des geringsten Widerstandes zu gehen. Wenn wir nur 50 Prozent zu geben brauchen, warum sollten wir dann 110 Prozent geben?

Die Antwort lautet: Weil wir nur dann Respekt vor uns selbst haben. Weil wir nur dann erleben, wozu wir in der Lage sind. Weil wir nur dann unser Leben in vollen Zügen auskosten. Nur wenn wir 110 Prozent geben, verbessern wir uns wirklich.

Menschen, die das verstanden haben, entwickeln Spaß und Freude daran, 110 Prozent zu geben. Wenn sie in eine schwierige Situation kommen, dann lautet ihr Motto: *»Wenn ich nicht kann, dann muß ich.«* Es bedeutet für solche Menschen unerträglichen Schmerz, wenn sie ihre Ziele nicht erreichen. Sie würden sich selbst verachten, wenn sie ihre Pläne nicht umsetzen. Sie sind bereit, Schwieriges und Hartes auf sich zu nehmen. Es macht ihnen sogar Spaß.

Arnold Schwarzenegger sagt dazu: *»Der Schmerz ist gut. Der Umgang mit der Schmerzzone unterscheidet den Champion vom Nichtchampion. Ich mag den Schmerz, der mich zum Champion macht.«*

Die Nachteile der 100-Prozent-Strategie

Manche Menschen sagen: »Ich kann nicht mehr als 100 Prozent geben. Mehr geht doch gar nicht.« Diesen Menschen stellen wir die Frage: Woher wissen Sie, was 100 Prozent sind? Persönlichkeitsforscher aller Zeiten haben immer wieder festgestellt, daß unser Potential viel größer ist, als wir vermuten. Was wir oft für 100 Prozent halten, sind in Wirklichkeit vielleicht nur 70 Prozent oder weniger. Wir sind zu viel mehr in der Lage, als wir es uns vorstellen können.

Wenn wir »nur« 100 Prozent geben wollen, dann setzen wir uns künstlich eine viel zu niedrige Grenze für unser Leistungsvermögen. Menschen, die nach der 100-Prozent-Strategie leben, haben darin eine ausgezeichnete Begründung für ihre Bequemlichkeit gefunden: Sie können ja angeblich nicht mehr. Solche Menschen werden nicht wachsen, weil sie als Obergrenze immer ein zu niedriges Leistungsniveau anerkennen.

Wer nach der 100-Prozent-Strategie lebt, hält 80 Prozent für ein durchaus gutes Ergebnis. Außerdem wähnt er sich im sicheren Bereich. Sicher außerhalb des Bereiches, in dem es weh tun könnte – und in dem er sich überfordern könnte. Ein solcher Mensch minimiert. Denn er gibt ja meist nur 80 Prozent.

Gewinner sind dagegen nicht zufrieden mit dem, was sie jetzt haben. 110-Prozent-Menschen akzeptieren keine Grenze für ihr Leistungsvermögen. Sie setzen hohe Erwartungen an sich selbst. Sie glauben an ihr Potential. Sie messen sich nicht an dem, was sie sind, sondern an dem, was sie gerne sein möchten. Sie wissen, daß 100 Prozent kein gutes Ergebnis sind, weil sie sich dann immer innerhalb selbstgesetzter Grenzen bewegen würden, die kein Wachstum zulassen. 110 Prozent zu geben bedeutet, der Beste zu werden, der Sie sein können.

Wenn ich Gas geben würde, dann könnte ich …

Eine unserer ältesten und dümmsten Ausreden ist: »Wenn ich wirklich Gas geben würde, dann könnte ich …« Wer so denkt, wiegt sich künstlich in Sicherheit. Tatsächlich ist ein solcher Mensch gar nicht in der Lage, 110 Prozent zu geben. Denn die 110-Prozent-Strategie ist eine Art zu leben, eine Lebensgewohnheit und nicht ein einmaliges Ereignis. Es ist eine Philosophie. Es ist in erster Linie eine Form des Seins und nicht eine theoretische, einmalige Handlung. Wenn Sie einen 110-Prozent-Menschen treffen, werden sie ihn sofort erkennen. Sie ahnen dann, in der Gesellschaft eines Gewinners zu sein. Alle großen Werke und Firmen dieser Welt wurden von solchen Menschen geschaffen.

Wer nicht die 110 Prozent lebt, dem wird viel entgehen. Er wird die Schönheit des Erfolgs nie erfahren. Für Erfolg gibt es keinen Ersatz. Beruflicher Erfolg ist einer der fünf wichtigen Bereiche unseres Lebens. Wie die anderen Bereiche – Gesundheit, Beziehungen, Finanzen und Emotionen – ist er nicht zu ersetzen. Die gesamte Belohnung und all das Wunderbare, das unsere Welt für Erfolg anzubieten hat, ergibt sich aus den zusätzlichen 10 Prozent. Aber die 110-Prozent-Regel gilt auch für viele andere Bereiche. Die Angewohnheit, 110 Prozent zu geben, macht aus unserem Leben ein Meisterwerk.

Praxis:

Heute werde ich meine Fähigkeit verbessern, 110 Prozent zu geben, indem ich mich zu folgenden Schritten verpflichte:

1. Heute werde ich bei mindestens einer Tätigkeit, die ich ausübe, 110 Prozent geben.

2. Ich werde heute keine Grenze akzeptieren. 100 Prozent ist eine fiktive Vorstellung von meinem Leistungsvermögen, das nicht der Wahrheit entspricht. Ich will der Beste werden, der ich sein kann. Wenn ich nicht kann, dann muß ich.

3. Da das Bild, das ich von mir habe, nicht der Wahrheit entspricht, kann ich es ersetzen durch das Bild, wie ich sein möchte. Ein solches Bild läßt Grenzen nicht zu. Ich beschreibe heute schriftlich, wie ich sein möchte. Dann stelle ich mir vor, bereits jetzt so zu sein. Ich benehme mich auch so.

4. Wer nach der 110-Prozent-Regel lebt, muß häufiger Pausen machen. Darum arbeite ich heute konzentriert und plane auch meine Freizeit und meine Pausen.

15. Gesetz: Wachse an Deinen Problemen

Ein Mädchen ging mit ihrem Freund, einem alten Seemann, am Kai spazieren. Sie hatte Probleme und grämte sich.

Der Seemann fragte sie:»Wenn ich von diesem Kai ins Wasser fiele, müßte ich dann ertrinken?«

Das Mädchen schaute auf die kalten Wellen, die sich an der Mauer brachen, und erwiderte:»Natürlich würdest du ertrinken.«

Der Seemann widersprach:»Ich habe noch niemanden ertrinken sehen, nur weil er ins Wasser gefallen ist. Ich würde nur ertrinken, wenn ich im Wasser *bleiben* würde.«

Die Kleine war nicht überzeugt:»Aber du würdest doch mindestens eine schwere Unterkühlung bekommen und in ein Krankenhaus müssen.«

Der Seemann wiederholte:»Nur wenn ich zu lange im Wasser bliebe. Als Seemann bin ich oft ins Wasser gefallen. Anfangs hatte ich große Angst davor. Aber dann ist mir aufgefallen, daß überhaupt nicht viel passiert, wenn ich schnell wieder rausklettere. So ist es auch mit deinen Problemen. Anstatt dich darüber zu grämen, solltest du lieber überlegen, wie du sie löst.«

* * *

Für die meisten Probleme gilt: *Das eigentliche Problem ist nicht so sehr die mißliche Situation selbst, sondern die Art, das Problem zu sehen.* Die größte Gefahr ist oft der Frust, der aufgrund der Probleme entsteht. Ein Problem hat weniger Macht über uns, wenn wir gedanklich und gefühlsmäßig nicht in ihm bleiben.

Wir müssen unterscheiden, was außerhalb von uns geschieht und wie wir innerlich darauf reagieren. Wir können niemals alle Geschehnisse beeinflussen. Wir werden immer mal wieder »ins Wasser fallen«.

Wir können Frustrationen nicht vermeiden, aber wir können lernen, die Zeit, in der wir frustriert sind, zu verkürzen. Wenn uns ein Fehlschlag oder eine persönliche Enttäuschung beispielsweise drei Wochen lähmt und frustriert, so müssen wir lernen, diese Zeit auf drei Tage, dann auf drei Stunden und schließlich auf drei Minuten zu verkürzen. Gewinner haben diese Fähigkeit ausgebildet. Das gilt für die allermeisten Probleme, mit Ausnahme einiger Schicksalsschläge wie eine lebensbedrohende Krankheit.

Alle Menschen haben Probleme. Aber während viele Menschen sich lange in ihren Problemen baden, bleibt der Gewinner nur sehr kurze Zeit frustriert. *Dann verwandelt er Frustration in Faszination.* Sehr bald wird er aktiv und beschäftigt sich mit der Lösung des Problems: Er ist fasziniert von den Möglichkeiten und Chancen, die er in dem Problem entdeckt.

Solange wir uns emotional von dem Problem gefangennehmen lassen, bleiben wir bewegungsunfähig. Wir dürfen nicht vergessen, daß die Entscheidung darüber bei uns liegt – und nicht bei dem Problem. Ein Problem hat in dem Moment seine emotionale Macht über uns verloren, in dem wir uns nicht mehr auf das Problem konzentrieren, sondern auf die Lösung. *Wann immer ein Problem auftaucht, sollten wir uns maximal zu 10 Prozent mit dem Problem beschäftigen und zu 90 Prozent mit der Lösung.*

Die Einstellung von Gewinnern zu Problemen

Warum gehen Gewinner mit Problemen anders um? Woher nehmen sie die Kraft? Der entscheidende Unterschied und der Schlüssel zu ihrer Kraft liegt in ihrer Einstellung zu Problemen. Die Sichtweise eines Gewinners ist völlig anders. Vor allem gibt es drei Unterschiede:

1. Gewinner sehen Probleme fast niemals als endgültig an.
Sie glauben vielmehr: »Das läßt sich ändern.« So haben sie die Kraft, nach Lösungen zu suchen. Menschen, die hingegen an die Endgültigkeit von Problemen glauben, ergeben sich ihrem »Schicksal«.

2. Gewinner lassen nicht zu, daß ein Problem alle ihre Lebensbereiche beeinflußt.

Wenn es in *einem* Bereich Ihres Lebens Probleme gibt, so ist deshalb ja nicht das ganze Leben verpfuscht. Menschen, die Probleme überbewerten, meinen, überhaupt nichts mehr genießen zu können, weil sie ihre gesamte Existenz zerstört sehen. Auf diese Weise glauben sie bald, wertlos zu sein und ihr Leben nicht mehr in den Griff zu bekommen.

3. Gewinner nehmen Probleme nicht zu persönlich.

Sie sehen Probleme vielmehr als Herausforderung und Chance zum Wachstum. Wer dagegen in dem Problem einen Beweis für Defekte in seiner Persönlichkeit sieht, fühlt sich hilflos. Wie soll er auch so schnell ein ganzes Leben umkrempeln?

Gewinner gehen auf folgende Weise mit Problemen um:

- *Unsere Art, das Problem zu sehen, IST das Problem.* Wir nehmen Probleme oft zu ernst oder vergessen, daß sie eine Chance zum Wachstum bedeuten. In dem Moment, in dem wir über die Lösung nachdenken, wird aus einem Problem eine Herausforderung. Diese bieten uns wichtige Lehren und machen uns stärker.

- *Es gibt keine Herausforderung, die nicht auch ein Geschenk für uns in den Händen hält.* Wir sollten regelrecht Probleme suchen, weil wir ihre Geschenke brauchen.

- Probleme bilden die Chance, unseren Einflußbereich zu erweitern. *Wenn Probleme auftauchen, müssen wir unsere Komfortzone verlassen. Daraus entstehen die großartigsten Dinge unseres Lebens.* Wenn es Sinn unseres Lebens ist, zu lernen und zu wachsen, so sind unsere Probleme oft der Anlaß zu diesem Wachstum.

- *Wenn Sie reich werden wollen, müssen Sie nach einer längeren Liste von Problemen fragen.* Wir können Energie entweder dafür einsetzen, Problemen aus dem Weg zu gehen – wir werden dann feststellen, daß dies nicht möglich ist und frustriert sein –, oder wir können unsere Energie dafür einsetzen, erfolgreich mit Problemen zu leben.

- *Wünschen Sie sich nicht einfachere Situationen, wünschen Sie sich mehr Fähigkeiten.* Wünschen Sie sich nicht, daß Ihre Probleme vergehen, sondern wünschen Sie sich die Fähigkeit, mit Problemen umzugehen.

- *Jeder Idiot kann Erfolg managen; aber nur wenige sind in der Lage, mit Mißerfolg und Problemen umzugehen.* Ein Profi ist jemand, der auch dann Spitzenresultate erzielen kann, wenn er sich nicht danach fühlt. Jeder Erfolg bringt Ihnen eine Belohnung, und jeder Mißerfolg macht Sie stärker. So wie Pflanzen Sonne und Regen brauchen, so brauchen wir Erfolge und Probleme, um zu wachsen.

- *Probleme bringen Großes in uns hervor.* Probleme verhindern, daß wir unser Potential verschwenden. Wir müssen aktiv sein, kreativ sein und schöpferisch handeln.

- *Es gibt kein Problem und keinen Schmerz, hinter dem nicht eine Goldgrube verborgen wäre.* Aber es gibt viele Menschen, die nur auf das Problem starren und so die Goldgrube nie entdecken.

- *Oft fehlt nur die Fähigkeit, das ganze Bild zu sehen.* Wir beschreiben möglicherweise etwas als Katastrophe, weil wir nur einen kleinen Ausschnitt des gesamten Bildes sehen. Später erkennen wir oft, daß die vermeintliche Katastrophe das Beste war, was uns passieren konnte.

Sie haben die Macht über Ihr Leben

Jedesmal, wenn ein Problem in Ihrem Leben auftaucht, gehen Sie am besten sofort an die Problemlösung. Verlieren Sie keine unnötige Zeit, um sich zu ärgern oder sich selbst leid zu tun. Das hilft niemandem und vergeudet nur Energie. Sehen Sie sich nicht als hilfloses Opfer. Suchen

Sie auch kein Mitleid bei anderen, indem Sie Ihr Schicksal dramatisch schildern. Schließlich wollen Sie Respekt und kein Mitleid.

Vergessen Sie nicht: Wem Sie die Schuld geben, dem geben Sie die Macht. Niemand außer Ihnen hat die Macht über Ihr Leben. Zwar sind Sie möglicherweise nicht für jedes Problem verantwortlich. Meist haben Sie zumindest Teilschuld (also Macht!). Aber es liegt in Ihrer alleinigen Macht, wie Sie mit dem Problem umgehen.

Es gibt drei unterschiedliche Arten von Problemen:

1. Probleme, über die wir **direkte Kontrolle** haben. Die lösen wir, indem wir unsere Gewohnheiten verändern. Ob wir zum Beispiel mit Geld zurechtkommen, ist eine Frage unserer Gewohnheit, zu sparen oder alles auszugeben. Und das unterliegt ganz alleine unserem Einfluß.

2. Probleme, über die wir nur eine **indirekte Kontrolle** haben. Die lösen wir, indem wir unseren Einflußbereich erweitern.

3. Probleme, über die wir **keine Kontrolle** haben. Aber selbst in einer solchen Situation haben wir die Kontrolle darüber, was *in* uns geschieht, also wie wir uns fühlen und wie wir reagieren. Am besten lächeln wir dann und sind vor allen Dingen trotzdem glücklich.

Die sechs praktischen Schritte zur Problemlösung

Sobald ein Problem auftaucht, schauen Sie am besten gleich auf das, was Sie jetzt tun können. Die Vergangenheit können Sie nicht mehr ändern. Es ist wichtig, unsere Gedanken möglichst rasch auf die richtige Fährte zu setzen. Stellen Sie sich so schnell wie möglich die folgenden Fragen, die zur Problemlösung führen:

1. Was ist gut an diesem Problem?
Wenn Ihnen dazu nichts einfällt, fragen Sie sich, was denn an diesem Problem *gut sein könnte* … So konzentrieren Sie sich gleich auf die

Lehre, die in dem Problem enthalten ist. Lehren gibt es für jeden von uns. Aber nicht alle suchen danach.

2. Was ist in meinem Leben noch nicht perfekt, so daß dieses Problem entstehen konnte?

Mit dieser Frage vermeiden Sie es, sich als hilfloses Opfer zu sehen. Möglicherweise hat Ihnen jemand übel zugesetzt. Diese Erkenntnis bringt Sie aber nicht weiter. Viel hilfreicher ist es zu verstehen, daß Sie es in der Hand haben, das Problem in Zukunft zu vermeiden.

3. Was bin ich bereit zu tun, um zukünftig nicht mehr in diese Lage zu kommen?

Der optimale Fall wäre, daß Sie nicht nur das Problem lösen, sondern darüber hinaus auch eine Situation schaffen, in der dieses Problem zukünftig nicht mehr entstehen kann. Manches Problem läßt sich durch einfache Verhaltensänderungen lösen.

4. Welche möglichen Lösungen gibt es? Holen Sie hier den Rat kompetenter Menschen ein.

Achten Sie aber darauf, daß Sie sich bei der Schilderung Ihres Problems auf das Wesentliche beschränken. Sie wollen einen Rat und kein Mitleid. *Reden über Probleme, um »Verständnis« zu erhalten, wirkt auf diese wie Dünger auf Unkraut.*

5. Welche Lösung ist die beste?

Schauen Sie nicht so sehr in die Vergangenheit. Die können Sie nicht mehr ändern. Sich zu ärgern ist wenig hilfreich. Schauen Sie in die Zukunft, indem Sie sich auf die Lösungen konzentrieren.

6. Wie kann ich bei der Problembewältigung Spaß haben?

Es macht einen Menschen nicht wertvoller, wenn er unter seinen Problemen leidet. Wer erst dann sein Leben genießen will, wenn er alle Probleme gelöst hat, wird sehr selten Spaß haben. Das Leben ist oft eine Aneinanderreihung von Problemen. Und das ist gut so. Mögli-

cherweise werden Sie als »abgebrüht« und wenig »sensibel« be-
schimpft, wenn Sie trotz schwerer Probleme lachen und Spaß haben.
Im Grunde genommen verbirgt sich aber dahinter Neid, weil Sie derart
gekonnt mit Problemen umzugehen vermögen.

Manche Probleme tauchen in ähnlicher Form immer wieder auf

Warum immer ich? Warum passiert das immer mir? Manchmal scheint
es, als würde das Leben uns bestimmte Lektionen schicken. Und wir
bekommen diese Lektionen immer wieder, bis wir unsere Lehre verstanden haben. Wir können umziehen, den Job oder den Partner wechseln. Die Lektionen bleiben die gleichen. Statt zu versuchen, den Lektionen auszuweichen, sollten wir nach der Lehre forschen. Wir können
vor unseren Lernaufgaben nicht dauerhaft weglaufen. Wer nach Japan
auswandert, wird dort nur von der japanischen Variante der Lernaufga-
be empfangen. Wer umzieht, nimmt sich selbst immer mit.

Zuerst kommen die kleinen Signale. Wenn wir die ignorieren, dann
kommen die großen – die Hämmer. *Das Leben bestraft uns nicht. Es
erzieht uns.* Alles hat einen Sinn. Oft ist er nicht sofort erkennbar. Aber
wenn wir den Schleier einer bestimmten momentbezogenen Sichtweise lüften, erkennen wir, was uns fehlt: z.B. Mitgefühl, Ausrichtung auf
wirklich wichtige Dinge, Verantwortung für unsere Kinder und andere
Mitmenschen, innerer Friede … Erst wenn wir den Sinn verstanden
haben, brauchen wir gewisse Erfahrungen nicht mehr.

Nicht alle Probleme »schickt uns das Leben«, viele machen wir einfach selbst. Kaum haben wir mehr Geld, kaufen wir ein besseres Auto
und ein größeres Haus. Dadurch ergeben sich neue Probleme. Auch
ziehen wir die Erfahrungen an, die wir fürchten. Unsere Gedanken
kreieren Umstände.

Das Leben muß natürlich nicht immer schmerzlich sein – aber von
Zeit zu Zeit ist es das. Ein Grund dafür ist, daß Schmerz für die meisten
von uns der Hauptgrund ist, um etwas im Leben zu verändern. Solange
kein Schmerz im Spiel ist, kann vieles so bleiben, wie es ist. Aber

wenn etwas wirklich weh tut, dann werden wir verwundbar und öffnen uns für notwendige Veränderungen.

Wir stimmen alle darin überein, daß Herausforderungen stärker machen. Aber wenn wir sie aussuchen könnten, dann würden wir eine bequeme Herausforderung wählen, die uns nicht überfordert. *Meist wollen wir nicht durchmachen, was wir durchmachen müssen, um zu dem zu werden, was wir werden wollen.* Herausforderungen und Probleme sind per Definition nicht bequem. Und das ist gut so. Denn wir wachsen nur an den Situationen, die uns wirklich fordern.

Unser Leben wird wahrscheinlich niemals »einfacher«. Aber wir können wachsen und lernen, um es immer besser zu meistern. Der beschriebene Umgang mit Problemen bildet kein Rezept für ein leichtes Leben, sondern für ein interessantes Leben.

Die meisten Menschen meinen, sie können nur glücklich sein, wenn sie keine Probleme haben. Gewinner wissen, daß es immer Probleme geben wird. Je erfolgreicher ein Mensch wird, desto mehr Probleme hat er. Gewinner lernen darum, Probleme zu mögen. Sie sind trotz der Probleme – und oft sogar wegen der Probleme – glücklich. Sie leben nach dem Grundsatz: *»Wenn wir ein Problem gelöst haben, suchen wir uns sofort ein neues, größeres Problem.«*

Praxis:

Heute werde ich meine Fähigkeit verbessern, mit Problemen umzugehen, indem ich mich verpflichte, folgende Schritte umzusetzen:

1. Sobald heute ein Problem auftaucht, konzentriere ich mich sofort auf die Lösung. Ich lese sofort die sechs Schritte zur Problemlösung.

2. Ich mache mir bewußt, daß ich wahrscheinlich nicht der erste bin, der dieses Problem hat. Ich suche mir die Vorbilder, die sich in einer ähnlichen Situation erfolgreich verhalten haben, und lerne von ihnen.

3. Ich verstehe, daß das eigentliche Problem meist meine Sicht des Problems ist. Es ist wie bei Pfannkuchen. Alle Pfannkuchen haben eines gemeinsam: zwei Seiten. Es gibt an allem eine hellere und eine dunklere Seite. Ich frage mich darum heute: Was ist an meinem Problem gut?

4. Ich weiß, daß ich an Problemen wachse. Ich weiche ihnen deshalb nicht aus. Jedesmal, wenn ich ein Problem gemeistert habe, suche ich mir die nächste Herausforderung. Probleme werden für mich zu einer Art Sport.

16. Gesetz: Sei Chef und Angestellter in einer Person

Ralf war ein typischer »Saisonarbeiter«. Wenn alles gut lief, konnte er kurzzeitig richtig fleißig sein. Aber im Winter, wenn die Ergebnisse mager waren, tat er so gut wie nichts, sondern wartete nur auf bessere Umstände.

Sein Mentor wußte, daß Ralf auf diese Weise nie erfolgreich würde. Es schmerzte ihn, mit anzusehen, wie Ralf sein Talent vergeudete. Als sie sich zu einem Kaffee in der Küche trafen, beschloß er, Ralf eine Lektion zu erteilen.

Er nahm eine Kanne mit frisch aufgebrühtem Kaffee und begann, den Inhalt auf den Boden zu schütten. Ralf schrie entsetzt auf. Er war der Meinung, sein Mentor wäre so in Gedanken versunken, daß er vergessen hätte, eine Tasse unter die Kanne zu halten.

Sein Mentor schüttete unbeirrt weiter. Der Kaffee spritzte in alle Richtungen. Ralf schaute entgeistert auf die Pfütze auf dem Boden.

Der Mentor erklärte: »Der Kaffee symbolisiert dein Talent, die fehlende Tasse deine mangelnde Disziplin. Solange du dein Talent nicht mit Disziplin verbindest, vergeudest du deine Fähigkeiten und dein Leben. Ein Mensch ohne Disziplin ist wie ein Mensch, der nicht wirklich lebt.«

* * *

Dieses Kapitel handelt von einer der wichtigsten Herausforderungen, die jeder Mensch für jede berufliche Tätigkeit meistern muß. Wahrscheinlich ist es sogar die entscheidende Voraussetzung für jeden Erfolg. Beispielhaft wird im folgenden von Selbständigen gesprochen. Selbstverständlich gilt das Gesagte gleichermaßen für Angestellte. Bitte vergessen Sie nicht, daß letztlich jeder für sich arbeitet. In diesem Sinn sind wir alle selbständig.

Warum viele Selbständige scheitern

Viele haben sich selbständig gemacht, um sich einen Traum zu erfüllen. Sie wollen Ihr eigener Herr sein. Leider gibt es aber immer wieder Menschen, die daran scheitern. Das erleben wir auch bei Menschen, die als Angestellte in einer Firma recht erfolgreich waren.

Warum haben einige Menschen, die über Jahre hinweg gut und hart gearbeitet haben, keinen Erfolg, sobald sie sich in die Selbständigkeit wagen? Warum können sie über Jahre hinweg andere reicher machen, nur nicht sich selbst?

Die Antwort lautet, daß in dem Charakter dieser Menschen etwas fehlt, das nicht sichtbar wurde, solange sie angestellt waren. Im Laufe der Zeit haben sie Gewohnheiten entwickelt, die sich erst in dem Moment dramatisch auswirkten, als sie beschlossen, sich selbständig zu machen. *Sie haben sich so sehr daran gewöhnt, kontrolliert zu werden und nur unter diesem Druck die Ziele zu erfüllen, daß sie keine Ahnung haben, wie sie sich selbst führen sollen.* Das gleiche gilt auch für Angestellte, die befördert werden und nun mehr Freiheiten haben.

Die Wahrheit ist, daß die meisten Menschen niemals den Schritt in die Selbständigkeit wagen, weil sie die Kontrolle und den Druck brauchen, um ihren Lebensunterhalt zu verdienen. Es ist für sie leichter zu arbeiten, wenn jemand über ihre Schulter schaut und sie antreibt.

Letztendlich sind Erfolg und Mißerfolg immer nur ein direktes Ergebnis unserer Gewohnheiten. Wenn wir wollen, daß sich die Dinge für uns ändern, so müssen wir alte, schlechte Gewohnheiten ersetzen durch Gewohnheiten, die uns erfolgreich machen. Der schlechteste Arbeitgeber, den jemand haben kann, ist eine schlechte Gewohnheit.

Der entscheidende Unterschied erscheint völlig unbedeutend

Das Problem ist, daß wir die Tragweite von »kleinen Unterschieden« unterschätzen. Es scheint so, als wenn es sich nicht besonders negativ auswirken würde, wenn Sie Ihre Tagesziele und Wochenziele und selbst die Monatsziele knapp verpassen. Es scheint nicht viel auszu-machen, wenn Sie nur neun Stunden arbeiten statt zehn. Wäre es schlimm, wenn Sie statt der geplanten 7.500 DM nur 6.300 DM ver-dienen? Das ist doch auch ein gutes Ergebnis.

Und wenn Sie mitten am Tag eine Stunde freimachen? Vier Termine statt der geplanten fünf sind doch auch in Ordnung. Oder wenn Sie um 9:30 Uhr Ihren Tag beginnen, obwohl Ihr Tagesplan den Beginn um Punkt 9:00 Uhr vorsieht? Sie erkennen nicht, wieso das unmittelbaren Einfluß auf Ihr Einkommen haben sollte.

Unglücklicherweise wird es aber einen Einfluß haben. Über die nächsten Jahre hinweg betrachtet, wird es sogar einen sehr großen Einfluß haben. Es ist entscheidend, ob wir bei der Erledigung der *nächsten* Arbeit 110 Prozent geben. *Denn die nächste Aufgabe ist im-mer die wichtigste.* An ihr wachsen oder scheitern wir. An ihr bauen wir unser Selbstvertrauen auf oder ab.

Tatsächlich wird Ihr Verhalten darüber entscheiden, ob Sie ein Le-ben im Mittelmaß oder in Reichtum und Erfolg haben werden. Hier liegt der Unterschied zwischen einem durchschnittlichen Menschen und einem Gewinner.

Am Anfang mag die Abweichung der Lebenslinien nur ein paar Grad betragen. Aber nach einigen Jahren haben sie sich vollkommen voneinander entfernt. Während der eine immer erfolgreicher wird, hat der andere resigniert – und redet sich auch noch ein, Erfolg sei für ihn nicht machbar. Lassen Sie sich nicht täuschen: Disziplin ist viel ent-scheidender, als es scheinen mag.

Aber was ist mit der eigenen Freiheit?

Manch einer lehnt Disziplin mit dem Argument ab, sie würde seiner persönlichen Freiheit entgegenstehen. So wird Freiheit als Ausrede mißbraucht.

Was ist eigentlich Freiheit? Man kann dem Wort viele Bedeutungen geben. Die folgende Definition ist sehr hilfreich, um zu einer gewissen Disziplin zu finden: »Freiheit ist nicht so sehr, tun und lassen zu kön-

nen, was ich will. Freiheit ist, die Disziplin zu haben, die Dinge umzusetzen, die ich mir vorgenommen habe.«

*Wie können wir uns als einen freien Menschen bezeichnen, wenn wir
noch nicht einmal in der Lage sind, das umzusetzen, was wir uns selbst
vorgenommen haben?* Wir wären nicht frei, sondern Sklaven unserer
schlechten Gewohnheiten und Schwächen.

Ein solcher Mensch kann noch nicht einmal mit ruhigem Gewissen
einen Plan erstellen. Er weiß, daß er ihn wahrscheinlich doch nicht
umsetzen wird. Beobachten Sie einmal Menschen, die ihre Vorsätze
nicht in die Tat umsetzen »können«. Sie fühlen sich jämmerlich. Sie
verachten sich, und sie ahnen, daß auch andere sie verachten. Wenn
solche Menschen dann behaupten, frei zu sein, dann entspricht das
einfach nicht der Wahrheit.

Der Weg zum Reichtum

Die meisten Menschen haben eine falsche Vorstellung davon, was nö-
tig ist, um reich zu werden. So glauben zum Beispiel viele, daß dafür
eine besondere Begabung wichtig sei. Dabei übersehen sie, das ihr
Mangel an Talent zu einer großartigen Entschuldigung geworden ist:
Da sie keine besondere Begabung haben, brauchen sie sich keine
Mühe zu geben.

Andere wollen erst dann 110 Prozent geben, »wenn es sich wirklich
lohnt«. Aber wir können uns nicht »schonen«, bis die »großen« Aufgaben in unser Leben treten. Wir müssen uns für diese Aufgaben erst
qualifizieren, indem wir jetzt unser Bestes geben. Wenn erfolgreiche
Menschen wirklich eine Gemeinsamkeit auszeichnet, dann ist es die
Fähigkeit, die nächste Aufgabe so gut wie möglich zu bewältigen.

Zudem sind es meist gar nicht die schwierigen Dinge, die den Erfolg
bringen. Vielmehr sind es die täglichen Routinearbeiten. *Wenn Sie
reich werden wollen, dann müssen Sie nicht außergewöhnlich schwere
Dinge gut machen, sondern sie müssen gewöhnliche Dinge außergewöhnlich gut machen.*

Glück liegt in der Entwicklung der Disziplin, mehr von jenen Din-

130

gen zu tun, die wir tun sollten. Dann können wir mehr von den Dingen tun, die wir tun möchten. Finden Sie einen Weg, sich selbst zu vertrauen: Glauben Sie daran, Ihre Vorsätze auch wirklich in die Tat umsetzen zu können. Jemand, der ständig an sich selbst scheitert, kann dieses Selbstvertrauen nicht aufbauen.

Wie können Sie die nötige Disziplin aufbringen?

Disziplin ist nicht so sehr eine Frage des eisernen Willens. Ausschlaggebend sind vielmehr unsere Ziele. Wer keine Ziele hat, muß sich nicht diszipliniert verhalten. Wofür auch? Je konkreter hingegen unsere Ziele sind, desto eher ergibt es einen Sinn, daß wir uns an unseren Plan halten. Je genauer unsere Vorstellung von unserem Ziel ist, desto weniger »Disziplin« brauchen wir. Leidenschaft ersetzt eiserne Disziplin.

Allerdings wird es notwendig sein, sich selbst Anweisungen zu geben und zu kontrollieren, daß diese auch umgesetzt werden. Die Frage ist: Wie können Sie dies erreichen? Die Antwort: Indem Sie Chef und Angestellter in einer Person sind. Auch wenn Sie selbständig sind, *müssen Sie jede Arbeit so tun, als ob Sie in einem Angestelltenverhältnis stehen würden und ein Chef Sie kontrollieren würde.*

Sie müssen als Selbständiger gedanklich zwei Rollen einnehmen: Chef und Angestellter. Sie müssen als Chef die Strategie aufstellen, und Sie müssen sie als Angestellter diszipliniert umsetzen. *In dem Moment, in dem Sie sich einen Auftrag geben, müssen Sie schon wissen, daß er auch von Ihnen umgesetzt wird.*

Sie müssen gegenüber sich selbst Härte entwickeln. Sie dürfen sich nichts durchgehen lassen, was Sie daran hindern könnte, Ihrem Plan zu folgen. Der Chef in Ihnen muß alle unproduktiven Gewohnheiten ausrotten, die der Angestellte in Ihnen über die Jahre hinweg angenommen hat.

Seien Sie sich selbst gegenüber ehrlich

Wenn Sie Chef und Angestellter in einer Person sind, dann müssen Sie vor allem mit der schlechten Gewohnheit aufräumen, sich selbst zu belügen. Wer träumend zu Hause sitzt, Pläne schmiedet und Geschichten erzählt, ohne seinen Plan einzuhalten und produktiv zu sein, belügt sich selbst.

Es ist leicht, Geschäftigkeit mit Fortschritt zu verwechseln. Wir können uns leicht etwas vormachen, indem wir den ganzen Tag beschäftigt sind. Die Frage ist nur: Womit sind wir beschäftigt?

Um gar nicht erst die Gefahr aufkommen zu lassen, daß Sie sich selbst belügen, sollten Sie sich als Chef jeden Abend fragen: Was ist heute mein *produktives Ergebnis*? Welche EPAs (Einkommens-Produzierenden Aktivitäten) habe ich durchgeführt, und welche konkreten Ergebnisse habe ich erzielt?

Für die Beantwortung dieser Frage ist es nicht wichtig, was Sie gestern oder vor sechs Monaten oder vor fünf Jahren gemacht haben. Es ist auch nicht wichtig, was Sie morgen tun wollen oder in drei Wochen, wenn »sich die Situation verändert hat«. Es ist auch unwichtig, warum Sie heute Ihren Plan nicht umgesetzt haben. Wichtig ist einzig und alleine: Haben Sie sich heute an Ihren Plan gehalten? Was haben Sie getan? Nur zielgerichtete Taten werden Ihr Einkommen beeinflussen.

Das Prinzip der Schriftlichkeit

Sie müssen sich selbst gegenüber ehrlich sein in bezug auf das, was Sie tun und was Sie nicht tun. Die am häufigsten gebrochenen Versprechen sind die, die wir uns selbst gegeben haben. Wenn Ihre Planung und Kontrolle ausschließlich im Kopf geschieht, ist es einfach, den Eindruck zu entwickeln, Sie hätten mehr getan, als Sie wirklich getan haben. Wenn Sie sich innerlich fragen: Was habe ich heute getan, dann wird Ihr Gewissen Ihnen keine ehrliche Antwort geben. Es wird Ihnen eine Mischung aus Unwahrheit und Entschuldigung bieten. So ist unsere Natur.

Es gibt nur einen einzigen Weg, um der Selbsttäuschung zu entgehen. *Sie müssen schriftlich über Ihre EPAs (Einkommens-Produzierenden Aktivitäten) und Ihre Ergebnisse Buch führen.* Im Kopf können Sie die Dinge verdrehen und sie sich so zurechtbiegen, wie Sie es brauchen. Das Papier ist dagegen gnadenlos: Entweder Sie haben etwas getan, oder Sie haben es nicht getan. Fertigen Sie sich eine Erfolgsstatistik an, in der Sie nur Zahlen eintragen. Darin ist kein Platz für Entschuldigungen. Über die Zahlen können Sie nicht diskutieren. Entweder Sie haben Ihren Plan umgesetzt oder nicht.

Gewinner können ohne Eigenkontrolle gar nicht arbeiten. Wie wollen Sie sich Ziele für morgen setzen, wenn Sie heute nicht wissen, was Sie getan haben? Wie wollen Sie andere Menschen führen, wenn Sie sich nicht selbst führen können? Wie wollen Sie Ihr Einkommen verbessern, wenn Sie nicht Ihr Verhältnis von Zeiteinsatz, Aktivitäten und Ergebnissen kennen?

Niemand kann ein Geschäft aus dem Kopf heraus führen. Es gibt einfach zu viele Zahlen, Daten, Fakten, Informationen und Details. Sie können es sich nicht erlauben, etwas dem Glück zu überlassen, und Sie können es sich ganz bestimmt nicht leisten, sich auf Ihr eigenes Gedächtnis zu verlassen. Alles genau aufzuschreiben kann auf vielen Gebieten des Lebens hilfreich sein.

Gewinner sind immer Chef und Angestellter in einer Person. Um zu vermeiden, daß Sie sich selbst belügen, schreiben Sie alle Dinge auf, die Sie an sich selbst kontrollieren wollen.

Wer immer nur gelobt wird, hat vielleicht ein gutes Gefühl, aber er hat keine Chance, sich zu verbessern. Konstruktive Kritik dagegen ist nicht immer angenehm, aber sie ist sehr hilfreich. Gewinner wollen ein möglichst ehrliches Feedback. Sie sind auch sich selbst gegenüber ehrlich – auch wenn es schmerzt.

Sie wissen: Wer sich selbst nicht gehorchen kann, muß anderen gehorchen.

Praxis:

Heute werde ich meine Fähigkeit verbessern, Chef und Angestellter in einer Person zu sein, indem ich mich zu folgenden Schritten verpflichte:

1. Ich weiß, daß mein Erfolg als Selbständiger davon abhängt, ob ich Disziplin aufbringe. Ich verpflichte mich, diese Disziplin zu entwickeln. Jedes einzelne Detail ist dabei wichtig. Heute halte ich alle meine Pläne minutiös ein.

2. Ich beschließe, Chef und Angestellter in einer Person zu sein. Ich bin hart gegen mich selbst. Ich kontrolliere mich, wie ein Chef seinen Angestellten überprüfen würde. Ich sehe nicht ein, warum ich härter für jemand anderen arbeiten sollte als für mich selbst. Ich weiß, wenn ich mich nicht selbst kontrollieren kann, dann werden es andere tun. Entweder ich kann auf mich selbst hören, oder ich muß auf andere hören.

3. Am Ende eines jeden Arbeitstages überprüfe ich selbstkritisch meine Ergebnisse. Da ich – wie jeder Mensch – die Tendenz habe, mich selbst zu belügen, notiere ich alle meine Ergebnisse und EPAs schriftlich.

4. Da kein Mensch sein ganzes Leben lang diszipliniert sein kann, plane ich alle zwei Wochen einen »Gammel-Tag«. An diesem Tag mache ich, was ich will, ich esse, was ich will, ich schlafe, so lange ich will ... Ich mache Ferien von aller Disziplin, und das ist völlig in Ordnung so, weil ich es ja geplant habe. Während der anderen Tage aber bin ich völlig diszipliniert. Wenn ich in Gefahr kommen sollte, schwach zu werden, erinnere ich mich daran, daß der nächste Gammel-Tag bald vor der Tür steht. Das gibt mir die Kraft, diszipliniert zu sein.

17. Gesetz: Setze Dir große Ziele

Ein amerikanischer Ölmilliardär entwarf große Ziele und gewaltige Pläne für seinen Schüler. Dieser schaute ungläubig auf die Zahlen, die sein Mentor aufs Papier brachte. Unbeirrt fuhr der Milliardär fort. Und da er nun richtig warm geworden war, vergrößerte er seine Visionen sogar noch.

Der Schüler fand die Ziele durchaus erstrebenswert, konnte sich aber nicht mit ihnen identifizieren. Er hielt sie schlichtweg für unrealistisch und glaubte nicht daran, daß er sie erreichen könnte.

Als er dem Milliardär seine Zweifel mitteilte, erklärte dieser: »Meinen Reichtum habe ich erlangt, weil ich mir große Ziele gesetzt habe. Eigentlich waren meine Ziele unrealistisch und viel zu groß für mich. Aber ich bin in sie hineingewachsen.«

Er forderte seinen Schüler auf, ihm in seinen Gemüsegarten zu folgen. In einer Ecke wuchsen gewaltige Kürbisse, die einander sehr ähnelten. Nur ein Kürbis hatte eine merkwürdige Form und war viel kleiner als die anderen, denn er war in eine Glasflasche gewachsen.

Da sagte der Milliardär: »Ich glaube, die meisten Menschen scheitern daran, daß sie Meister des Mittelmäßigen werden wollen. Unsere Ziele bestimmen unser Wachstum. Wir wachsen in sie hinein wie der Kürbis in diese Flasche. Aber leider wählen die meisten Menschen ein viel zu kleines Ziel, das in Wirklichkeit ihr Wachstum begrenzt und sie einengt. Wenn wir uns vom Leben einen Dollar wünschen, dann bestraft uns das Leben mit genau einem Dollar. Das Leben ist zu kurz, um unbedeutend zu sein.«

* * *

Wir alle sind Meister darin, Ziele zu setzen

Es gibt viele Bücher über Zielsetzung. Eigentlich brauchen wir sie nicht. Denn wir alle wissen, wie man Ziele setzt. Wie sonst haben Sie alle die Dinge erhalten, die Sie heute besitzen? Ihre Wohnung oder Ihr Haus mit den Einrichtungsgegenständen und das Auto, das Sie fahren, sind Beispiele von erreichten Zielen. Zuerst wußten Sie, was Sie wollten, dann fanden Sie einen Weg, es zu erhalten. So einfach war das.

Wenn das Verlangen groß genug ist, finden wir immer einen Weg, um das zu erhalten, was wir im Leben haben wollen. *Der Hauptgrund, warum die meisten Menschen nicht mehr haben, ist der, daß sie nur die Dinge anstreben, die in Reichweite liegen, anstatt nach Träumen und hohen Zielen zu greifen.* Jonathan Swift sagte spöttisch: »Selig sind die, die nichts erwarten, denn sie sollen nicht enttäuscht werden.«

Unsere Erwartungen und die daraus resultierenden Ziele bestimmen, was wir im Leben erhalten. Wenn wir uns etwas wünschen und hart genug dafür arbeiten, dann werden wir es auch bekommen. Wir müssen nur achtgeben, daß dieses Ziel nicht zu klein ist.

Wir dürfen ein Ziel nicht ablehnen, weil es unerreichbar scheint. *Wenn wir älter geworden sind, werden wir nur eines bereuen – die Dinge, die wir nicht getan haben.* Es muß ein schlimmes Gefühl sein, wenn man eines Tages reuevoll zurückblickt und sich fragt: »Wie wäre mein Leben verlaufen, wenn ich mir größere Ziele gesetzt hätte?«

Schwache Wünsche sind keine wirklichen Ziele

Wenn Sie ein bestimmtes hohes Einkommen erzielen wollen, dann muß dies für Sie eine absolute Notwendigkeit werden. Zu einem MUSS. Sie müssen sich derart mit Ihrem Ziel identifizieren, daß es Ihnen förmlich Schmerz bedeuten würde, wenn Sie es nicht erreichen. Wahrscheinlich kennen Sie auch niemanden, der sich gesagt hat, daß es »nett wäre«, wenn er ein hohes Ziel erreichen würde – und es dann auch wirklich erreicht hat.

Menschen, die etwas Großes in dieser Welt getan haben, orientieren sich nicht an dem, was realistisch ist. Sie haben sich entschlossen, ihre Realität zu verändern. Schließlich haben sie sich so sehr in die Vorstellung hineingesteigert, ihr Ziel zu erreichen, daß sie sich mit dem augenblicklichen Zustand nicht weiter abfinden konnten und wollten.

Die Vorteile von Zielen

Haben Sie schon einmal ein Puzzle mit 1.000 Einzelteilen zusammengesetzt? Sie erinnern sich wahrscheinlich daran, wie wichtig es war, eine Vorlage zu haben. So wußten Sie, wonach Sie suchen sollten. Sie hatten eine Vorstellung, wie die einzelnen Teilchen sinnvoll zusammengesetzt werden konnten.

Das Lebenspuzzle ist wesentlich umfangreicher. Es gibt so viele Bücher, Magazine, Berater, Seminare, Gelegenheiten, Websites … Wir müssen zwischen sehr vielen Teilen auswählen. Darum brauchen wir genaue Ziele – eine »Vorlage«.

Dabei ist es zunächst gar nicht so wichtig, ob wir unsere großen Ziele auch erreichen. Dies scheint ein Widerspruch zu dem oben Gesagten zu sein. Später in diesem Kapitel wird jedoch deutlich, daß es sich in Wahrheit um ein Paradoxon handelt.

Spätestens, wenn wir am Ziel sind, entdecken wir, daß es sich nur um eine Station auf unserem Weg handelt. Wir leben nicht, um Ziele zu erreichen. Ziele sind dazu da, um uns das Leben zu erleichtern und unserer Richtung einen Sinn zu geben. Ziele haben somit folgende drei Vorteile:

1. Sie bieten uns einen Fixpunkt, auf den wir unseren Kurs ausrichten können. Andernfalls wüßten wir gar nicht, in welche Richtung wir starten sollten.

2. Unterwegs bieten Sie uns eine unentbehrliche Orientierungshilfe. Wir erkennen Gelegenheiten nur, wenn sie eine Bedeutung für uns haben.

3. Ziele geben uns den Grund und die Motivation, um loszugehen.

Der Sinn von großen Zielen

Sehr große Ziele haben darüber hinaus weitere Vorteile. Wenn Sie in Ihrem Leben einen Quantensprung machen wollen, dann müssen Sie sich größere Herausforderungen und Ziele setzen. Spektakuläres

Wachstum beginnt mit spektakulären Zielen. Dabei geht es nicht in erster Linie um ein schönes Traumhaus oder ein teures Auto. Nicht um Luxus und Bequemlichkeit. Nicht um Geld. Es geht um Ihre Persönlichkeit, die sich im Laufe dieses Prozesses entwickeln wird.

Ob wir letztendlich alle unsere großen Ziele erreichen oder nicht, ist nicht so wichtig. Was wirklich zählt, ist, daß wir uns anstrengen. So lernen wir dazu, so wachsen wir, und so entwickeln wir neue Fähigkeiten. *Der wirkliche Wert eines hohen Zieles ist unsere Entwicklung auf dem Weg dorthin.* Je höher Sie das Ziel stecken, desto mehr müssen Sie wachsen, um es zu erreichen.

Manche Menschen setzen sich sogar Ziele, die sie zu Lebzeiten nicht erreichen können. Sie wissen, daß eine halbe Anstrengung nicht zum Ziel führen würde. Sie müssen 110 Prozent geben. So ist gewährleistet, daß Sie sich ständig strecken und wachsen. Erst wenn wir vom Leben das Beste verlangen, geben wir unser Bestes und werden dadurch der Beste, der wir sein können. Wer große Ziele verfolgt, muß sich auf dem Weg dorthin nicht so sehr an kleinen Dingen stoßen.

Selbst wenn Sie einige Ihrer großen Ziele verfehlen, so werden Sie doch sehr viel erreicht haben. Wer nach den Sternen greift, wird wahrscheinlich nicht alle Sterne einsammeln, aber er wird mit Sicherheit an den Baumkronen vorbeischießen. Und der Weg zu Ihren Zielen eröffnet soviel Neues, Wissenswertes und Schönes, daß Sie alleine durch den Weg entlohnt werden. Insoweit ist der Weg bereits das Ziel.

Auch das ist ein Grund dafür, warum wir nicht alle Ziele erreichen müssen. Unser Ziel bestimmt aber, welchen Weg wir gehen. Je höher unser Ziel, desto besser ist die Qualität unseres Weges. Je höher unsere Ziele, desto größer werden wir.

Der Unterschied zwischen kurz- und langfristigen Zielen

Wer sich mit Zielsetzung beschäftigt, stößt bald auf scheinbare Widersprüche. Einmal sollen wir Ziele zu einem absolutem MUSS machen, dann ist es wieder nicht so wichtig, ob wir sie erreichen. Mal sollen wir sie möglichst hoch setzen, mal nur unbedingt Erreichbares planen.

Es handelt sich um Paradoxa. Kurzfristige und langfristige Ziele sind vom Typ her verschieden, ergänzen sich aber. Es gibt zwei bedeutende Unterscheidungen: Zum einen bei der Zielsetzung und zum anderen bei der Wichtigkeit, die Ziele wirklich umzusetzen.

Die Zielsetzung

Während wir unsere Lebensziele gar nicht hoch genug setzen können, sollten wir uns bei unseren kurzfristigen Zielen nicht überschätzen. Um große Veränderungen durchführen zu können, müssen zuerst wir uns verändern. Und das braucht Zeit. Manchmal bedarf es mehr Zeit, als ein Mensch bereit ist zu akzeptieren.

Die meisten Menschen überschätzen, was sie in einem Jahr erreichen können, und unterschätzen, was sie in zehn Jahren erreichen können. Wir neigen dazu, den Mut zu verlieren, wenn wir unsere kurzfristigen Ziele nicht erreichen. Außerdem verringert es unser Selbstvertrauen und unsere Motivation. Wir sollten die kurzfristigen Ziele so formulieren, daß wir sie auf jeden Fall erreichen können. Also beispielsweise nur 20 Prozent Steigerung gegenüber dem Erreichten des letzten Jahres.

Noch einmal zur Erinnerung: Die langfristigen Ziele sollten wir so hoch wie möglich ansetzen. Denn diese Ziele bestimmen, was wir aus den unzähligen Gelegenheiten machen, auf die wir Tag für Tag stoßen. Je höher das Ziel, desto mehr Gelegenheiten erkennen wir und desto mehr Gelegenheiten können wir nutzen.

Unsere Langzeitziele geben Auskunft darüber, ob wir wirklich wachsen und das Beste aus unserem Leben machen wollen.

Die Umsetzung

Selbstverständlich sollten wir uns nach Kräften bemühen, die wichtigen kurzfristigen Ziele zu erfüllen. Dann können wir uns bei den nächsten Zielen etwas mehr vornehmen.

Wenn wir immer wieder kurzfristige Ziele verfehlen, dann glauben wir nicht mehr daran, langfristig hohe Ziele erreichen zu können. Wir müssen unser Selbstvertrauen an den erreichten kurzfristigen Zielen aufbauen. *Erreichte Ziele bereichern unser Leben. Aber vor allem werden wir durch jedes Ziel, das wir erreicht haben, verändert.*

Durch erreichte Ziele gelangen wir in eine positive Spirale von Mut und Selbstvertrauen. Verfehlte Ziele bringen uns dagegen in eine negative Spirale, in der wir uns immer weniger zutrauen und schließlich bewegungslos werden.

Drei Kategorien von Zielen

Gewinner wissen, wie wichtig es ist, die kurzfristigen Ziele zu erreichen. Weil sie aber wissen, daß dies niemandem vollständig gelingt, unterscheiden sie zwischen A-, B- und C-Zielen.

- C-Ziele müssen sie nicht erreichen. Sie wollen sie lediglich solange nicht vergessen, bis sie entscheiden, ob sie weiter an ihnen interessiert sind.

- B-Ziele sind zwar geplant, aber kein »absolutes MUSS«. Sie sind eher zur Orientierung gedacht.

- A-Ziele müssen umgesetzt werden. Anderenfalls würde das Selbstvertrauen leiden, und die Integrität wäre gefährdet.

Machen Sie es sich zur Gewohnheit, vor jedes Ziel sofort den entsprechenden Buchstaben zu notieren. Diese Einteilung hat den Vorteil, daß wir nicht alle unsere Ziele umsetzen müssen, ohne daß unser Selbstvertrauen darunter leidet.

Mit den A-Zielen sollten wir sparsam sein. Denn die müssen wir auf jeden Fall erreichen. Wenn Sie so vorgehen, werden Sie immer selbstsicherer, und dann strahlen Sie auch nach außen einen sicheren Eindruck aus. Sie können sagen: »Ich habe bisher jedes Ziel erreicht, das ich zu einem ›MUSS‹ gemacht habe. So wird das auch in Zukunft sein.«

Wir sollten uns kurzfristige A-Ziele setzen, die wir auf jeden Fall erreichen können. Manchmal sollten wir aber auch trainieren, uns zu strecken und selbst zu übertreffen. Das tun wir, indem wir von Zeit zu Zeit auch kurzfristige A-Ziele außerhalb unserer normalen Reichweite plazieren.

Unsere langfristigen A-Ziele entscheiden über unser Leben. Wir sollten uns nicht zu viele setzen. Aber dafür einige, die »unerreichbar« weit entfernt scheinen. Unsere Welt wird niemals größer sein als unsere Ziele. Fragen Sie nicht danach, was »realistisch« ist. Überlegen Sie, wie Ihre Realität aussehen soll. Che Guevara sagte: »Laßt uns realistisch sein. Tun wir das Unmögliche.«

Praxis:

Heute werde ich die Macht der Ziele noch besser für mich nutzen, indem ich mich zu folgenden Schritten verpflichte:

1. Ich überdenke meine langfristigen Ziele und überlege mir, ob ich sie nicht höher setzen sollte. Nichts beeinflußt mein Leben mehr als meine langfristigen Ziele. Je höher diese Ziele sind, desto spannender und reicher wird mein Leben sein.

2. Menschen, die nichts von großen Zielen verstehen, werde ich davon nicht unterrichten. Ich würde nur nutzlose Diskussionen ernten, die mir Kraft rauben und möglicherweise Zweifel in mir wecken. Vielmehr überlege ich, wo die Menschen sind, die mir beim Erreichen meiner Ziele helfen können.

3. Damit diese Ziele nicht zu abstrakt bleiben, lege ich ein Traumalbum an, in das ich alle meine Träume in Form von Bildern (z.B. Ausschnitte aus Magazinen, Fotomontagen, Zeichnungen …) einklebe. Wenn ich dieses Album täglich anschaue, wird es für mich zu einem absoluten Muß, diese Ziele zu erreichen.

4. Ich teile meine kurzfristigen Ziele in A, B und C ein. Kurzfristigere A-Ziele muß ich erreichen. Darum setze ich sie mir so, daß ich sie mit Anstrengung immer erfüllen kann. So stärke ich mein Selbstbewußtsein für größere Ziele.

5. Ich höre in mich hinein: Bin ich bereit, mir ein langfristiges Ziel zu setzen, daß ich eigentlich zu meinen Lebzeiten nicht erreichen kann?

18. Gesetz: Gib anderen, was sie brauchen

Die Sonne und der Sturm wollten feststellen, wer von beiden wohl der Stärkere sei und einem Spaziergänger zuerst den Mantel ausziehen könnte. Der Sturm schickte eine Sturmböe nach der anderen auf den armen Mann. Aber je stärker er blies, um so tiefer hüllte sich der Spaziergänger in seinen Mantel und klammerte sich an ihn.

Als der Sturm schließlich entkräftet aufgab, ließ die Sonne ihre warmen Strahlen auf den Mann scheinen. Diesem wurde es bald zu warm, und er zog den Mantel aus.

* * *

Wir erreichen mehr, wenn wir einen Umgang mit Menschen pflegen, der auf Verständnis, Toleranz, positiver Einschätzung des anderen, gutem Willen, Freundlichkeit und Zuneigung, Interesse und Friedfertigkeit basiert. Dieser Umgang sollte mit dem aufrichtigen Wunsch verbunden sein, daß es anderen genauso gut gehe wie uns selbst. Um alle diese Attribute nicht immer wieder aufzählen zu müssen, lassen Sie es uns der Einfachheit halber »Liebe« nennen.

Liebe

Liebe ist mehr als ein willkürlich entstehendes Gefühl. Das Wort scheint abgenutzt, und viele schämen sich fast, es zu benutzen. Und doch trifft Liebe am besten den Kern, wenn wir fragen, was andere am meisten brauchen. Liebe vereinfacht unsere Beziehung zu anderen mehr als irgend etwas sonst. Auch können wir alle Probleme am schnellsten mit ihr lösen.

Liebe ist die stärkste und klügste Macht im Kosmos. Je mehr Liebe wir einsetzen, um so schneller erreichen wir unsere Ziele und um so mehr Energie erhalten wir. Wenn Sie die Wahl haben, Ihre Ziele mit möglichst viel oder mit möglichst wenig Widerstand zu erreichen, so ist es vernünftig, sich für möglichst wenig Widerstand zu entscheiden. Liebe erzeugt keinen Widerstand und führt somit am schnellsten zum Ziel. Alles andere wäre Energieverschwendung durch Reibungsverluste. Aus ökonomischer Sicht müßte sich ein Mensch also immer für die Liebe entscheiden.

Die Liebe ist die stärkste Macht. In der Praxis ziehen viele Menschen den Streit vor. Wir meinen oft, Kampf führe am schnellsten zum Ziel, weil er soviel Lärm macht. Kampf scheint so gewaltig und darum so effektiv zu sein. Er scheint uns so mächtig aussehen zu lassen. Aber Kampf löst Probleme allenfalls kurzfristig. Langfristig schafft er nur neue Probleme. Es gibt nichts Einfacheres und nichts Wirkungsvolleres als Liebe. Denn: Mit einem Tropfen Honig fängt man mehr Bienen als mit einem Topf voll Galle.

Die Praxis

Ein Arzt, der seine Patienten spüren läßt, daß sie ihm am Herzen liegen, erhält mehr Vertrauen und kann wirkungsvoller helfen. Im Verkauf kommen Sie damit viel schneller zum Ziel. Bei der Führung von Mitarbeitern ist Verständnis die Basis. Eltern, die offen zeigen, daß sie ihre Kinder lieben, können ihren Kindern im wahrsten Sinne des Wortes mehr Erziehung geben. Nur Liebe und Verständnis bauen langfristig das Vertrauen auf, das Menschen als Basis für ihre Tätigkeit benötigen.

Viele Menschen haben zwar den guten Willen dazu. Aber sie wissen nicht, wie sie Liebe kommunizieren können – so daß sie auch als solche verstanden wird. Sicherlich kennen Sie die Regel: »Behandele andere so, wie du selbst gerne behandelt werden möchtest.« Diese Regel hat viel Gutes bewirkt.

Aber es gibt eine Kehrseite. Denn Menschen sind sehr verschieden. Die Wünsche und Bedürfnisse der anderen decken sich nicht mit den unseren. Wir dürfen als Maßstab für unsere Kommunikation nicht unsere eigenen Wertvorstellungen zu Grunde legen. Deswegen heißt das 18. Gesetz: »*Gib anderen, was* sie *brauchen.*« Wir sollten andere so behandeln, wie sie behandelt werden möchten. Wir dürfen den anderen nicht verletzen. Dazu ist es notwendig, ihn richtig zu verstehen.

Das setzt voraus, daß wir uns die Zeit nehmen, aufmerksam zu beobachten. Jeder Mensch sendet ständig Signale über seine Bedürfnisse und Wünsche aus. Die Kunst besteht darin, diese Signale wahrzunehmen und sie deuten zu lernen. Erst dann können wir andere so behandeln, wie es nicht nur für uns, sondern für sie am besten ist. Im Optimalfall werden Konflikte gar nicht erst entstehen.

Stellen wir uns die Beziehung zu einem anderen Menschen wie ein Bankkonto vor. Wenn das Konto bereits überzogen ist und eine unerwartete Rechnung kommt, dann haben wir ein Problem. Ist auf dem Konto aber ein ordentliches Guthaben, stellt die Rechnung kein Problem dar. Wir sollten darum ständig bemüht sein, auf unserem Beziehungskonto Einzahlungen vorzunehmen. Je mehr Guthaben wir derart anhäufen, um so harmonischer wird die Beziehung.

24 goldene Regeln

Die nachstehenden Regeln bieten einen Wegweiser, um Menschen das zu geben, was sie brauchen. Jedesmal, wenn wir uns an sie halten, vermehren wir das Guthaben auf unserem Beziehungskonto.

1. Ermutigen Sie den anderen, wann immer Sie können. Loben Sie seine Erfolge – und wenn sie auch noch so klein sind. Lob ist wie Sonnenschein. Ohne ihn können wir nicht wachsen. Sie können niemals zuviel loben.

2. Geben Sie dem anderen immer die Möglichkeit, sein Gesicht zu wahren. Stellen Sie niemanden bloß, erniedrigen Sie niemanden. Bagatellisieren Sie die Fehler.

3. Sprechen Sie in Abwesenheit eines anderen Menschen nur positiv über ihn. Wenn Sie nichts Positives an ihm finden, so schweigen Sie.

4. Beobachten Sie den anderen aufmerksam. So fällt Ihnen auf, wenn er etwas Gutes macht. Wenn Sie dann loben, so begründen Sie das Lob präzise, damit es sich nicht wie Schmeichelei anhört.

5. Appellieren Sie immer an die edle Gesinnung und die edlen Motive des anderen. Jeder will sich gerne für großmütig und selbstlos halten. Wenn Sie möchten, daß sich jemand verbessert, dann handeln Sie so, als wenn er diese Eigenschaften bereits besäße. Er wird sich dann jede erdenkliche Mühe geben, Sie nicht zu enttäuschen.

6. Kritisieren Sie möglichst selten und am besten nur indirekt. Greifen Sie nie die Person, sondern nur die Tat an. Zeigen Sie dem anderen, daß Sie ihn aufrichtig mögen und ihm helfen wollen. Kritisieren Sie niemals schriftlich.

7. Geben Sie dem anderen die Möglichkeit, sich groß zu fühlen. Protzen Sie nicht, sondern geben Sie eigene Schwächen zu. Machen Sie sich klein. Wenn Sie sich Feinde schaffen wollen, so übertrumpfen Sie andere, wenn Sie sich Freunde schaffen wollen, so lassen Sie sich übertrumpfen.

8. Wenn Sie Fehler gemacht haben, entschuldigen Sie sich. Wenn Sie eine Rüge zu erwarten haben, kommen Sie dem anderen zuvor und geben sich diese am besten schnell selbst.

9. Machen Sie Vorschläge, statt Befehle zu geben. So fördern Sie die Zusammenarbeit, ohne Widerstand zu provozieren.

10. Reagieren Sie mit Verständnis auf die Verärgerung von anderen. Die Verärgerung des anderen ist oft nur ein Hilfeschrei nach Aufmerksamkeit. Geben Sie anderen Menschen Mitgefühl und Aufmerksamkeit – sie bedürfen sie.

11. Sprechen Sie selbst so wenig wie möglich. Geben Sie dem anderen eine Chance zu erzählen, und seien Sie ein guter Zuhörer.

12. Lassen Sie den anderen glauben, die Idee stamme von ihm. Einer guten Idee ist es egal, wer sie hat. Und jeder möchte lieber glauben, nach seinen eigenen Ideen gehandelt zu haben. Meere sind die Könige aller Bäche, weil sie sich so gut unten halten können.

13. Unterbrechen Sie den anderen nicht. Auch nicht, wenn Sie denken, er sei im Unrecht. Er wird Ihnen nämlich nicht zuhören, solange er noch etwas auf dem Herzen hat.

14. Versuchen Sie die Dinge vom Standpunkt der anderen aus zu sehen. Die Indianer sagen: »Gehe immer zuerst eine Meile in den Mokassins des anderen.« Fragen Sie sich immer: Was ist der Grund für sein Handeln? Alles verstehen heißt, alles verzeihen.

15. Bemühen Sie sich niemals, recht zu haben. Seien Sie klüger, aber sagen Sie es dem anderen nicht. Geben Sie zu, daß Sie sich vielleicht irren – das macht jeden Streit unmöglich.

16. Schenken Sie häufig etwas – auch ohne jeden Anlaß. Finden Sie kreative Wege, eine Freude zu machen. Der Einfallsreichtum der Geschenke zeigt, wie viele Gedanken Sie sich um den anderen gemacht haben.

17. Bei Widerspruch: Beherrschen Sie sich. Hören Sie zuerst aufrichtig zu. Suchen Sie nach Übereinstimmungen. Seien Sie kritisch zu sich selbst. Versprechen Sie, darüber nachzudenken, und danken Sie für die Anregung.

18. Interessieren Sie sich *aufrichtig* für den anderen. Machen Sie es sich zum Motto, sich für andere zu interessieren, anstatt interessant zu sein. Zeigen Sie, daß sie sich Gedanken machen, wie Sie ihm helfen können.

19. Lächeln Sie. Niemand braucht ein Lächeln so nötig wie derjenige, der für andere keines mehr übrig hat.

20. Sprechen Sie den anderen immer mit seinem vollen Namen an. Das zeugt von Respekt. Jeder hört seinen Namen gerne – viel lie-

ber als einen Namensersatz. Dazu müssen Sie sich die Namen natürlich merken.

21. Lernen Sie die Dinge vom Standpunkt des anderen aus zu sehen. Fragen Sie sich: Was braucht er wirklich? Wie kann ich ihm einen Vorteil beschaffen?

22. Sorgen Sie dafür, daß Sie in jedem Gespräch – auch am Telefon – erreichen, daß der andere ein besseres Gefühl hat: erstens zu sich selbst, zweitens zu Ihrem Unternehmen und drittens zu Ihnen.

23. Vergeben Sie schnell. Seien Sie niemals nachtragend.

24. Senden Sie dem anderen still Ihre besten Wünsche, wenn Sie an ihn denken.

Natürlich werden wir diese Regeln nicht alle sofort perfekt beherrschen. Wahrscheinlich gibt es keinen Menschen, der sie immer einhält. Aber es ist sinnvoll, sich diesem Ideal so weit wie möglich anzunähern.

Die 24 Regeln setzen nicht voraus, daß Sie für jemanden Liebe empfinden. Hier geht es um Tätigkeiten, die ein vorhandenes Gefühl verstärken – die aber auch ein Gefühl vielfach erst wecken. Die notwendige Grundlage für die 24 goldenen Regeln ist Toleranz. Je mehr wir uns für einen Menschen interessieren und uns bemühen, ihn zu verstehen, um so toleranter werden wir.

Manche Menschen benutzen einige dieser Regeln, um ihre Ziele zu erreichen. Das trifft nicht das Wesen dieses Gesetzes. Und damit tun sie sich und anderen langfristig nichts Gutes. Hier geht es nicht um das kurzfristige Aufbauen einer Fassade. Wenn Pflanzen welk werden, malt man sie nicht grün an, damit sie besser aussehen. Man pflegt und gießt sie. Die 24 Regeln sollen helfen, dem anderen das zu geben, was er braucht.

Wir sehen die Welt nicht, wie sie ist, sondern wie wir sind

Wenn wir ständig über andere schimpfen und uns von bösen Menschen umgeben fühlen, dann ist die Wahrscheinlichkeit groß, daß es gar nicht an den anderen liegt, sondern an uns. Es gibt keine objektive Realität. Wir projizieren immer von uns auf andere. *Wir sehen das in anderen Menschen, was wir in unserem eigenen Herzen tragen.*

Es gibt drei Wege, um andere Menschen mit Toleranz und Liebe zu betrachten:

• Erstens müssen wir mit uns selbst ins reine kommen. Erst wenn wir uns mögen, können wir auch andere mögen.

• Zweitens dürfen wir andere nicht zu sehr analysieren. Wer eine Blume in ihre »Bestandteile« zerlegt, zerstört ihre Schönheit.

• Drittens sollten wir uns auf das Schöne und Gute konzentrieren. Viele Menschen lästern gerne über andere. Damit werten sie andere ungebührlich ab. Aber sie erweisen sich auch selbst einen Bärendienst. *Wer über andere lästert, konzentriert sich auf Fehler und Schwächen. Damit wird die Welt für ihn zu einem Ort voller Fehler und Unzulänglichkeiten.* Wenn wir dagegen das Gute in anderen suchen, werden wir es finden und dadurch die Welt viel freundlicher sehen. Ein altes Sprichwort lautet: »Was du in einem Menschen siehst, das wirst du. Licht, wenn du Licht siehst; Schmutz, wenn du Schmutz siehst.«

Was sollen wir tun, wenn wir beschimpft werden?

Ein alter Meister hatte sich entschieden, nicht mehr zu kämpfen. Trotzdem wurde er von einem jungen Krieger herausgefordert. Der Meister saß nur da und reagierte nicht. Daraufhin versuchte der Krieger, ihn zu provozieren. Er beleidigte ihn und seine Vorfahren aufs Heftigste. Geduldig ertrug der Meister die Beschimpfungen; schließlich entfernte sich der junge Krieger frustriert. Die Schüler des Meisters konnten nicht verstehen, daß er sich nicht gewehrt hatte; sie schämten sich seiner sogar. Daraufhin fragte der Meister: »Wenn euch jemand ein Geschenk machen will, und ihr nehmt es nicht an, wem gehört es dann?«

Die Schüler antworteten: »Natürlich immer noch demjenigen, der es verschenken wollte.«

Der Meister fuhr fort: »So ist es auch mit Neid, Wut und Haß. Wenn wir sie nicht annehmen, bleiben sie bei dem anderen.«

Eine Beziehung wird nur dann dauerhaft und fruchtbar sein, wenn beide Seiten sich daran halten, dem anderen zu geben, was er braucht. Es gibt aber Menschen, die dazu nicht bereit sind. In diesem Fall ist es durchaus angebracht, sich von solchen Menschen zurückzuziehen. Dieses Gesetz besagt nicht, daß Sie sich sinnlos aufopfern sollen. Allerdings ist es besser, es ein wenig länger zu versuchen, als zu früh aufzugeben.

Manchmal beobachten wir, daß Familienmitglieder und Partner nicht so respektvoll und aufmerksam behandelt werden wie Fremde. Das haben sie sicher nicht verdient. Vergessen wir nicht: Wir sollten allen Menschen geben, was sie brauchen. Das gilt selbstverständlich besonders für diejenigen, die wir am liebsten haben.

Praxis:

Heute will ich meine Fähigkeit verbessern, anderen zu geben, was sie brauchen, indem ich mich zu folgenden Schritten verpflichte:

1. Ich mache mir heute wieder bewußt, daß Liebe die intelligenteste und energiesparendste Möglichkeit ist, um zu leben. Ich beschließe darum heute, den Menschen das zu geben, was sie brauchen.

2. Ich mache einen Check: Wie steht es um meine »Beziehungskonten« mit den fünf wichtigsten Menschen in meinem Leben? Ich frage mich, was ich heute tun kann, um »Einzahlungen« vorzunehmen.

3. Ich lebe heute wieder nach den goldenen Regeln. Ich weiß: Wenn ich die goldenen Regeln zu einem festen Bestandteil meines Lebens machen möchte, muß ich sie so oft wie möglich lesen. Darum werde ich die goldenen Regeln fotokopieren und an die Pinwand hängen beziehungsweise immer bei mir tragen. Ich lese sie heute vor jedem wichtigen Gespräch.

4. Ich notiere kurz meine Einstellung zu bestimmten Personen. Wenn ich diese Übung wiederhole, kann ich meine Notizen vergleichen. Wer eine Zeitlang nach den goldenen Regeln gelebt hat, bemerkt eine Veränderung in sich. Man beginnt, immer mehr Menschen aufrichtig zu mögen. Die goldenen Regeln sind zum Selbstzweck und zum inneren Bedürfnis geworden.

5. Wenn ich in einer Partnerschaft lebe, so gehe ich heute mit meinem Partner aus. Dabei benehme ich mich genauso aufmerksam, höflich und charmant, als wenn ich das erste Mal mit dieser Person ausgehen würde. Ich kreiere einen »Magic Moment«, einen Zaubermoment.

19. Gesetz: Laß Dich nicht ablenken

Tom und Sam fingen zur gleichen Zeit im Außendienst der neuen Firma an. Tom war ein aktiver Mann, der lediglich häufiger Pech zu haben schien. Mal sprang sein altes Auto nicht an, dann verlor er seinen Ausweis und mußte schnell einen neuen besorgen. Ein anderes Mal platzte im Keller ein Wasserrohr – da mußte er im Keller retten, was zu retten war. Sam war dagegen ein recht behäbiger Mann. Er liebte seine Serien im Fernsehen. Er legte sich bewußt weniger Termine, als es ihm möglich gewesen wäre, weil er die nächste Folge seiner Lieblingsserie nicht verpassen wollte.

Der Personalchef der Firma kündigte Sam nach einigen Monaten, der das widerstandslos akzeptierte. Aber er kündigte auch Tom, und der wehrte sich vehement: »Sie können mich doch nicht mit Sam, diesem Faultier, in den gleichen Topf werfen. Schließlich bin ich bereit, hart zu arbeiten. Ich bin einfach das Opfer widriger Umstände geworden.«

Der Personalchef antwortete: »Ich bin für das Wohl der Firma verantwortlich. Wenn wir unsere Ziele nicht erreichen, gefährden wir die ganze Firma und damit die Existenzgrundlage aller Mitarbeiter. Aus dieser Sicht ist es gleichgültig, warum wir unsere Ziele nicht erreicht haben. Letztendlich gibt es nur ein Kriterium, das zählt, nämlich das Ergebnis.«

* * *

Um wirklich erfolgreich zu sein, müssen wir unsere Energie bündeln und unsere ganze Aufmerksamkeit einer einzigen Tätigkeit widmen. Diese Konzentration fällt vielen schwer, weil sie sich immer wieder leicht ablenken lassen. Alles kann zu einer Ablenkung werden: ein Sportereignis, aktuelle Probleme, bestimmte Lebensumstände, Streit mit dem Partner … und sogar das Wetter. Manche Menschen können nicht effektiv arbeiten, wenn es draußen regnet – weil »das trübe Wetter aufs Gemüt schlägt«. Andererseits erwarten diese Menschen Verständnis, daß sie sich bei schönem Wetter erst recht nicht auf die Arbeit konzentrieren können.

Wir können uns auch durch unsere Einstellung und unsere Art zu denken ablenken lassen. Wenn Sie bereits mittags aufhören zu arbeiten, weil Sie gerade ein großes Geschäft unter Dach und Fach gebracht haben, dann haben Sie sich genauso ablenken lassen, als wenn Sie dasselbe aus Enttäuschung getan hätten.

Je dramatischer die Ausrede, desto größer das Selbstmitleid

Die eigentliche Gefahr der Ablenkung ist, daß wir sie gerne als willkommene Ausrede für mangelnden Erfolg und mangelnde Anstrengung benutzen. Manche Menschen verschwenden unglaublich viel Energie darauf, »geniale« Ausreden zu erfinden. Sie wollen gut dastehen, ohne das geplante Ergebnis erreicht zu haben. Gewinner nutzen dagegen ihre Energie, um die Probleme zu lösen. Sie wollen gut aussehen, weil sie Ergebnisse schaffen. Nur das Ergebnis zählt – nicht die Ausreden. Gewinner haben trotz Ablenkungen Erfolg.

Wir fühlen uns bei dramatischen Ausreden wohler. Sie hören sich besser an. Ob Sie Ihren Job nicht machen, weil draußen ein Schneesturm tobt oder weil Sie einfach nur fernsehen wollen – das Ergebnis ist das gleiche. Je spektakulärer die Ablenkung, desto eher fühlen wir uns im Recht, sie vor uns selbst und anderen als Ausrede zu benutzen. Ob Sie inaktiv sind, weil Sie mit Ihrem Auto zuerst in einen Hurrikan gerieten, dann durch ein Erdbebengebiet fahren mußten, schließlich ein totes Schaf auf der Straße fanden, das Sie ordentlich beerdigen mußten, und Sie letztendlich mit den Reifen in einer frisch geteerten Straße steckengeblieben sind, während gleichzeitig Ihr Motor den Geist aufgab…, oder ob Sie einfach zu Hause geblieben sind, weil Sie einfach keine Lust hatten, das ERGEBNIS ist das gleiche.

Alle Ablenkungen sind gleich. Sie verhindern gleichermaßen, daß ein bestimmtes Ergebnis zustande kommt. Das besondere Problem bei dramatischen Ablenkungen und Ausreden ist, daß wir in Selbstmitleid verfallen.

Natürlich ziehen wir den Schneesturm und den kaputten Motor als Ausrede vor. Denken Sie daran: *Der Sinn einer Ausrede ist es, die Aufmerksamkeit von uns weg auf etwas anderes oder jemand anderen zu lenken.* Wir werden Opfer eines Umstandes. Wir geben Macht ab. Wir suchen Mitleid und Verständnis statt Respekt und Anerkennung.

Wir haben die Macht zu entscheiden: Entweder wir lassen uns ablenken, oder wir erreichen unsere Ziele. Was würden Sie von einer Person halten, die auf die Frage: »Was hast du in den letzten fünf Jahren gemacht?«, antwortet: »Ich habe mich mit allen möglichen Ablenkungen beschäftigt«?

Wer seine Zeit hauptsächlich dafür verwendet, sich ablenken zu lassen, der *wird* gelebt. Er hat niemals die Kontrolle über sein Leben. Wer dagegen auf ein Ziel zusteuert und sich nicht ablenken läßt, der ist der Designer seines Lebens.

Worauf wir uns in unserem Leben konzentrieren, das wird wachsen. Wenn wir unsere Ziele erreichen, so wird uns das verändern. Wenn wir uns ständig ablenken lassen, so wird uns das auch verändern. Wer unvorhergesehene Umstände zu ernst nimmt, der muß sich nicht wundern, wenn diese in seinem Leben zu Monstern werden. Das Leben mancher Menschen scheint eine einzige Ausrede zu sein.

Der praktische Umgang mit Ablenkungen

Goethe sagte: »Mit einem kannst du immer rechnen – mit dem Unvorhersehbaren.« Es wird immer Ablenkungen geben. Wir sollten lernen, damit umzugehen. Die meisten Ablenkungen erscheinen aber auf den ersten Blick viel bedeutender, als sie es in Wahrheit sind. Viele können wir einfach ignorieren.

Andere können wir zumindest in jenem Moment ignorieren. Das heißt, wir können uns um diese Dinge getrost später kümmern – nach der Arbeit. Aber andere erfordern einfach unsere sofortige Aufmerksamkeit und Zeit. Da wir immer mit »unvorhergesehenen«, dringenden Ablenkungen rechnen müssen, sollten Sie gleich dafür Vorsorge treffen.

Was halten Sie von einem Taxifahrer, der jeden Winter einige Male sein Auto nicht benutzen kann, weil er noch mit Sommerreifen fährt? Sie werden sagen: »Er hätte vorausplanen müssen.« So wie es in gewissen Gebieten in jedem Winter schneit, so gibt es auch eine Anzahl von Ablenkungen, die nicht entstehen müßten, wenn wir Vorsorge treffen würden.

Allerdings kann man nicht jede Überraschung vorhersehen. Das Leben ist kein automatisches Abbild eines perfekten Plans. Manchmal brennt es eben, und wir müssen sofort handeln. Die Wahrscheinlichkeit ist hoch, daß solche Dinge wöchentlich oder sogar täglich geschehen. Der Trick ist nun, diese Ablenkungen einzuplanen, anstatt sich von diesen den Plan ruinieren zu lassen. Es gilt der Grundsatz: Sie können sich nach den Ablenkungen richten, oder die Ablenkungen können sich nach Ihnen richten.

Blocken Sie in Ihrem Tagesplan am besten gleich feste Zeiten für diese Ablenkungen. Sie sollten dafür täglich mindestens zwei Stunden einplanen. Wenn dann Ablenkungen auftreten, erfüllen sie geradezu Ihren Plan. Und wenn keine Probleme auftreten, dann haben Sie Extrazeit. Auf keinen Fall aber dürfen Sie zulassen, daß Ablenkungen Sie von Ihren geplanten Ergebnissen abbringen.

Auf die gleiche Weise können Sie alle 14 Tage einen ganzen Tag für Ablenkungen blocken. Drei bis fünf Tage alle sechs Monate. Und sobald Sie es sich leisten können, stellen Sie jemanden ein, der sich um den delegierbaren Teil Ihrer Ablenkungen kümmert.

Wie Ihnen Ablenkungen nutzen können

Kennen Sie die Situation: Sie sind beschäftigt, und jemand platzt in Ihr Zimmer? Wahrscheinlich haben Sie sich auch schon darüber geärgert. Aber sollten wir Menschen wirklich zu »Unterbrechungen« degradieren? Zählt der Mensch nicht mehr als das konzentrierte Arbeiten? Wenn jemand aus Langeweile vorbeischaut und einfach nur plaudern will, dann ist er ein Zeitdieb. Aber wenn Ihre kleine Tochter mit einem für sie wichtigen Problem zu Ihnen kommt, dann hat sie Priorität.

Wenn Sie klug geplant haben, können Sie sich nun einige Zeit mit Ihrer Tochter beschäftigen, ohne Ihr Ziel zu verfehlen. Sie gewinnen aus dieser »Ablenkung« sogar positive Kraft für Ihre Arbeit. Danach setzen Sie sich wieder auf Ihren Stuhl und denken an das, was Sie getan haben, bevor Ihre Tochter ins Zimmer kam. *Ablenkungen können darauf aufmerksam machen, daß wir gerade abgelenkt sind.*

Wir werden sie nie vollständig vermeiden können und wollen. Aber wir können sie nutzen. Sie können uns zu einem Zeichen werden, das uns sagt: »Es wird Zeit für einen Kurzcheck. Arbeite ich gerade optimal?« Sie könnten sich folgende Fragen stellen:

1. Bin ich dabei, meine Zeit optimal zu nutzen?

2. Manage ich Probleme, oder arbeite ich an langfristigen Lösungen?

3. Kann ich meine Zeit in Hinblick auf meinen Lebenssinn besser nutzen?

Ablenkungen haben ihren Stellenwert im Leben von Gewinnern. Sie gehen klug mit ihnen um und planen Zeit für sie ein. Aber sie lassen sich nicht dazu verleiten, Ablenkungen als Ausreden zu mißbrauchen. Sie erreichen ihre Ziele – trotz aller Ablenkungen.

Praxis:

Heute werde ich meine Fähigkeit verbessern, mit Ablenkungen umzugehen, indem ich mich zu folgenden Schritten verpflichte:

1. Ich werde heute keine Ausrede benutzen. Ausreden lenken nur von mir ab. Ich will Macht über mein Leben haben und nicht Spielball von irgendwelchen Umständen sein. Ausreden zu benutzen, bedeutet, daß ich die Macht über mein Leben an Umstände oder an andere Menschen abgebe. Ich will meine Energie dafür einsetzen, daß ich mein Ziel erreiche und nicht, um Ausreden zu finden.

2. Ich werde mich durch Ablenkungen nicht dazu verleiten lassen, meine Ziele aufzugeben. Ich führe heute die Aktivitäten durch, die ich mir vorgenommen habe.

3. Da ich immer mit unvorhergesehenen Ablenkungen rechnen kann, werde ich heute einen bestimmten Zeitraum für solche Dinge blocken. Ich erreiche damit, daß sich die Ablenkungen nach mir richten müssen, und nicht ich mich nach den Ablenkungen.

4. Sollte eine unvorhergesehene Ablenkung auftreten, so nutze ich diese als Chance für einen Kurzcheck. Ich frage mich, ob ich meine Zeit gerade optimal nutze.

20. Gesetz: Sei ein produktives Vorbild

Eine Frau kam zu Gandhi und bat ihn, er möge ihren kleinen Sohn davon überzeugen, nicht soviel Zucker zu naschen. Sie glaubte, die Worte des großen Mannes hätten mehr Gewicht als ihre eigenen. Gandhi antwortete, daß er sich drei Monate lang auf diese Aufgabe vorbereiten müsse.

Als die Frau drei Monate später mit ihrem Sohn erneut zu Gandhi kam, erklärte er dem Kind mit einfachen Worten, daß er besser nicht soviel Zucker essen solle. Zucker sei nicht gut für die Gesundheit. Er würde sicherlich stärker und größer, wenn er öfter darauf verzichten würde. Der Junge war sofort einverstanden.

Die Frau zog Gandhi auf die Seite, um zu erfahren, warum er sich auf so eine einfache Erklärung drei Monate vorbereiten mußte. Gandhi antwortete: »Um überzeugend zu sein, mußte ich zunächst selbst drei Monate auf Zucker verzichten. Nur so konnte ich deinem Sohn das Vertrauen vermitteln, das gleiche auch zu tun.«

* * *

Alles, was wir sagen, hat viel mehr Gewicht, wenn wir nach unseren eigenen Worten leben. Was unsere Worte anderen bedeuten, können wir an dem Widerhall ermessen, den sie wecken. Abraham Lincoln sagte: »Was du tust, spricht so laut, ich kann Deine Worte nicht hören.« Wenn die meisten Menschen unseren Worten nicht glauben, dann liegt das nicht so sehr an den anderen, sondern sehr wahrscheinlich an uns selbst. Möglicherweise sind wir dann in eine der folgenden vier Fallen geraten.

1. Falle: Wir managen, ohne produktiv zu sein
Jeder Selbständige und jede Führungskraft befindet sich in einer der vier Phasen des Managements:

Die Produktions-Phase: Anfangs sind viele Menschen im wahrsten Sinne des Wortes sehr produktiv. Sie widmen ihre Zeit hauptsächlich den Aktivitäten, die Umsatz bringen. Solange wir in der Produktionsphase bleiben, verdienen wir Geld. Nur solange wir selber produktiv sind, können wir glaubhaft von unseren zukünftigen Zielen sprechen.

Die Management-Phase: Wenn Selbständige erkennen, daß sie ihre Aufgaben alleine nicht bewältigen können, suchen sie Partner und Angestellte. Einen großen Teil ihrer Zeit verbringen sie nun damit, andere zu motivieren und ihnen zu helfen. Anstatt selber produktiv zu sein, motivieren sie nun andere, produktiv zu sein. Das Problem ist nicht, in die Management-Phase einzutreten. Das Problem ist, dabei die Produktions-Phase zu verlassen. Und wer nur noch »wichtig« ist, aber selbst nichts produziert, wird bald nicht mehr ernst genommen.

Die Aufseher-Phase: Wir werden Aufseher der Manager. Und das geschieht folgendermaßen: Mitarbeiter und Angestellte folgen meist dem Beispiel ihrer Chefs. Nachdem neue Mitarbeiter eingestellt wurden, sehen es die »Alten« als ihre Aufgabe an, die Neuen einzuarbeiten und zu motivieren. Das ist gut, solange sie dabei ihre eigene Produktivität nicht vernachlässigen. Es geschieht trotzdem immer wieder, weil sich dadurch jeder sehr wichtig fühlt: Der ehemalige Manager braucht nur noch die Manager zu beaufsichtigen, die ihrerseits die aktiven Produzenten beaufsichtigen. Die Produktion wird nur verschoben; sie steigt nicht proportional mit den Neueinstellungen.

Die Aufseher-der-Aufseher-Phase: Es werden neue Mitarbeiter eingestellt. Die eben noch Produktiven werden zu Managern der Neuen. Die Manager werden zu Aufsehern – und die Aufseher zu Aufsehern der Aufseher. Sie haben nun den Gipfel des Managementhügels erreicht und sind jetzt unglaublich wichtig. Sie brauchen nur noch zu bewerten und anzuschieben. Jemand muß schließlich dafür sorgen, daß die Aufseher sorgfältig auf die Manager aufpassen, damit diese ordentlich dafür sorgen, daß die Neuen produzieren.

Sie werden staunen, wie schnell Unternehmen in diese Falle geraten – immer wieder. Der Grund ist stets der gleiche: *Menschen neigen dazu, ihre Wichtigkeit aus ihrer Position und nicht aus ihrer Produktion abzuleiten. Glaubwürdigkeit aber erfolgt durch Handlung und nicht durch Position.*

Wir müssen für unsere Sache brennen, wenn wir andere entzünden wollen. Wenn wir glaubhaft bleiben wollen, müssen wir produktiv bleiben.

2. Falle: Ein »Ich-war-einmal-Mensch« zu werden

Manche Menschen leben nur noch davon, daß sie ihre vergangenen Erfolge »managen«. Sie sind nur noch ein Schatten ihrer Vergangenheit. Wir sollten uns hüten, auf »Ich-war-einmal-Menschen« hereinzufallen oder selber zu einem zu werden.

Was auch immer wir beruflich tun, wir müssen in regelmäßigen Abständen produktiv sein und Ergebnisse erzielen, wenn wir ernst genommen werden wollen. Jeder Job hat eigene Gesetzmäßigkeiten und eigene Zyklen, wie oft dies geschehen sollte. Aber wie auch immer der Zyklus aussieht, wir müssen ihn einhalten.

Ein Künstler braucht vielleicht nur alle zwei Jahre ein neues Werk vorzulegen. Ein Chirurg kann sich möglicherweise ein Jahr aus seinem Beruf zurückziehen. Aber dann muß er wieder operieren. In den meisten Branchen sind die Zyklen von Verkäufern recht kurz. Einen Verkäufer, der vor Jahren großartige Erfolge erzielte, aber seit Monaten nichts verkauft hat, sollten Sie sehr kritisch beobachten. Normalerweise ist ein provisionsabhängiger Verkäufer nur so gut wie seine letzte Abrechnung.

3. Falle: Ein »Ich-werde-sein-Mensch« zu werden

Es ist Skepsis angesagt, wenn jemand großspurig von zukünftigen Plänen erzählt und dabei den Eindruck erweckt, alles sei so gut wie schon in die Tat umgesetzt. Manche Jongleure vermischen so geschickt Dinge, die sie erst noch tun wollen, mit den wenigen Dingen, die sie tatsächlich getan haben; so scheint es, als würden wir einem Gewinner gegenüberstehen. In Wahrheit handelt es sich aber oft nur um einen Schwätzer.

Ruhm basiert immer auf bereits vollbrachten Leistungen und Respekt vor den aktuellen Aktivitäten. Natürlich ist eine gute Führungskraft auch immer Visionär. Während die meisten Menschen nur die Dinge sehen, wie sie jetzt sind, können Führungskräfte auch sehen, wie die Dinge in Zukunft sein werden. Aber sie müssen in der Lage sein, ihre Begeisterung auf andere zu übertragen, um sie für dieses Ziel zu gewinnen.

Dafür müssen sie kongruent sein. Der Sprecher muß glaubwürdig erscheinen, wenn wir ihn bei seinem Job beobachten. Es muß der Eindruck entstehen: »So wie der an die Sache herangeht, wird es ein Erfolg.« Wenn ein Visionär schon eine Zeit an einem Projekt arbeitet, dann sollten auch schon erste Erfolge zu sehen sein. Große Worte können niemals den Platz von harter Arbeit und daraus resultierenden Ergebnissen einnehmen.

4. Falle: Kein Vorbild zu sein

Viele Menschen wollen Teil einer Vision sein, die größer ist, als sie selbst. Wenn Sie eine Vision haben und diese kongruent kommunizieren können, dann sollte es einfach sein, Mitarbeiter zu finden. Und doch tun sich viele damit schwer. Gute Leute seien schwer zu finden, heißt es dann. In Wahrheit werden wir für ein inspirierendes Projekt immer Menschen gewinnen, wenn wir selbst anziehend sind. Aber niemand folgt gerne einem unwürdigen Vorbild.

Fragen Sie sich kritisch: *Würden Sie gerne einem Menschen wie Ihnen folgen?* Was haben Sie in den letzten drei Monaten getan? Denken Sie an Ihre Disziplin und Arbeitsmethodik. Wie ausdauernd waren Sie? Wie zuverlässig haben Sie Ihre Ziele umgesetzt? Was ist aus Ihren Versprechungen der Vergangenheit geworden?

Wollen Sie die Menschen um Sie herum dazu motivieren, mehr zu tun, so müssen Sie selber mehr tun. Sie können nicht bequem zu Hause sitzen und andere »fernsteuern«. Sie können niemals langfristigen Erfolg erzielen, wenn Sie aufhören, produktiv zu sein.

Überraschen Sie Ihre Mitmenschen mit Ihrer Produktivität

Es geht nicht darum, daß wir uns irgendwie beschäftigen, sondern wir müssen mehr EPAs (Einkommens-Produzierende Aktivitäten) ausüben. Wenn Sie erfolgreicher werden, wird sich Ihr Aufgabengebiet verlagern und verändern.

Sie sollten jedoch immer wieder beweisen, daß Sie konkrete Ergebnisse erzielen können. Sorgen Sie aber auch dafür, daß Sie von Zeit zu Zeit auf die gleiche Weise Ergebnisse erzielen wie Ihre Mitarbeiter. Zeigen Sie Ihnen, daß die Methoden funktionieren, mit denen sie arbeiten. Überraschen Sie immer wieder Ihre Angestellten mit neuen Ideen und mit Ihren Leistungen. Dann wird man Ihren Worten glauben und Ihnen motiviert folgen.

Ihr Beispiel – gut oder schlecht – wird immer das beeinflussen, was andere tun. Wenn Sie sich ablenken lassen, so lassen sich Ihre Mitarbeiter ablenken. Wenn Sie diszipliniert und ergebnisorientiert sind, so werden auch Ihre Angestellten diszipliniert und ergebnisorientiert sein. Arbeiten Sie fleißig, so werden auch Ihre Mitarbeiter fleißig sein. Sie sollten sich niemals einbilden, daß Sie Ihre Mitarbeiter darüber täuschen können, wie fleißig Sie wirklich sind.

Die Drei-Tage-Regel

Wir verstehen erst sehr wenig von den Funktionsweisen unseres Gehirns bzw. unseres Unterbewußtseins. So können wir zum Beispiel noch nicht erklären, warum unsere Motivation und unsere Begeisterung oft so schnell nachläßt. Zum Glück wissen wir aber, was wir dagegen tun können. Es gibt einen einfachen »Trick«, unsere Begeisterung hoch zu halten – die Drei-Tage-Regel.

Diese Regel besagt, daß wir alle drei Tage ein konkretes Ergebnis brauchen. Irgend etwas, das einen meßbaren Erfolg darstellt. Im Rahmen von Langzeitprojekten kann das ein Etappenziel oder ein Teilerfolg sein. Viele Menschen verzetteln sich derart, daß sie sich um die Befriedigung bringen, die ein Ergebnis beschert. Anstatt überall etwas zu tun, sollten wir an einem einzigen Projekt so lange arbeiten, bis wir wenigstens ein Teilergebnis haben.

Stellt sich innerhalb von drei Tagen keinerlei Ergebnis ein, sinkt unsere Motivation oft gegen Null. Wir müßten dann immer wieder große Kraftanstrengungen unternehmen, um wieder in Gang zu kommen. Denken Sie an das Bild eines großen Zuges. Wenn er unter Volldampf fährt, dann wird er alle Hindernisse aus dem Weg fegen. Wenn Sie alle drei Tage wenigstens einen Erfolg verbuchen, dann bleiben Sie motiviert. Sie arbeiten dann am effektivsten. Sie sind dann so motiviert, daß Sie automatisch ein gutes Vorbild sind.

Die Drei-Tage-Regel für Ihre Mitarbeiter

Um Motivation und Momentum aufrechterhalten zu können, braucht auch jeder Ihrer Angestellten alle drei Tage ein Ergebnis. Erklären Sie ihnen diese Mechanismen. Teilen Sie die Arbeitsprozesse zudem so ein, daß dies gewährleistet ist.

Zusätzlich benötigen Ihre Mitarbeiter alle drei Tage (spätestens!) Unterstützung durch Sie. Dabei kann es sich um irgendeine Ermutigung, irgendeine Form der Motivation, irgend etwas handeln, das ihnen zeigt, daß sie nicht alleine sind und daß Sie ihnen helfen.

Ein neuer Mitarbeiter, der sich in der Einarbeitungsphase befindet, kann vielleicht noch nicht alle drei Tage selber einen Erfolg erzielen. Er muß aber alle drei Tage ermutigt und unterstützt werden. Hier gibt es verschiedene Möglichkeiten: ein kurzes, persönliches Treffen, eine gemeinsame Aktivität, ein Anruf, um ein von Ihnen übergebenes Buch oder eine Audiokassette. Es gibt viele Formen der Ermutigung.

Um auf diese Art alle drei Tage zu helfen und zu begeistern, müssen Sie selbst »brennen«. Sie brauchen selbst Motivation und Begeisterung. Und nichts kann Sie so sehr in Fahrt halten, als alle drei Tage selbst ein Ergebnis zu produzieren. *Nichts kann Ihr eigenes Momentum so gut erhalten wie Ihre eigenen Ergebnisse; ganz gleich, welche Erfolge auch in irgendeinem Bereich Ihrer Firma erzielt worden sind.* Nichts läßt sich besser auf Ihr Team übertragen.

Wenn wir wollen, daß unsere Mitarbeiter schneller gehen, dann müssen wir zuerst selbst schneller gehen.

Lassen Sie sich nicht von Ihren Ergebnissen täuschen

Einerseits brauchen Sie alle drei Tage mindestens ein Ergebnis. Andererseits bedeuten Ergebnisse nicht zwangsläufig, daß Sie gegenwärtig wirklich hart arbeiten. Möglicherweise ernten Sie im Moment gerade nur, was Sie bereits vor Wochen gesät haben.

Was Sie diese Woche tun, das wird sich erst nächste Woche zeigen. Was Sie diesen Monat tun, wird sich erst nächsten Monat zeigen. Was Sie dieses Halbjahr tun, wird sich erst im nächsten Halbjahr zeigen. *Was Sie in einer Winterphase tun, das wird sich in einer Sommerphase auszahlen.*

Die Ergebnisse, die Sie heute erreichen, haben nicht viel mit den Bemühungen zu tun, die Sie heute unternehmen. Sie sind das Ergebnis der Aktivitäten in der Vergangenheit. Heute zahlen sich diese Anstrengungen aus. Ihr Einkommen in diesem Jahr ist das kumulierte Resultat aus Ihren Aktivitäten während der letzten Jahre.

Lassen Sie sich nicht von Ihren Ergebnissen täuschen. Schauen Sie auch auf Ihre Aktivitäten, und bleiben Sie produktiv.

Gewinner verlassen nie die Produktionsphase. Sie vergegenwärtigen sich immer, daß sie mit ihren heutigen Aktivitäten im wahrsten Sinne des Wortes ihre Zukunft bauen. Sie leben ihre Worte: Sie sind produktiv und darum ein gutes Vorbild.

Praxis:

Heute trainiere ich die Fähigkeit, ein produktives Vorbild zu sein, indem ich mich zu folgenden Schritten verpflichte:

1. Ich werde heute dafür Sorge tragen, daß ich in der Produktionsphase bleibe.

2. Ich mache mir einen Plan, der mir hilft, alle drei Tage mindestens ein konkretes Ergebnis zu produzieren. Ich halte mich ab heute an die Drei-Tage-Regel.

3. Um meine neuen Angestellten optimal zu unterstützen, werde ich sie mindestens alle drei Tage in irgendeiner Form ermutigen und mit ihnen in Kontakt treten. Diese Unterstützung benötigen Mitarbeiter, bis sie selbst nach der Drei-Tage-Regel leben können. Aber auch danach kann es nützlich sein, weiterhin spätestens alle drei Tage in irgendeiner Form von mir hören zu lassen.

4. Zu meinen wichtigsten Führungsaufgaben gehört Führen durch Vorbild. Ich frage mich heute: Würde ich mich selbst als Chef haben wollen?

5. Ich prüfe mich heute kritisch: Sonne ich mich in meinen vergangenen Erfolgen, oder verstecke ich mich hinter Visionen? Visionen sind gut, aber sie müssen durch Handlungen ausgefüllt werden.

21. Gesetz: Beginne alles Wichtige so schnell wie möglich

Ein Mann ging zum Arzt. Er fühlte sich schlapp und müde. Das Gewicht seiner Aufgaben schien ihn förmlich zu erdrücken. Ständig schossen ihm so viele Dinge durch den Kopf, die er alle noch erledigen mußte. Es schien kein Ende zu nehmen. Besonders bedrückte ihn, daß er anscheinend nie Zeit für die wirklich wichtigen Dinge im Leben hatte. Vor einiger Zeit hatte er Sodbrennen bekommen. Nachts litt er an Schlafstörungen und tagsüber an Müdigkeit. Sein Selbstvertrauen war sehr gering, und er war immer häufiger depressiv.

Der weise Arzt erkannte, daß die Beschwerden des Mannes ihre Ursache darin hatten, wie dieser sein Leben managte. Insbesondere drei Gewohnheiten hatten sich eingeschlichen, die den Patienten geradezu krank machten: Er verwechselte dringende Dinge mit wichtigen, er betrieb Aufschieberitis, und zudem war er Perfektionist.

* * *

Dringend und wichtig

Es gibt einen Unterschied zwischen Dingen, die wichtig sind, und Dingen, die dringend sind. Je länger wir wichtige Dinge aufschieben, desto dringender werden sie. Gleichzeitig fühlen wir uns immer schlechter. Das gilt nicht nur für wichtige Dinge, sondern auch für relativ unwichtige Dinge. Selbst nebensächliche Aufgaben werden mit der Zeit zu Monstern.

Ein Geheimnis der Gewinner ist es, daß sie die wichtigen Dinge des Lebens nehmen und sie unglaublich dringend machen. Sie erledigen alles SSWIM (so schnell wie irgend möglich).

Je länger wir die wichtigen Dinge – aber auch die unwichtigen Dinge – vor uns herschieben, desto dringender und zeitaufwendiger werden sie. Und damit beginnt ein Teufelskreis. Jemand, der sich ständig um dringende Dinge kümmern muß, kann sich nicht ausreichend um die wichtigen Dinge kümmern. *Je mehr Dringliches unser Leben bestimmt, desto weniger wird es durch Wichtiges bestimmt.* Der Preis, den wir für die Dringlichkeit bezahlen, ist der Verlust des Wichtigen in unserem Leben. Die wichtigen Dinge unseres Lebens dürfen nicht zu kurz kommen, weil wir uns um dringend gewordene Dinge kümmern müssen.

Stellen Sie sich vor, Sie würden vor einer Urlaubsreise Ihren Kofferraum beladen. Angenommen, Sie laden zuerst die kleineren Taschen, Beutel, Jacken und andere Einzelteile ein. Wenn Sie nun die großen Koffer verstauen wollen, dann werden Sie feststellen, daß diese nun nicht mehr passen. Die richtige Vorgehensweise ist: Sie laden zuerst die größten Koffer ein und sortieren die kleineren Taschen und Beutel in die verbleibenden Lücken. Übertragen bedeutet das, die wichtigen Dinge des Lebens zuerst zu planen und in unseren Wochenplan einzutragen. Um sie herum können wir dann noch die kleineren – unwichtigeren – Aufgaben »sortieren«.

Die 72-Stunden-Regel

Ist es Ihnen schon einmal passiert, daß Sie sich etwas vorgenommen und es dann trotzdem nicht umgesetzt haben? Wahrscheinlich. Vielleicht haben Sie dann frustriert festgestellt, daß Sie kein besonders disziplinierter Mensch sind.

Tatsächlich aber haben Sie nur die 72-Stunden-Regel nicht befolgt. Diese Regel besagt, daß Sie innerhalb von 72 Stunden mit einer konkreten Handlung beginnen müssen, Ihre Vorsätze umzusetzen. Tun Sie das nicht, so ist die Chance nur noch 1 zu 99, daß Sie Ihren Vorsatz überhaupt jemals umsetzen werden. Es ist so, als könnten wir unserem Gehirn nicht glaubhaft machen, daß wir wirklich etwas tun wollen, wenn wir nicht SSWIM beginnen. Und was das Gehirn uns nicht glaubt, nimmt es nicht ernst und vergißt es.

Damit Ihr Unterbewußtsein einen Vorsatz ernst nimmt und sich daran erinnert, müssen Sie dafür sorgen, daß er in Ihr zentrales Nervensystem gelangt. Dorthin aber gelangt Ihr Vorsatz nur, wenn Sie einen konkreten Handlungsbefehl geben. Mit jeder Stunde, die Sie warten, um den entscheidenden ersten Handlungsimpuls zu geben, nimmt die Motivation ab.

Der Unterschied zwischen »sofort« und »zu große Eile«

Mit der 72-Stunden-Regel und mit SSWIM ist nicht gemeint, seine Schnelligkeit zu steigern. Im Gegenteil, zuviel Eile erzeugt Streß und kann krank machen. Oftmals ist sogar Langsamkeit angebracht und hat geradezu heilende Wirkung. Ein Mensch ist nicht geschaffen, um ausschließlich von einem Projekt zum nächsten zu hetzen.

Ein Unternehmer wollte im Dschungel Geschäfte machen und heuerte afrikanische Träger an, seine Ware zu transportieren. Obwohl er sie ständig zur Eile antrieb, setzten sie sich am dritten Tag einfach hin und ließen sich durch nichts mehr zum Weitergehen motivieren. Aufgebracht forderte der Unternehmer eine Erklärung. Ein Afrikaner sagte: »Wir sind so schnell gegangen, jetzt sind unsere Körper zwar hier, aber wir müssen warten, bis unsere Seelen nachgekommen sind.«

Wir brauchen Ruhe und Stille, um in uns hineinzuhören, um nachzudenken, zu reflektieren und zu planen. Um die wichtigen Dinge in unserem Leben zu bestimmen. Aber es gibt einen Unterschied zwischen großer Eile und sofort. Wichtige Dinge sollten wir sofort angehen – aber nicht um jeden Preis mit rasender Geschwindigkeit durchführen.

Sie müssen nicht alles auf einmal tun, und Sie müssen nicht Ihre Geschwindigkeit steigern. Aber Sie müssen beginnen. Und zwar so schnell wie irgend möglich. Machen Sie es unglaublich dringend, mit allem Wichtigen SSWIM zu beginnen.

»Aufschieberitis«

Die SSWIM-Regel gilt auch für alle Aktivitäten, die Ihnen nicht so viel Spaß machen. Hier setzt man sich gerne auf des Teufels liebstes Möbelstück – die lange Bank. Man verfällt in »Aufschieberitis«.

Sicherlich kennen Sie die Situation, daß Sie nicht rechtzeitig ein Hotel gebucht haben. Nun müssen Sie mit vielen Hotels telefonieren, weil alle guten Häuser ausgebucht sind. Hätten Sie es rechtzeitig getan, wäre es ein Anruf gewesen; nun aber müssen Sie unter Umständen eine Stunde telefonieren.

Unangenehme Dinge werden mit jeder Stunde, mit der wir sie vor uns herschieben, noch unangenehmer. Es geschieht genau das, was Sie eigentlich vermeiden wollten: Die Dinge beginnen, Sie zu quälen. Ständig hängt dann eine Art schwarzer Schatten über unserem Tag. Haben wir die weniger beliebte Aufgabe dagegen als erstes erledigt, so wird der Tag um so schöner, weil jetzt nur noch die angenehmen Dinge auf uns warten. Aufgaben drücken immer nur so lange, bis wir sie erledigt haben.

Perfektionismus

Es gibt noch einen wichtigen Aspekt der SSWIM-Regel. So wie es bedeutsam ist, sofort zu beginnen, so ist es auch von Bedeutung, zum Ende kommen zu können. Wir sollten uns nicht von übertriebenem Perfektionismus davon abhalten lassen, ein Projekt zu beenden. Denn Perfektion bedeutet Lähmung. Ein Perfektionist verwendet ungefähr 80 Prozent seiner Zeit darauf, an den letzten 3 Prozent seines Produktes zu feilen. Und 99 Prozent aller Menschen sehen nie den Unterschied. Es ist eine Tatsache, daß es keine menschengeschaffene Perfektion gibt.

Von Pierre Bonnard wird berichtet, daß er einmal mit Pinsel und einer kleinen Palette bewaffnet in den Louvre ging und anfing, eines seiner Bilder zu übermalen. Die Wächter nahmen ihn daraufhin fest. Bonnard verteidigte sich: »Das ist mein Bild – es ist noch nicht fertig.«

Ein Wächter erwiderte: »Das Bild ist fertig, sonst würde es nicht im Louvre hängen.«

Das Problem am Perfektionismus ist die oftmals dahinter liegende Angst vor Fehlern. Nach dem Motto: Solange man ein Projekt nicht beendet, sieht es keiner, und es können keine Fehler entdeckt werden. Auf den meisten Gebieten aber gilt: Erfolgreich ist nicht derjenige, der keine Fehler macht, sondern der, der etwas leistet. Wer aber etwas leisten und aufbauen will, der wird Fehler machen. Wir dürfen Leistung nicht länger danach bemessen, wie wenig Fehler gemacht wurden. So wird zwar in vielen Schulen heute noch die Note ermittelt. Aber wir müssen die Freiheit haben, Fehler zu machen. Daraus lernen wir. Einem Angestellten von Tom Watson, dem Gründer von IBM, war einmal ein Fehler unterlaufen, der die Firma zehn Millionen Dollar kostete. Als der Mann in Watsons Büro gerufen wurde, war er sicher, daß ihm gekündigt würde. Zu seinem Erstaunen sagte sein Chef: »Sie entlassen? Nicht nachdem ich gerade zehn Millionen Dollar in Ihre Ausbildung investiert habe.«

Wir müssen aus unseren Fehlern lernen. Dann werden wir stärker und hoffentlich weiser. Es gilt: Es ist besser, fehlerhaft zu beginnen, als perfekt zu zögern. Es ist meist besser, ein Projekt mit leichten Fehlern zu beenden, als perfekt zu zögern.

Praxis:

Heute werde ich meine Fähigkeit verbessern, alles Wichtige so schnell wie möglich zu beginnen, indem ich mich zu folgenden Schritten verpflichte:

1. Am Morgen frage ich mich: »Was mag ich nicht so sehr?« Diese Dinge erledige ich als erstes. So erhalten die unangenehmen Dinge kein unnötiges Gewicht. Je eher ich sie erledigt habe, um so schöner wird mein Tag, weil ich dann nur noch die angenehmen Dinge vor mir habe.

2. Als nächstes frage ich mich: Was ist heute meine wichtigste Aufgabe? Ich beginne dann sofort mit der Umsetzung und lasse mich durch nichts ablenken, bis ich diese Aufgabe erledigt habe. Selbst wenn ich an diesem Tag nichts anderes mehr tue, so weiß ich doch, daß ich das Wichtigste erledigt habe.

3. Ich frage mich: Was kann ich in meinem Leben verändern, so daß ich mehr Zeit für die wichtigen Dinge habe, anstatt mich um dringlich gewordene Dinge kümmern zu müssen?

4. Was auch immer ich mir vornehme, beginne ich innerhalb von 72 Stunden. Ich mache mindestens einen ersten Schritt. Ich mache es heute zu einem Sport, alle anderen mit meiner Schnelligkeit zu überraschen. Ich handele heute nach dem Prinzip: SSWIM.

5. Ich überprüfe, ob ich in die Perfektionismus-Falle geraten bin. Wo könnte und sollte ich ein Projekt beenden?

22. Gesetz: Übernimm die volle Verantwortung

Der Meister hatte seinen Schüler in die Stadt geschickt, um Orangen zu verkaufen. Der Schüler kam am Abend zurück und klagte: »Man hat mich schlecht behandelt. Die Leute in der Stadt sagten, die Früchte seien überteuert. Unter diesen Umständen konnte ich nichts verkaufen.«

Der Meister sagte: »Leider bist du nicht so klug und so weise wie die Orangen.«

Der Schüler kniff die Lippen zusammen. Da nahm der Meister eine Orange in die Hand und fragte: »Wenn ich diese Orange auspresse, was wird dann herauskommen?«

»Natürlich Orangensaft«, antwortete der Schüler. »Richtig«, sprach der Meister, »wenn ich aber mit dem Hammer draufschlage, was wird dann herauskommen?«

»Ebenfalls Orangensaft«, knurrte der Schüler. »Und wenn dein Maulesel auf sie tritt, was wird dann herauskommen?«, fragte der Meister weiter.

»Es wird immer Orangensaft herauskommen«, erwiderte der Schüler ungeduldig.

Darauf sagte der Meister: »Die Orange antwortet immer mit dem, was in ihr ist – ganz gleich, was ihr zugefügt wird. Sie lehrt uns, daß es in unserer Macht liegt, wie wir auf eine Situation reagieren. Du aber hast anderen die Schuld und ihnen somit die Macht gegeben.«

* * *

Wenn die Dinge schlecht laufen, dann suchen wir gewöhnlich nach anderen Umständen oder Personen, die wir für unsere negativen Resultate verantwortlich machen können. Wir schieben die Schuld auf die Wirtschaftslage und auf die Situation, in der wir leben, auf unsere Eltern, unseren Lebenspartner, auf unsere Firma, unsere Gesundheit, die Produkte, unseren Chef …

Haben Sie nicht auch schon die folgenden Sätze gehört:
»Wenn das nicht passiert wäre, dann könnte ich…«
»Wenn ich doch mehr Zeit / mehr Geld hätte, dann…«
»Ich war gut gelaunt, bis Du das gemacht hast…«
Diese Sätze haben alle eines gemeinsam. Sie suchen die Schuld außerhalb der eigenen Person. Wer aber anderen die Schuld gibt, der gibt ihnen auch die Macht.

Es kommt nicht auf die Umstände an, sondern darauf, was wir daraus machen

Sie können erst wie ein Gewinner leben, wenn Sie die volle Verantwortung für Ihr Leben übernehmen. Sie mögen ja nicht verantwortlich sein für alle Umstände, in denen Sie sich befinden. Aber Sie sind alleine verantwortlich, wie Sie auf diese Umstände reagieren und wie Sie diese Umstände interpretieren. Vielleicht sind Sie nicht verantwortlich für die wirtschaftliche Lage, in der Sie sich im Moment befinden. Aber Sie sind verantwortlich dafür, was Sie jetzt mit dieser Situation anfangen.

Sie können eine schlechte wirtschaftliche Situation als Ausrede benutzen »…jetzt muß ich doppelt vorsichtig sein…« Oder Sie können diese Situation als Möglichkeit betrachten: »…was habe ich zu verlieren – ich kann ja nicht vom Boden fallen…«

In Ver-Antwort-ung steckt das Wort »Antwort«. Verantwortung bedeutet, trotz aller guten oder schlechten Umstände gut zu antworten. Sie antworten gut, wenn Sie sich auf Ihr Ziel konzentrieren und sich durch nichts und niemanden davon abhalten lassen, Ihren Weg zu gehen.

George Bernhard Shaw hat es auf den Punkt gebracht: *»Man gibt immer den Verhältnissen die Schuld für das, was man hat. Ich glaube nicht an Verhältnisse. Diejenigen, die in der Welt vorankommen, gehen hin und suchen sich die Verhältnisse, die sie wollen. Und wenn sie sie nicht finden können, schaffen sie sie selbst.«*

Wer Verantwortung ablehnt, ist gefangen – wer sie annimmt, ist frei

Einer der herausragendsten Psychologen dieses Jahrhunderts war Victor Frankl. Viele Jahre war er im Konzentrationslager gefangen. Seine gesamte Familie wurde nach und nach umgebracht. Er selbst wurde schwer gefoltert und war dem Tode nah.

Da hatte er plötzlich eine Erkenntnis: »Niemand außer mir hat die Macht über meine innere Einstellung. Sie können mich schlagen und meine Familie hinrichten, aber meine Gedanken gehören mir. Ich habe die Macht zu entscheiden, wie ich die ganze Situation einschätzen will.«

Und er sagte sich: »Wenn ich unter diesen extremen Bedingungen meine Identität und meinen Charakter behalten kann, dann können es alle Menschen.«

Victor Frankl faßte seine Beobachtungen in einem Satz zusammen: *Die letzte aller menschlichen Freiheiten ist die, seine Einstellung in jeder gegebenen Situation selbst zu wählen.«*

Zu allen Zeiten gab es unzählige Menschen, die versklavt oder eingesperrt waren. Was hätten sie nicht alles dafür gegeben, frei zu sein – so frei wie wir. Wir müssen uns klar machen, wie frei wir wirklich sind. Und vor allem sollten wir uns täglich fragen: Was machen wir aus dieser grenzenlosen Freiheit?

Wir haben täglich die Wahl

Viele Weise haben davon gesprochen, daß jeder neue Tag wie eine Geburt ist. Warum? Weil wir jeden Tag erneut die Wahl haben, uns für ein neues Leben zu entscheiden. Jeder Tag macht uns ein kostbares Geschenk: Er schenkt uns einen Augenblick, in dem es möglich ist, alles zu ändern, was uns unglücklich macht.

Wir neigen dazu, diese Geschenke nicht erkennen zu wollen. Denn wenn wir zugeben würden, daß wir die Wahl haben, dann hätten wir keine Entschuldigung mehr. Dann würde es ja alleine an uns liegen. Also geben wir Umständen, die außerhalb von uns liegen, viel mehr Macht, als ihnen gebührt. Das Ergebnis ist unwürdig – wir leben nicht so, wie wir wollen. Auf diese Weise zerstören wir uns selbst.

Es gibt viele Arten, sich selbst zu zerstören. Wir können unseren Körper töten, unsere Liebe und unsere Träume. Andere mögen vielleicht nicht mitbekommen, was wir da tun. Aber wir handeln gegen die Naturgesetze und begehen ein Verbrechen an uns selbst. Viele glauben, nicht stark genug zu sein, um Änderungen herbeizuführen, die sie frei machen. Statt dessen unternehmen sie unglaubliche Anstrengungen, um sich ihre eigene Versklavung zu erhalten.

Vielen Menschen fällt es schwer zu akzeptieren, daß sie die volle Verantwortung haben. Wer die Verantwortung ablehnt, gleicht dem jungen Wolfgang. Dieser verbrachte seine Mittagspausen mit seinen Kollegen und beklagte sich jedes Mal über seine mitgebrachten Pausenbrote: »So etwas Widerliches, schon wieder Käse mit Tomaten – ich hasse Tomaten-Käse-Sandwiches.« Jeden Tag ging das so. Schließlich wurde es einem der Kollegen zu bunt, und er sagte: »Wenn Du keine Tomaten-Käse-Sandwiches magst, dann sag doch deiner Frau, sie soll dir etwas anderes machen.« »Um Himmels willen«, erwiderte Wolfgang. »Ich bin nicht verheiratet, ich mache meine Sandwiches selbst.«

Auch im Leben macht sich jeder sein Sandwich selbst. Wir haben die Wahl.

Verantwortung übernehmen für beruflichen Erfolg

Ob Sie mittelmäßige Ergebnisse oder eine überdurchschnittliche Belohnung aus Ihrem Geschäft herausschlagen, ist allein Ihre Sache. Es ist nicht die Aufgabe Ihrer Firma, Ihnen ein phantastisches Einkommen zu garantieren. Es ist nicht die Aufgabe Ihres Chefs, Sie die Erfolgsleiter hinaufzuschieben. Es ist auch nicht die Aufgabe Ihres Ehepartners, den Fernseher abzustellen, Ihnen die Jacke zu holen und Sie zur Arbeit zu schicken.

Natürlich läuft nicht immer alles optimal. Aber es liegt an Ihnen, wie Sie reagieren. Sie können auf widrige Umstände antworten, indem Sie sich von ihnen bremsen lassen, oder Sie können mit der Einstellung antworten, daß Sie trotz aller Umstände Ihre Ziele erreichen.

So sind Sie zum Beispiel alleine dafür verantwortlich, wieviel Sie verdienen. Eine Gehaltserhöhung »bekommt« man nicht, sondern verdient sie sich. Weh dem, der seine Chancen ständig vergibt. Irgendwann stehen wir uns selbst Rede und Antwort: Was haben wir mit unseren Talenten gemacht? Wir dürfen nicht vor Entscheidungen davonlaufen, die uns frei machen. Wir würden resignieren – in der Gewißheit, unser Leben vergeudet zu haben.

Verantwortung übernehmen für unser Verhältnis zu anderen

Es fällt schwer zuzugeben, daß wir immer die Macht über die eigenen Reaktionen haben. Insbesondere, wenn die eigene, selbstgewählte Reaktion schlecht war. Zu streiten, nur weil der andere angefangen hat, hat keinen Sinn. Wir können mit etwas anderem antworten als mit Streit und Krieg. Einer Giftschlange hinterherzujagen, die uns gebissen hat, treibt das Gift nur schneller durch unseren Körper. Besser ist es, sofort Maßnahmen zur Entgiftung zu ergreifen.

Anstatt den Streit aufzugreifen, sollten wir uns daran erinnern, daß wir die Macht über unsere Reaktion haben. Hierzu können folgende Überlegungen hilfreich sein:

- Oftmals waren wir der Auslöser für die unfreundliche Handlung des anderen. Wenn wir uns dessen bewußt werden, dann sind wir die Täter – und haben die Macht, etwas wiedergutzumachen.

- Hinter dem Zorn des anderen liegen meist Ängste verborgen. So kann hinter einem Wutausbruch ganz einfach die Angst stecken, für den anderen nicht gut genug zu sein.

• Es ist leichter, unsere eigenen Regeln zu ändern, als andere Menschen zu verändern. Vielfach haben wir derart viele Regeln für andere aufgestellt, daß sie uns niemals zufriedenstellen können. Dann liegt der Grund für unsere Enttäuschung aber an unseren überzogenen Regeln und Erwartungen – und nicht am anderen.

Wenn sich jemand uns gegenüber unangemessen verhält, so sollten wir uns sofort darauf besinnen, daß wir die Freiheit haben zu entscheiden, wie wir antworten wollen. Am besten verschieben wir unsere »spontane Reaktion« für ein paar Sekunden und fragen uns:

1. War dessen Aktion möglicherweise nur eine Reaktion auf mein vorheriges schlechtes Verhalten?

2. Kann ich Ängste hinter der Wut erkennen, den anderen dadurch besser verstehen und ihm helfen?

3. Worüber ärgere ich mich wirklich? Liegt es am anderen oder an meinen übertriebenen Regeln oder an meiner Unsicherheit?

Akzeptieren Sie, daß Sie Macht haben

Akzeptieren Sie, daß Ihr Leben heute ist, wie es ist, weil Sie in der Vergangenheit die Weichen dazu gestellt haben. Erst dann können Sie nämlich die bewußte Entscheidung treffen, heute die Weichen für eine bessere Zukunft zu stellen. Erst dann haben Sie die Macht über Ihr Leben.

Ein Meister wußte auf jede Frage eine Antwort. Darüber ärgerten sich zwei seiner Schüler so sehr, daß sie beschlossen, ihn hereinzulegen.

Sie wollten einen kleinen Vogel hinter ihrem Rücken halten und den Meister fragen, ob das Tier lebendig oder tot sei. Würde der Meister antworten: »Der Vogel lebt«, so wollten sie dem Vogel schnell die Kehle zudrücken. Der Meister hätte dann etwas Falsches gesagt. Würde der Meister hingegen sagen: »Er ist tot«, so würden sie den Vogel einfach fliegen lassen. Auch in diesem Fall hätte der Meister geirrt.

Also traten sie vor den Meister und fragten: »Sag uns, lebt der kleine Vogel hinter unserem Rücken, oder ist er tot?« Der Meister schaute die beiden eine Weile ruhig an und antwortete: »Was immer ich sage – es liegt in eurer Hand.«

Sie können alles ändern: von Ihren Beziehungen bis zu Ihrem Bankkonto – und zwar ab dem Tag, an dem Sie sich dazu entscheiden und zu handeln beginnen. Denn Sie sind nicht nur für das verantwortlich, was Sie tun, sondern auch für das, was Sie unterlassen.

Ein altes Lied handelt von einem Mann, der um den Häuserblock geht, um Zigaretten zu kaufen. Plötzlich hat er einen verrückten Gedanken: »Was wäre, wenn ich jetzt einfach spontan nach New York fahren würde?« Seinen Paß hat er dabei, genug Geld ebenfalls. Er hat sein ganzes Leben davon geträumt. Er malt sich aus, wie schön das wäre – einmal etwas Verrücktes zu tun. Und dann kauft er seine Zigaretten und geht zurück nach Hause …

Es liegt an Ihnen, ob Sie Ihre Träume leben. Wenn Sie jetzt beginnen – in diesem Moment –, dann können Sie fast alles tun, was Sie wollen. Dazu haben Sie die Macht. Aber Vorsicht: *Wer zu lange auf seine Macht verzichtet, der verliert sie.*

Gewinner übernehmen volle Verantwortung und geben niemals irgend jemandem oder irgend etwas Macht über ihr Leben. Sie wissen, daß Sie nicht alles beeinflussen können, was sich in Ihrem Leben ereignet. Aber Sie können immer entscheiden, welche Bedeutung Sie den Ereignissen geben wollen und wie Sie darauf reagieren.

Sie wissen, daß alle negativen Emotionen in dem Moment ihre Macht verlieren, in dem sie Verantwortung übernehmen.

Praxis:

Heute werde ich trainieren, volle Verantwortung für mein Leben zu übernehmen, indem ich mich zu folgenden Schritten verpflichte:

1. Heute gebe ich keiner Person und keinen Umständen die Schuld. Denn wem ich die Schuld gebe, dem gebe ich die Macht. Ich möchte aber Herr über mein Leben sein.

2. Wenn ich in Versuchung komme, eine Situation als zu schwierig zu empfinden, dann schließe ich meine Augen und stelle mir eine Person vor, die besonders stark ist. Ich frage mich: Was würde diese Person wohl von dieser Situation halten, und wie würde sie handeln?

3. Wenn ich heute ein Ziel nicht erreiche, dann übernehme ich auch dafür die Verantwortung. Genauso übernehme ich die Verantwortung, wenn mir etwas sehr gut gelingt. Ich werde dann nicht das Schicksal oder andere Menschen, die mir geholfen haben, verantwortlich machen. Vielmehr empfinde ich Stolz und Freude über meinen Erfolg. So baue ich mein Selbstbewußtsein weiter aktiv auf.

4. Wenn sich mir gegenüber heute jemand aggressiv verhält, dann frage ich mich, ob ich etwas getan habe, daß ihn verletzte oder ängstigte. Ich überprüfe auch, ob meine Erwartungen übertrieben sind.

23. Gesetz: Lerne, mit Angst umzugehen

Während eines Spaziergangs im Wald kam ein Kind zu einer Lichtung mit zwei Gärten, in denen jeweils ein Gärtner arbeitete. Die Gärten waren sehr verschieden: Der eine war voller Unkraut, und der Gärtner darin schimpfte unentwegt.

Der andere Garten war prächtig und harmonisch, und der Gärtner darin pfiff vergnügt ein Lied. Er schien alles mühelos zu beherrschen.

Das Kind wollte lieber den entspannten Gärtner kennenlernen und fragte ihn, wieso er seinen Garten so mühelos geordnet halten könne, während der andere Gärtner pausenlos arbeitete, ohne einen schönen Garten zu haben.

Der Mann antwortete: »Ich habe es früher so wie mein Kollege versucht. Aber ich konnte auf diese Weise das Unkraut nicht besiegen. Immer wenn ich es ausriß, blieben Wurzeln im Boden zurück, und es wuchs nach. Ich konnte es gar nicht so schnell ausreißen, wie es nachwuchs.

Dann habe ich es anders gemacht. Ich suchte mir Blumen, die schneller wuchsen als das Unkraut. Diese Blumen haben bald das ganze Unkraut überdeckt, und mein Garten hält sich nun von alleine sauber.«

Bevor das Kind weiterging, entdeckte es am Waldrand einen dritten Garten voller Giftpflanzen. Der freundliche Gärtner erklärte ihm, was es damit auf sich hatte: »Der Gärtner, der diese Pflanzen angebaut hat, ist ein großartiger Arzt. Er ist der Weiseste von uns. Aus den Giftpflanzen in diesem Garten macht er Medizin.«

* * *

Jeder Mensch hat Ängste – auch der, der Großes vollbringt. *Mutig ist nicht, wer keine Angst hat, sondern wer trotz seiner Angst Schritte setzt, um sie zu überwinden.*

Angst ist die Vorstellung von dem, wie es nicht kommen soll. Je deutlicher wir uns diese Vorstellung ausmalen – und je öfter wir dies tun –, desto stärker und lähmender wird die Angst. Gegen den Impuls der Angst können wir uns kaum schützen. Wir können ihn uns jedoch zum Freund machen oder ihn überstrahlen.

Vor allem aber stehen wir dauerhafter Furcht nicht schutzlos gegenüber. Wir können verhindern, daß die Angst zu einem Gespenst in unserem Leben wird.

Wir können Angst mit Dankbarkeit überstrahlen

Wir können unsere Ängste nicht einfach ausreißen wie Unkraut. Stellen Sie sich vor, Sie schalten das Licht aus, und es ist stockfinster im Zimmer. Was können Sie gegen die Dunkelheit tun? Gegen sie zu kämpfen oder zu versuchen, sie zu verdrängen, wäre sinnlos. Sie können die Dunkelheit nur überstrahlen, indem Sie Licht machen.

Angst ist wie die Dunkelheit – sie läßt sich nicht verdrängen. Je härter wir es versuchen, desto stärker wird die Angst. Je mehr Druck wir ausüben, desto größer wird der Gegendruck. Aber wir können die Angst überstrahlen wie das Licht die Dunkelheit.

Die Erklärung dafür ist einfach: Unser Gehirn kann nur einen Gedanken auf einmal denken. Wenn wir uns mit dem Gegenteil von Angst beschäftigen, können wir nicht gleichzeitig Angst empfinden. Das Gegenteil von Angst ist nicht Mut. Denn auch der Mutige hat Angst – er handelt trotz seiner Angst. Gerade deshalb nennen wir ihn ja »mutig«.

Das Gegenteil von Angst ist Dankbarkeit. *Sie werden feststellen, daß Sie keine Angst empfinden können, während Sie dankbar sind.* Wenn Ihnen fünf Dinge einfallen, für die Sie dankbar sein können, dann ist alle Angst wie weggeblasen. Es können »einfache« Dinge sein, wie Ihre Fähigkeit zu gehen, zu sehen, zu sprechen, zu lesen, Ihr Auto, Ihre Wohnung, die Menschen, die Sie lieben und von denen Sie geliebt werden …

Allzu oft betrachten wir vieles als selbstverständlich – solange, bis es uns fehlt. In dem Moment, in dem wir nicht mehr gehen können, entdecken wir, was für ein Geschenk es ist.

Wir sollten uns auf diese Dinge besinnen, dann werden wir mit diesem Bewußtsein unser Leben bereichern.

Große Ziele überstrahlen die Angst

Ein weiterer Weg, um die Angst zu überstrahlen, ist der, daß Sie sich auf Ihr Ziel konzentrieren. *Angst kann uns nur dann überwältigen, wenn wir unsere Augen vom Ziel nehmen.* Schreiben Sie immer wieder wöchentlich Ihre wichtigsten Ziele auf. Visualisieren Sie außerdem täglich, wie Sie Ihr Leben genießen, wenn Sie diese Ziele erreicht haben.

Sie werden feststellen, daß Sie keine Angst spüren, solange Sie von Ihren Zielen träumen. Das kostet Sie zwar täglich ein paar Minuten Zeit. Das ist aber nichts im Vergleich zu der Zeit, die es kosten würde, wenn Sie vor lauter Angst bewegungslos herumsäßen.

Zwar kommen die Ängste einige Zeit nach dem Visualisieren zurück – aber Sie stehen ihnen gelassener gegenüber. Und Sie können die Angst als ein Signal nutzen: Jetzt wird es Zeit, wieder an die Ziele zu denken.

Zehn praktische Hilfen

Sollten Sie Angst haben, so lesen Sie diese zehn Punkte:

1. Fragen Sie sich: Was wurde aus den Ängsten meiner Vergangenheit? Dann wird Ihnen bewußt, daß maximal 5 Prozent aller Ängste jemals Wirklichkeit werden. Überlegen Sie, ob Ihre Ängste wirklich berechtigt sind – oder ob Sie sich nur Sorgen »machen«, die eigentlich nicht da sind.

2. Schreiben Sie fünf Dinge auf, für die Sie dankbar sind. Sagen Sie sich: Bis jetzt ging alles gut – auch diese Aufgabe werde ich bewältigen.

3. Die meisten Dinge, vor denen wir uns fürchten, werden – wenn überhaupt – erst in der Zukunft eintreten. Den heutigen Tag beeinflußt es meist überhaupt nicht. Warum sollten wir also heute schon leiden?

4. Machen Sie sich bewußt, daß Sie diesen Tag gut bewältigen können; und noch einen Tag. Das Leben besteht aus einer Aneinanderreihung von einzelnen Tagen.

5. Wenn Sie die Angst überkommen sollte, reden Sie so schnell wie möglich mit einem Gewinner. In der Gegenwart eines Gewinners können wir nur schwer Angst haben. Überlegen Sie hilfsweise, wie eine bestimmte Person jetzt wohl vorgehen würde.

6. Handeln Sie. Es mag zwar schwierig sein, etwas zu tun, wenn Sie so von Angst erfüllt sind. Aber gerade dann ist es am wichtigsten. Denn: *Die Ketten der Angst drücken am schwersten, wenn wir untätig herumsitzen.*

7. Fragen Sie sich niemals, *ob* Sie die Aufgabe schaffen können. Fragen Sie sich nur: *Wie* schaffe ich es? Was auch geschehen mag – Sie finden immer eine Lösung.

8. »Züchten« Sie positive Vorstellungen. Träumen Sie Ihren eigenen Spielfilm mit Happy-End.

9. Hören Sie inspirierende Musik. Angst wird dann wie von Licht überstrahlt.

10. Schauen Sie in Ihr Erfolgs-Journal. Sie erkennen dann schnell, wie gut Sie sind, und daß Sie sich keine unnötigen Sorgen »machen« müssen.

Angst kann Gift sein oder Medizin

Letztendlich aber ist es gar nicht schlecht, eine wohldosierte Menge Angst als Antrieb zu benutzen. Mit der Angst ist es wie mit dem Gift.

Zuviel davon ist lähmend und tödlich, aber ein wenig kann wie eine äußerst hilfreiche Medizin wirken. Darum begrüßen Gewinner den Impuls der Angst, wissen aber zu verhindern, daß Angst sie dauerhaft lähmt.

Gewinner haben festgestellt, daß ein wenig Angst ein guter Antrieb ist. Der Weg, auf dem wir am meisten lernen und wachsen können, ist vielfach genau der, der mit Angst verbunden ist. Gewinner sagen: *»Wenn ich keine Angst empfinde, bevor ich einen neuen Schritt setze, so ist das ein Hinweis darauf, daß der Schritt, den ich gerade setzen möchte, eine Nummer zu klein für mich ist.«*

Gewinner betrachten ihre Angst als ein beruhigendes Zeichen dafür, daß sie auf dem richtigen Weg sind. Sie schließen Freundschaft mit ihrer Angst; sie betrachten Angst als mögliche Triebfeder ihres persönlichen Wachstums.

Katastrophen

Gewinner fürchten sich auch nicht vor Katastrophen. Sie wissen, daß es in ihrem Leben Katastrophen und Momente großer Trauer geben wird. Niemand bleibt davon verschont.

- Aber erstens wäre es eine Zeit- und Energieverschwendung zu leiden, ohne daß wirklich etwas Schlimmes geschehen ist.

- Zweitens wissen Gewinner, daß sie genug Kraft und Weisheit finden werden, um auch eine dunkle Zeit zu bewältigen.

- Drittens gibt es immer einen Neuanfang.

- Viertens sind Katastrophen – auch wenn wir sie uns nicht freiwillig aussuchen würden – oft im nachhinein ein wichtiger Bestandteil unseres Lebens. Richard Bach sagt: *»Was für die Raupe aussieht wie der Untergang der Welt, ist für den Schöpfer die Geburt eines Schmetterlings.«*

Die hilfreiche Grundeinstellung

Gewinner haben oft einen fast kindlichen Glauben. So glauben sie zum Beispiel, daß es in ihrem Leben eine Art Führung gibt und daß alles einen Sinn hat. Dieser Sinn ist nicht immer sofort erkennbar, oft muß man danach suchen.

Mancher mag eine solche Einstellung als Naivität abtun. Aber was ist die Alternative? An Glück oder Pech zu glauben, die ohne Sinn und System über uns Menschen verteilt werden. Wer sich nicht als Opfer willkürlicher Ereignisse sieht, sondern hinter allem eine Lehre vermutet, kann viel beruhigter sein.

Während Gewinner einerseits einen tieferen Sinn suchen, betrachten sie sich andererseits im Gesamtzusammenhang des unendlichen Kosmos. Dabei machen sie sich bewußt: Die Erde dreht sich nicht nur um sie. Alle ihre Wünsche, Ängste und Katastrophen sind nicht mehr als ein winziger Windhauch im Kosmos der Zeit. Sie sehen das Leben als Spiel. Fehler wiegen im Spiel des Lebens nicht so schwer. Selbst wenn wir einmal verlieren, können wir jederzeit ein neues Spiel beginnen.

Was wie ein Widerspruch scheint, ist in Wahrheit ein Paradoxon. Das Leben als Spiel zu sehen und trotzdem den Sinn zu suchen, bedeutet beides: Einerseits eine gewisse Leichtigkeit und einen gesunden Abstand. Dies hilft uns, uns selbst und unsere eher unwichtigen Ängste nicht zu ernst zu nehmen.

Andererseits aber vermittelt der Glaube an einen Sinn tiefes Vertrauen. Die Sinnfrage und die Suche nach der tieferen Lehre verhindern Oberflächlichkeit.

Das eine ohne das andere wäre nicht vollständig. Ernsthaftigkeit und spielerischer Abstand ergänzen sich gut. Wer das Leben als Spiel sieht und nach der Lehre sucht, wird nicht übermäßig unter Ängsten leiden.

Praxis:

Heute werde ich meine Fähigkeit verbessern, mit Angst umzugehen, indem ich mich zu folgenden Schritten verpflichte:

1. Sobald ich von Angst »überfallen« werde, lese ich sofort die zehn Punkte zum Umgang mit Angst.

2. Ich schreibe heute mindestens fünf Punkte auf, für die ich dankbar bin. Ich verstehe, daß chronische Angst nicht etwas Willkürliches ist, sondern daß ich entscheide, was ich mit ihr mache. Ich kann sie mit Dankbarkeit überstrahlen, wann immer ich will.

3. Heute will ich eine andere Betrachtungsweise in bezug auf Angst annehmen. Ich erkenne Angst als einen nützlichen Antrieb zu meinem Erfolg. Ein wenig Angst zeigt mir, daß ich mich strecke und wachse. Wenn ich keine Angst vor dem nächsten Schritt hätte, dann wäre dieser Schritt eine Nummer zu klein für mich.

4. Heute nehme ich mich, meine Wünsche und Ängste nicht zu wichtig. Ich bin nur ein Teil des Ganzen.

24. Gesetz: Konzentriere Dich auf Deine Stärken

Ein Baum litt sehr darunter, daß er klein, krumm und verwachsen war. Alle anderen Bäume waren im Vergleich zu ihm viel größer und schöner. Er wünschte sich sehnlichst, so zu sein wie sie und auch seine Baumkrone elegant im Wind tanzen zu lassen.

Aber der kleine Baum wuchs an einer Felswand. Seine Wurzeln hatte er in das bißchen Erde gekrallt, das sich in der Felsritze festgesetzt hatte. Stets fegte ein eisiger Wind durch seine Äste, und er bekam die Sonne nur den halben Tag ab, denn ab mittags verschwand sie hinter dem Felsen, um all die anderen Bäume auf dem Berghang zu bescheinen. So war er einfach nicht weiter gewachsen – und haderte mit seinem Schicksal.

Als er eines Morgens über das Tal schaute und wohlig die ersten Sonnenstrahlen aufnahm, da begriff er plötzlich etwas, das ihn glücklich machte: Er hatte eine herrliche Aussicht. Kein anderer Baum konnte auch nur ein Zehntel so weit sehen wie er. Die Felswand über ihm beschützte ihn vor Eis und Schnee. Sein verwachsener krummer Stamm, die knorrigen, aber kräftigen Äste paßten genau an den Platz, an dem er stand. Die anderen Bäume drüben auf dem Hang hatten auch ihren Stil und ihren Platz. Er aber war etwas Einzigartiges; er hatte viele, viele Vorteile.

* * *

Jeder Mensch muß lernen, mit den Talenten zu leben, die er hat. Wir müssen uns auf die Dinge konzentrieren, die wir können, haben und verstehen. Oft neigen Menschen aber dazu, stärker auf die Dinge zu achten, die sie *nicht* können, *nicht* haben und *nicht* verstehen.

Ein sinnloser Wunsch

Viele denken, das Leben wäre viel einfacher, wenn sie mit mehr Fähig-keiten, Talenten und einer anderen Natur gesegnet wären. So mag zum Beispiel eine kränkelnde Person denken, es wäre viel einfacher, wenn sie eine starke Gesundheit hätte – hat sie aber nicht.

Eine alleinerziehende Mutter mag sich sagen, daß es bestimmt bes-ser wäre, mehr Zeit mit den Kindern zu verbringen und nicht so hart arbeiten zu müssen – sie muß es aber.

Wenn Sie phantastisch singen könnten oder eine andere geniale Begabung hätten – wäre dann nicht alles viel einfacher? Die Antwort: Einfacher wäre es wahrscheinlich nicht. Denn für jeden Erfolg zahlen wir einen Preis. Aber das Entscheidende ist: *Wir haben nur die Talente, die wir haben.*

Und wenn Sie jetzt mehr Geld hätten, eine bessere Gesundheit, ei-nen liebenswerteren Partner…, wäre dann alles leichter? Die Antwort: Sie hätten dann andere Probleme.

Das Entscheidende ist, was wir aus dem Vorhandenen machen

Was auch immer Ihnen das Leben zugeteilt hat: So ist es nun einmal. Nichts und niemand wird das ändern. Sie werden immer finden, daß einige Menschen mehr Talente haben als andere.

Es hilft uns nicht, nach »Gerechtigkeit« zu fragen. Denn zum einen wissen wir nicht genau, welchen Preis die anderen zahlen. Zum ande-ren haben wir immer auch Talente, über die andere nicht verfügen. Das Ausschlaggebende aber ist, daß es gar nicht so sehr auf die Begabun-gen ankommt. *Viel wichtiger ist, was wir aus dem machen, was wir haben.*

Sie können zu Hause sitzen und sich andere Begabungen wünschen – aber das wird die Zukunft nicht verändern. Es ist wie bei einer Partie Poker. Der Spieler mit den besten Karten – der Glück hat – wird nur kurzfristige Erfolge verbuchen. Letztendlich wird immer der beste

Spieler gewinnen – also der, der das Spiel am besten kennt und am besten spielt.

Wenn Sie nicht die gleichen Talente haben wie Ihre Mitmenschen, dann müssen Sie möglicherweise andere Wege gehen.

Es gab einmal einen Schüler, der konnte im Fach Englisch nicht mithalten. Die Art der Schule, eine Fremdsprache zu vermitteln, lag ihm einfach nicht. Er war der Schlechteste seiner Klasse. Er hat sich oft gewünscht, etwas mehr »Gefühl für Fremdsprachen« zu haben. Dann lebte er einige Zeit in den USA. Heute spricht er viel besser Englisch als alle seine Schulkameraden.

Es ist niemals die Begabung allein, die den Ausschlag gibt. Wichtiger ist das, was wir mit unserem Leben tun.

Ausdauer übertrumpft Begabung

Wir sollten uns davor hüten, Begabungen anderer Menschen zu glorifizieren. Denn meist wissen wir nicht genau, wie stark der Erfolg anderer auf Begabung und wie stark er auf hartes Training zurückzuführen ist.

Gewinner sind sich jedenfalls darin einig, daß außergewöhnliche Spitzenleistungen vor allem auf Training zurückzuführen sind. Das wollen viele Menschen nicht wahrhaben, denn dies würde ihnen ihre »beste« Entschuldigung nehmen: Nicht diszipliniert trainieren zu müssen, weil das Talent fehlt.

Unabhängig von den Karten, die Sie haben, können Sie das Spiel gewinnen. Vielleicht dauert es etwas länger, und Sie müssen etwas härter daran arbeiten. Aber mit genügend Entschlossenheit und Ausdauer finden Sie immer einen Weg, um an Ihr Ziel zu gelangen. Wenn sich Ihnen Hindernisse in den Weg stellen, dann werden Sie um sie herumgehen, darunter hinwegkriechen oder darübersteigen. Jemand, der sich nur auf seine guten Karten verläßt, wird resigniert vor einem Problem stehenbleiben und sich bessere Karten wünschen.

Beginnen Sie von dort aus, wo Sie gerade sind; wie auch immer ihre Situation aussehen mag. Und sorgen Sie dafür, daß Sie es besser machen – jeden Tag ein wenig. Ein Stein nach dem anderen. Warten Sie nicht auf bessere Umstände – schaffen Sie sich die Umstände, die Sie wollen.

Stärken und Schwächen

Jeder von uns hat Stärken und Schwächen. Viele konzentrieren sich auf ihre Schwächen und meinen, darin den Grund zu finden, warum sie nicht erfolgreich sein können. Die gute Nachricht lautet: Für unseren Erfolg sind die meisten Schwächen völlig bedeutungslos. *Der beste Rosenstrauch ist nicht der mit den wenigsten Dornen, sondern der mit den prächtigsten Blüten.* Niemand ist reich geworden, nur weil er seine Schwächen abgebaut hat. Nicht die Schwächen, die Sie in den Griff bekommen haben, machen Sie reich, sondern Ihre Stärken.

Wenn Sie eine Schwäche abgebaut haben – was haben Sie dann erreicht? Nichts, außer, daß Sie diese Schwäche nicht mehr haben. Sie haben dadurch nicht mehr Geld oder Erfolg. *Sie sind solange Durchschnitt, bis Sie Ihre Stärken weiterentwickelt haben.* Wir sollten unsere Stärken ausbauen, das macht uns reich.

Hadern Sie nicht mit Ihren Schwächen. Es gibt unzählige Menschen, die genau mit dieser Schwäche glücklich gelebt haben – garantiert. Sie können natürlich Ihre Schwächen auch nicht ignorieren, sonst werden diese Ihren Erfolg zerstören. Aber Sie können eine Lösung finden. Wenn Sie kein guter Buchhalter sind, so stellen Sie einen Buchhalter ein. *Am besten betrachten Sie Ihre Schwächen als Chance, neue Wege zu gehen und mit Menschen zu kooperieren, die genau dort Stärken haben.*

Konzentrieren Sie sich auf Ihre Stärken, und bauen Sie diese aus. Suchen Sie sich Menschen, die Sie auf dem Gebiet Ihrer Stärken trainieren können. Schließen Sie sich mit ihnen zusammen, und lassen Sie sich von ihnen inspirieren.

Unsere Taten verfolgen uns

Natürlich werden Sie feststellen, daß Sie die meisten Umstände selbst zu verantworten haben. Das trifft auf die guten wie auf die weniger wünschenswerten zu. Dabei kommt es auf den Zusammenhang und die Perspektive an. Möglicherweise können auch Fehler und Niederlagen in Zukunft einen Sinn ergeben. Es ist wie bei einem Kartenspiel. Eine Karte alleine ist weder gut noch schlecht. Erst das Gesamtblatt entscheidet darüber, wie die Karten zusammenpassen.

Sie werden einiges in Ihrem Leben ändern können – ändern Sie es. Manches werden Sie nicht so schnell oder gar nicht ändern können oder wollen – akzeptieren Sie das. Und lernen Sie, das eine vom anderen zu unterscheiden. Lernen Sie dabei die Vorteile zu erkennen, die sich vielfach hinter »Nachteilen« verbergen. Was lange Zeit belächelt und verspottet wurde, kann eines Tages zu Ihrem Markenzeichen werden.

Der unselige Vergleich mit anderen

Wir vergleichen uns mit anderen in der Hoffnung, dabei gut abzuschneiden. Tatsächlich stellen wir bei dem Vergleich häufig fest, daß wir anderen überlegen oder unterlegen sind. Beides ist wenig hilfreich.

Stellen wir fest, daß wir überlegen sind, so halten wir uns unter Umständen für erfolgreich. Dabei ist der angelegte Maßstab fragwürdig. Denn möglicherweise haben die anderen aufgehört, sich weiter zu entwickeln. In dem Fall würden wir uns nur hinter dem Mißerfolg anderer verstecken.

Aber auch wenn wir bei dem Vergleich unterliegen, ist das wenig hilfreich. Und wir können immer Menschen finden, die uns auf bestimmten Gebieten überlegen sind. *In diesem Fall verlieren wir möglicherweise Mut und Selbstvertrauen. Wer sich dagegen auf sich konzentriert, erkennt seine Einzigartigkeit.* Ein Vergleich ist darum weder sinnvoll noch möglich. *Wir dürfen uns nur nach unseren eigenen Maßstäben beurteilen. Wir sollten uns an der Person messen, die wir sein könnten.*

Einzigartigkeit

Kein anderer ist so wie Sie. Niemand kann – und wird – genau die Aufgaben erfüllen, die nur Sie auf Ihre Weise erfüllen können. Es kommt dabei auf die persönlichen Erfahrungen und die Mischung Ihrer Fähigkeiten an.

Vielleicht wenden Sie ein: »Aber das, was ich bisher getan habe, hätten auch andere tun können.« Erstens ist das sehr unwahrscheinlich. Aber viel wichtiger ist etwas anderes: Sie haben es getan! Sie und kein anderer. Und so wird es auch in Zukunft sein.

Ihren Platz kann kein anderer Mensch einnehmen. Je weniger Sie sich mit anderen vergleichen und sich auf sich selbst konzentrieren, desto mehr erkennen Sie Ihre Einzigartigkeit und Ihre Vorteile. *Wünschen Sie sich niemals die Stärken anderer Menschen, sondern bauen Sie Ihre eigenen Stärken aus.*

Im übrigen entstehen aus dem Vergleich mit anderen oft Neid und Eifersucht.

Neid

Neid entspringt immer dem Gefühl, anderen unterlegen zu sein. Die Voraussetzung ist also mangelndes Selbstbewußtsein. Der vermeintlich Unterlegene sucht nun nach Wegen, mit denjenigen zu kommunizieren, die sich in seinen Augen auf einer höheren Ebene befinden. Indem er sie beneidet, stellt er eine Verbindung zwischen ihnen her.

Wer sich unterlegen fühlt, hat nur zwei Möglichkeiten, um mit dem Überlegenen in Verbindung zu treten: Er steigt zu dem anderen auf, oder er zieht ihn zu sich hinab. Es gibt zwei Möglichkeiten, zu dem höchsten Gebäude der Stadt zu kommen. Wir reißen alle anderen Gebäude nieder, oder wir arbeiten an unserem eigenen. Menschen, die sich nicht zutrauen, auf eine höhere Ebene zu gelangen, sind bemüht, andere zu sich herabzuziehen. Dabei unterstellen sie ihnen viel Schlechtes, denn es fällt schwer, einen guten Menschen zu berauben.

Das Schlimme am Neid ist nicht nur die Herabwürdigung der Erfolgreichen. Es ist vielmehr so, daß der Neidische sich selbst die Möglichkeit nimmt, sich zu verbessern. Statt seine Ebene zu verlassen, nutzt er seine Energie, um andere herabzuziehen.

Eifersucht

Übertriebene Eifersucht ist eine Form von Selbstzweifel und Angst, nicht gut genug zu sein. Auch dieses Gefühl entsteht, wenn man sich übermäßig mit anderen vergleicht. In vielen Partnerschaften gibt es schlimme Eifersuchtsszenen. Das Tragische dabei: Statt seine Energie einzusetzen und sich für den anderen interessant zu machen, versucht der Eifersüchtige zu fesseln. Das aber wird vom anderen früher oder später als Schwäche erkannt. *Damit erzeugt Eifersucht stets das, was sie zu verhindern sucht: Sie treibt den Partner von einem fort.*

Es existiert der Irrglaube, daß Eifersucht ein untrügliches Zeichen für wahre Liebe sei. Das ist falsch: Wo Angst regiert und Abhängigkeit bestimmt, kann Liebe nicht gedeihen. *Liebe fördert und gibt Freiheiten, Eifersucht will anketten, lähmen und ersticken.*

Der Eifersüchtige will sein Selbstbewußtsein an seinem Partner festmachen. Damit degradiert er andere Menschen zu einer Krücke, mit deren Hilfe er einigermaßen aufrecht gehen will. Aus Angst, nicht noch einmal die »richtige« Person zu finden, klammern manche Menschen in unwürdiger Weise lange Zeit. *In Wahrheit handelt es sich aber um die Angst, selber für den Richtigen nicht gut genug zu sein.*

Wer sich in tiefstem Herzen minderwertig fühlt und sich selbst verachtet, wird diese Verachtung auf den anderen übertragen. Süchtige befinden sich auf der Suche. Eifer-Süchtige suchen einen Grund, sich zu ereifern. *So wie der Neidische den Reichen zerstören will, so zerstört der Eifersüchtige sein Glück und das Glück des angeblich geliebten Menschen.*

Zwar gibt es Personen, die das Vertrauen des anderen mißbrauchen. Aber auch dann ist Anketten keine Alternative. Wenn man nicht zusammenpaßt oder die Bedürfnisse des anderen nicht erfüllen kann, dann ist es gut, sich zu trennen. Warum sollte sich jemand so erniedrigen, daß er versucht, einen Menschen zu binden, der seinen Wert nicht erkennt bzw. seinen Wert nicht würdigt?

Es macht keinen Sinn, Verständnis für einen Eifersüchtigen zu zeigen oder gar auf seine Forderungen einzugehen. Denn die Heilung von Eifer-Sucht liegt nicht in anderen Menschen, sondern immer in ihm selbst. Der Eifersüchtige muß lernen, sich auf sich selbst und seine Stärken zu konzentrieren.

Wenn wir erkennen, wieviel Schönheit und Potential in uns liegt, empfinden wir Dankbarkeit, Glück und Frieden. Für Eifersucht und Neid ist dann kein Platz.

Wahrscheinlich können Sie nicht auf einen Schlag Ihre Gesamtsituation ändern. Aber verschwenden Sie keine Zeit und Energie damit, sich eine andere Situation zu wünschen, sondern fangen Sie einfach an. Handeln Sie. Es gibt Dinge, die können Sie nicht verändern, weil sie nicht in Ihrer Gewalt liegen. Vergeuden Sie auch hier keine Energie. Konzentrieren Sie sich auf die Dinge, die Sie tun können.

Gewinner malen das Bild ihres Lebens mit den Farben, die sie haben. Aber sie malen es gut.

Praxis:

Ich werde heute meine Fähigkeit trainieren, mich auf meine Stärken zu konzentrieren, indem ich mich zu folgenden Schritten verpflichte:

1. Ich mache mir bewußt, daß mein Erfolg nicht so sehr von meinen Talenten abhängt, sondern davon, was ich daraus mache. Ich hadere nicht mit meinem Schicksal.

2. Ich erstelle eine Liste mit allen meinen Stärken und Schwächen. Für meine Schwächen finde ich eine Lösung. Ich konzentriere mich darauf, meine Stärken auszubauen, indem ich mich mit Menschen umgebe, die mich fördern können.

3. Ich betrachte meine gesamte Lebenssituation und überlege mir, was ich ändern kann. Dann lege ich mir einen Plan zurecht. Was getan werden kann, schiebe ich nicht auf, sondern das tue ich sofort.

4. Mit den Dingen, die ich nicht ändern kann, finde ich mich ab. Ich lächele heute auch, wenn es regnet, denn ich weiß, wenn ich nicht lächele, wird es trotzdem regnen.

5. Ich überprüfe, ob ich neidisch oder eifersüchtig bin. Diese Gefühle lassen sich nicht verdrängen. Aber ich kann sie überstrahlen, indem ich mich auf meine Einzigartigkeit und mein Potential konzentriere. Ich beantworte mir heute die Frage schriftlich: »Warum weiß ich, daß ich einzigartig bin?«

25. Gesetz: Gib und vergib

Seit vielen Jahren lebte eine weise Frau allein in den Bergen. Eines morgens fand sie einen äußerst wertvollen Stein im Geröll eines Baches. Wenig später traf sie auf einen hungrigen Wanderer. Als sie ihren Rucksack öffnete, um einige Brote herauszunehmen, fiel das Auge des Wanderers auf den Stein. Er hatte noch nie etwas derartig Wundervolles gesehen. Er konnte seine Augen kaum abwenden. Da beschloß die weise Frau spontan, ihm den Stein zu schenken.

Der Wanderer zog bald darauf glücklich seines Weges. Durch den Verkauf des Steins würde er schnell so viel Geld bekommen, daß er bis zu seinem Lebensende nicht mehr würde arbeiten müssen.

Aber nach ein paar Tagen kam er zurück und suchte so lange nach der weisen Frau, bis er sie gefunden hatte. Er gab ihr das Juwel zurück und erklärte: »Ich habe viel nachgedacht. Ich weiß, wie unendlich wertvoll dieser Stein ist. Aber ich gebe ihn dir zurück in der Hoffnung, von dir etwas viel Wertvolleres zu bekommen. Ich hätte gerne, was du in dir hast, das es dir ermöglichte, mir diesen Stein zu schenken.«

* * *

Es ist ein weitverbreitetes Ziel, sein Leben im Überfluß zu genießen. Aber der eigentliche Sinn des Wortes »Überfluß« entgeht vielen: Es bedeutet, daß wir nicht alles festhalten, sondern etwas wegfließen lassen.

Alles ist Energie, und Energie muß fließen

Nichts ist statisch. Unser Körper, die Welt und das Universum unterliegen einem dynamischen und fortwährenden Austausch. Wenn dieser Kreislauf unterbrochen wird, ist Leben nicht mehr möglich. Leben ist Fluß, Über-Fluß. Ständig fließt uns etwas zu, und ständig fließt etwas ab. *Geben und Nehmen ist somit das zentrale Thema unseres Lebens.*

Geben und Nehmen sind ein und dasselbe, denn sie bilden lediglich andere Aspekte des Energieflusses im Universum.

Leben kann nur solange existieren, wie Energie fließt. Wer den Fluß unterbricht, verhindert Überfluß und beeinträchtigt und stört die Intelligenz der Natur. Je mehr wir geben, um so lebendiger sind wir.

Auch jede Beziehung ist ein ständiges Geben und Nehmen. Auch hier gilt es, den Energiekreislauf möglichst hoch zu halten. *Je mehr wir geben, desto mehr werden wir empfangen.* Denn es ist ein weiteres Gesetz des Lebens, daß sich alles multipliziert, wenn es gegeben wird. *Je mehr ein Geben und Nehmen praktiziert wird, desto besser ist die Beziehung.*

Die Gesetzmäßigkeit des Gebens ist ganz einfach: Wenn Sie Freude wollen, sollten Sie zuerst anderen Freude geben. Wenn Sie Liebe wollen, lernen Sie, Liebe zu geben. Wenn Sie Aufmerksamkeit erhalten wollen, geben Sie Aufmerksamkeit. Wenn Sie materiellen Überfluß erzielen wollen, helfen Sie anderen, so daß diese Wohlstand erlangen. Der einfachste Weg, reich zu werden, ist, anderen dabei zu helfen, das zu bekommen, was sie wollen.

Segnen Sie andere

Wenn Sie mit den guten Dingen des Lebens gesegnet werden wollen, lernen Sie, andere still zu segnen. Zu segnen ist ein Brauch aus dem Altertum, der sich weitgehend verloren hat. Reisende wurden gesegnet. Die Speise wurde gesegnet. Die Familie und die Freunde wurden gesegnet. Der Segen von Vater und Mutter war in manchen Kulturen noch wichtiger als das Erbe.

Die Idee scheint altmodisch und mutet spirituell an. Aber sie hat einen Sinn. Wenn alles aus Energie besteht, dann gilt das auch für unsere (Segens-)Wünsche. Jeder Wunsch hat die Tendenz, Gestalt anzunehmen. *Wünschen Sie allen Menschen, denen Sie begegnen, einfach das Beste.* Wünschen Sie ihnen still Freude, Glück, Wohlstand und Gesundheit. Wünschen Sie ihnen viele fröhliche Tage.

Sie werden sehen, daß Sie mit Ihrer positiven Energie tatsächlich

Einfluß nehmen und etwas zum Besseren verändern. Man wird Ihre Gegenwart mehr schätzen und sich in Ihrer Nähe wohler fühlen. Die anderen werden spüren, daß Sie es gut meinen. Und man wird Ihnen mehr Gefühle des Wohlbefindens und des Glücks zurückgeben.

Die schöne Gewohnheit, etwas zu schenken

Vielleicht wollen Sie es sich zur Gewohnheit machen, jedem, den Sie besuchen oder der Sie besucht, etwas zu schenken. Es kann eine Kleinigkeit sein. Eine Blume oder eine Karte. Die Fotokopie eines tiefgeistigen Satzes oder eines Gedichts. Es kann ein Buch sein. Oder ein Kontakt mit Adresse, die dem anderen weiterhelfen kann.

Wäre es eine gute Idee, niemals ein anderes Haus zu besuchen, ohne irgend etwas mitzubringen? Mindestens ein Kompliment oder ein Segenswunsch. Es ist so leicht zu zeigen, daß wir uns über das Wohl des anderen Gedanken gemacht haben. Die besten Gespräche beginnen oft damit, daß der Gesprächspartner sagt: »Ich habe mir Gedanken über dich gemacht. Ich glaube, das könnte dir gefallen oder helfen...«

Treffen Sie die Entscheidung, jedem, mit dem Sie in Kontakt kommen, etwas zu geben. Solange Sie geben, werden Sie empfangen. Und je mehr Sie empfangen, desto größer wird Ihre Fähigkeit zu geben.

Ver-Geben

Das Ver-Geben ist die hohe Kunst des Gebens. Es ist ein Schlüssel zu den höheren Stufen unserer geistigen und spirituellen Entwicklung. Tatsächlich wird kaum etwas so sehr unsere Energie blockieren und Überfluß verhindern, wie der anhaltende Haß und Groll gegen eine andere Person.

Solche negativen Emotionen rauben uns Glück und Frieden und sind eine Hauptursache für psychosomatische Krankheiten. Auch negative Gefühle haben die Tendenz, sich zu materialisieren. Sie richten sich in erster Linie gegen uns selbst, machen krank und verkürzen das Leben.

Zu vergeben wird nicht immer leicht fallen – je nachdem, was vorgefallen ist. Aber ist es nicht wichtiger, aus unserem Leben ein Meisterwerk zu machen, als Groll- und Haßgefühlen nachzugehen? Wir sollten allen vergeben: uns selbst, unseren Eltern, unserem Partner und allen übrigen Menschen.

Vergeben wir uns selbst

Wir sollten uns selbst alle Fehler und Dummheiten vergeben. Vergessen wir nicht, daß wir nicht perfekt sind und es auch nie sein werden. Wir werden immer Fehler machen. Und das ist gut so. Wenn wir uns selbst nicht gram sind, werden wir aus ihnen lernen und wachsen.

Fehler können uns blockieren, wenn wir uns nicht vergeben. Viele Menschen sind sogar daran zerbrochen.

Chronische Reue und Bedauern von eigenen Fehlern sind Anzeichen eines schwachen Charakters. Denn Reue wird allzu leicht als Entschuldigung dafür verwandt, daß wir nicht vorankommen. Nach dem Motto: »Ich habe aufgrund meiner Fehler zwar keine Erfolge erzielen können – aber ich gräme mich doch ordentlich, das macht mich wertvoll.«

Sich selbst gegenüber nachtragend zu sein, ist kein Ersatz für ein glückliches Leben. *Wir sollten vergangenen Fehlern nicht die Macht über unser heutiges Leben geben.* Wir sollten uns vergeben und Fehler als das sehen, was sie sind: wichtige Bestandteile in unserem Reifeprozeß. Ohne diese Fehler wären wir nicht die Person, die wir heute sind.

Vergeben wir unseren Eltern

Viele Menschen haben Ihren Eltern nicht vergeben. Und so leiden sie noch nach Jahren unter Ungerechtigkeiten, Unfreundlichkeiten und Grausamkeiten, die diese ihnen zugefügt haben. *Ein lebenslanger Groll ist ein zu furchtbarer Preis für etwas, was wir sowieso nicht mehr ändern können.*

202

Dazu kommt etwas sehr Wichtiges: *Erst wenn wir unseren Eltern vergeben, werden wir wirklich erwachsen.* Bis zu diesem Zeitpunkt bleiben wir Kind, weil wir emotional noch von unseren Eltern und von dem, was diese uns zugefügt haben, abhängig sind. Indem wir ihnen vergeben, befreien wir uns selbst. Erst jetzt werden wir wirklich erwachsen. Wir müssen uns über eventuelle Schmerzen der Kindheit erheben und sie loslassen. Dies gelingt uns am ehesten, wenn wir uns vergegenwärtigen, daß unsere Eltern ihr Bestes taten – mit den ihnen zur Verfügung stehenden Mitteln.

Vergeben wir unserem Partner – so schnell wie möglich

Solange wir negativen Gedanken und Groll unnötigen Raum in unserem Kopf geben, leben wir weiter in der Vergangenheit. Wir können die Schönheit des Moments nicht sehen. *Liebe kann nicht existieren, solange Groll herrscht.*

Es ist zum Beispiel eine große Dummheit, wenn sich Partner nicht so schnell wie möglich vergeben. *Die Liebe wird gewissermaßen eine Zeitlang verschoben.* Warum? Oft will man nicht sofort verzeihen, weil der andere dann seine »Lektion nicht erhält« und »die gleiche Sache womöglich bald wieder macht«. Nach außen tut man dann so, als wäre es einem noch unmöglich zu verzeihen. Das Ganze sei »noch zu frisch« … Dabei sollten wir uns klarmachen, daß *wir* die Macht haben – und nicht eine vergangene Tat.

Man denkt, daß rasches Verzeihen der eigenen Macht schadet. Aber durch Liebesentzug zu strafen ist falsche Macht. Auf dieser Grundlage kann keine Liebesbeziehung wachsen. Tatsächlich ist das Gegenteil der Fall. *Je eher wir verzeihen, desto eher werden wir wieder genießen – den Moment und die Liebe.*

Eine kluge Frau sagte dazu: »Ich werde ihm irgendwann doch verzeihen. Dann kann ich es auch gleich tun.« Hierfür ist es hilfreich, sich auf die guten Seiten des Partners zu konzentrieren. Wenn Sie sich zehn Dinge in Erinnerung rufen, die Sie an Ihrem Partner lieben, ist der Groll meist schon viel schwächer.

Natürlich kann etwas vorfallen, das ein weiteres Zusammensein nicht ratsam erscheinen läßt. Aber selbst wenn man sich trennt, sollte man so schnell wie möglich vergeben.

Vergeben Sie auch allen übrigen Menschen

Geben Sie Ihre Vergebung ausnahmslos allen, die Ihnen jemals irgend etwas Böses, Grausames und Dummes angetan haben. Wahre Vergebung – dieser hohe Akt des Gebens – ist in seiner Natur zunächst ein selbstsüchtiger Akt. Denn in erster Linie geht es gar nicht um die Person, der Sie vergeben, sondern um Sie selbst. Es geht um Ihr Glück, Ihren Erfolg, Ihren Seelenfrieden, und es geht um Ihr Leben und Ihre Zukunft.

Es gibt kaum etwas Dümmeres, als einem Menschen zu grollen, dem Sie völlig egal sind. Dadurch zerstören Sie die Qualität eines Moments in Ihrem Leben – und der andere weiß noch nicht einmal etwas davon.

Wer lange grollt oder gar Haß entwickelt, schwächt sich. Dies ist insbesondere dann der Fall, wenn die Idee entsteht, man konnte aufgrund dieser betreffenden Person nicht erfolgreicher werden. Wem wir die Schuld geben, geben wir die Macht. Solange wir andere für unsere Situation verantwortlich machen, blockieren wir unsere eigenen Kräfte und verhindern eigenen Erfolg.

Die Praxis

Vergeben Sie zuerst in Ihrem Herzen. Lernen Sie, besonders diejenigen zu segnen und ihnen Glück zu wünschen, die Sie verletzt haben. Vergeben Sie innerlich jedesmal, wenn die Erinnerung an die Taten zurückkehrt. Sie werden erleben, daß diese Erinnerungen bald ihre Macht über Sie verlieren. Darüber hinaus können Sie ein Telefonat oder ein persönliches Gespräch mit der Person führen. Vermeiden Sie aber Diskussionen, und lassen Sie nicht zu, daß der andere sich rechtfertigt. Sagen Sie einfach, daß Sie nur anrufen, um den anderen wissen zu lassen, daß Sie ihm vergeben.

Die letzte Möglichkeit ist die, einen Brief zu schreiben. Übernehmen Sie darin die volle Verantwortung. Zwar hat der andere Ihnen möglicherweise etwas angetan, aber es lag und liegt immer noch an Ihnen, wie Sie dieses Ereignis interpretieren und wie Sie darauf reagieren. Stellen Sie klar, daß Sie keine Entschuldigung für Ihre jetzige Situation suchen. Entschuldigen Sie sich für Ihren Anteil an dem, was geschehen ist. Teilen Sie vor allem mit, daß Sie alles vergeben, was der andere Ihnen angetan hat. Und wünschen Sie ihm oder ihr alles Gute.

Gewinner üben sich in der Kunst des Gebens. Und sie praktizieren das Vergeben. Beides adelt sie und macht aus ihnen einen freundlicheren, mitfühlenderen und gewinnenderen Menschen. Zu geben ist die Voraussetzung für wahren Überfluß, Glück und Frieden.

Praxis:

Heute übe ich mich in der Kunst, zu geben und zu vergeben, indem ich mich zu folgenden Schritten verpflichte:

1. Jeden, den ich heute treffe, mit dem ich telefoniere oder an den ich denke, segne ich und wünsche ihr oder ihm Freude, Glück, Erfolg, Gesundheit und Spaß. Ich sende ihm positive Energie.

2. Jedem Menschen, den ich heute besuche, bringe ich ein Geschenk mit. Ich bringe ihm etwas Materielles, gute Wünsche, gut durchdachte Komplimente oder eine Idee. All dies wird dem anderen zeigen, daß ich ernsthaft an ihrem oder seinem Wohl interessiert bin. Ich praktiziere und demonstriere Überfluß.

3. Meinem liebsten Menschen mache ich heute ein außergewöhnlich durchdachtes Geschenk. Ich tue das, weil ich einfach Spaß an ihrer oder seiner Freude habe.

4. Ich schenke heute Vergebung. Dieses Geschenk mache ich vor allem mir selbst. Ich überlege, gegen wen ich Groll hege. Ich vergebe dieser Person in meinem Herzen. Dann rufe ich diese Person an oder schreibe ihr heute einen Brief– am besten sofort. Heute werde ich gegen niemanden negative Gefühle hegen. Ich befreie mich damit selbst.

26. Gesetz: Gehe klug mit Deinem Geld um

Eines Tages fand ein armer Farmer ein goldenes Ei im Nest seiner Gans. Er dachte sofort, daß ihm jemand einen Streich spielen wollte. Sicherheitshalber brachte er das Ei trotzdem zum Goldschmied. Es stellte sich heraus, daß es tatsächlich aus reinem Gold war.

Der Farmer verkaufte das Ei und bekam viel Geld dafür. Am Abend gab er ein großes Fest. Im Morgengrauen stand die Familie auf, um zu sehen, ob die Gans eventuell ein weiteres Ei gelegt hatte. Und tatsächlich lag wieder ein goldenes Ei im Nest. Dies wiederholte sich mehrere Tage lang.

Zunächst konnte der Farmer sein Glück nicht fassen. Aber er war ein habgieriger Mann. So wollte er sich bald nicht mehr mit einem einzigen Ei pro Tag zufrieden geben. Er lief in den Stall und schlachtete die Gans, um alle Eier auf einmal herauszuholen. Aber alles, was er fand, war ein kleines, in der Entstehung begriffenes Ei.

Und die Moral von der Geschicht'? Töte Deine Gänse nicht.

* * *

Wohlstand ist unser Geburtsrecht. Nie war es so leicht wie heute, wohlhabend zu werden. »Aber warum sind dann nicht mehr Menschen reich?«, könnten Sie fragen. Die Antwort: »Weil die meisten Menschen ihre Gänse schlachten.«

Die Gans in der Fabel steht für unser Kapital und die goldenen Eier für Zinsen. Ohne Kapital keine Zinsen. Die meisten Menschen geben ihr ganzes Geld aus. Viele geben sogar noch mehr aus – und machen Schulden. So können sie niemals eine Gans züchten. Sie töten bereits ihre kleine, junge Gans, noch bevor sie jemals goldene Eier legen kann.

Wir suchen komplizierte Strategien, statt uns auf einfache, altbewährte Wahrheiten zu besinnen

Die Grundsätze für den Aufbau von Wohlstand sind leicht zu verstehen. Wir müssen einfach weniger ausgeben, als wir verdienen. Das Geld, das wir nicht unbedingt zum Leben brauchen, können wir für Konsumgüter ausgeben, oder wir können es sparen, um eine Gans zu züchten.

Wir müssen akzeptieren, daß wir nicht alles wirklich brauchen, was wir wollen. Dazu gehört, daß wir uns selbst gegenüber ehrlich sind: Was brauchen wir wirklich? Die meisten von uns haben Geld übrig. Die Frage ist, was wir damit tun. Geben wir dieses Geld aus für Möbel, Autos, Reisen, Entertainment, oder investieren wir?

Sie sparen, oder Sie geben alles aus. So einfach ist das. Angenommen, Sie ziehen in sieben Jahren Bilanz. Wie wird es um Ihre finanzielle Situation aussehen? Haben Sie eine Gans geschaffen, oder haben Sie Ihre kleinen Gänse geschlachtet?

Haben Sie Anlagevermögen aufgebaut, oder haben Sie Ihr Geld für viele Dinge ausgegeben, die später wertlos sind?

So macht sparen Spaß

Sorgen Sie dafür, daß Sie sich selbst bezahlen. Wenn wir Brötchen kaufen, bezahlen wir den Bäcker. Wenn wir Obst kaufen, den Obsthändler. Wann aber bezahlen wir uns selbst? Antwort: Wenn wir sparen. Viele Menschen haben aber einfach nicht die Disziplin, um regelmäßig zu sparen. Hier hilft ein einfaches System.

Eröffnen Sie ein Ganskonto. Richten Sie dann einen Dauerauftrag von Ihrem Girokonto auf dieses Sparkonto ein. So überweisen Sie sich regelmäßig am Anfang eines Monats mindestens 10 Prozent. Dieses Geld investieren Sie und greifen es niemals an.

Der Spaß sollte dabei nicht zu kurz kommen. Richten Sie sich darum auch ein Spaßkonto ein. Hierauf überweisen Sie ebenfalls regelmäßig einen bestimmten Prozentsatz: z.B. 5 – 10 Prozent. Und dieses

Geld geben Sie ohne schlechtes Gewissen aus. Auf diese Weise haben Sie für beides gesorgt: Sie leben jetzt gut und investieren für Ihre Zukunft.

Sparen Sie von jeder Gehaltserhöhung

Ist Ihnen auch schon aufgefallen, daß unser Lebensstandard parallel zu unserem Einkommen steigt? Dabei ist es doch unbefriedigend, wenn Sie immer mehr verdienen, aber Ihr Vermögen nicht nennenswert wächst. Auch hier gibt es einen einfachen Trick.

Von jeder Gehaltserhöhung sollten Sie 50 Prozent auf das Sparkonto überweisen. Da Sie noch an Ihr jetziges Einkommen gewöhnt sind, bedeutet das keinen Verzicht. Sie gewöhnen sich so eben nur an eine »halbe Gehaltserhöhung«. Ihre Sparrate erhöht sich auf diese Weise mit jeder Gehaltserhöhung rasant – ohne daß Sie Ihren Gürtel enger schnallen müßten.

Wenn Sie selbständig sind

Selbständige, vor allem Freiberufler, behaupten immer wieder, sie könnten keine bestimmte Summe sparen, weil ihr Einkommen zu stark schwanke. Eine solche Aussage ist nicht nur falsch, sie ist sogar gefährlich. Denn sie offenbart, daß die wichtigste Finanzregel jedes Selbständigen nicht angewendet wurde.

Sie müssen gleichzeitig Firma und Angestellter sein. Diese Trennung müssen Sie gedanklich vornehmen, aber auch buchhalterisch. Dazu brauchen Sie mindestens zwei verschiedene Girokonten: Ein Firmenkonto und ein Privatkonto. Vor allem aber müssen Sie die Disziplin haben, sich selbst wie einen normalen Angestellten zu sehen.

Wenn Ihre Firma Gewinne macht, so gehören diese Gewinne nicht Ihnen als Privatperson, sondern sie gehören der Firma. Sie sollten – eben wie ein »normaler« Angestellter – von einem festen monatlichen »Gehalt« leben. Überweisen Sie an jedem Monatsende eine gleichbleibende Summe von Ihrem Firmenkonto auf Ihr Privatkonto. Auf diese Weise werden die Schwankungen der Firmeneinkünfte Ihren privaten Vermögensaufbau und Ihre Finanzplanung nicht gefährden.

Ihr »Gehalt« sollte nicht zu hoch angesiedelt sein. Es sollte maximal 45 Prozent von den Gewinnen des letzten Jahres ausmachen. Denn Sie müssen Steuern bezahlen, Investitionen tätigen und Rücklagen bilden. Denken Sie darum eher wie ein Unternehmer und nicht wie ein Angestellter. Lassen Sie nicht zu, daß Ihre privaten Bedürfnisse das Wohlergehen Ihrer Firma beeinträchtigen.

Es lohnt sich

Wenn Sie das beschriebene Kontenmodell nicht einrichten, dann könnte ein schlechtes Gefühl beim Umgang mit Ihrem Geld entstehen. Geben Sie einen Euro aus, dann freuen Sie sich möglicherweise nicht richtig, weil Sie ihn auch hätten sparen können. Sparen Sie ihn, so wissen Sie, daß Sie ihn auch hätten ausgeben können.

Das Kontenmodell bietet Ihnen die Möglichkeit, Ihre Finanzen sinnvoll zu planen. Jetzt ist es auch nicht mehr von Ihrer Disziplin abhängig, ob Sie regelmäßig sparen. Das Modell übernimmt das für Sie. Nur eins dürfen Sie nicht tun: Sie dürfen nie, nie, nie, niemals an dieses Geld herangehen. Am besten stellen Sie sich vor, es gehört Ihnen gar nicht mehr, sondern Ihrer Gans. Sollten Sie in Versuchung kommen, so denken Sie an den dummen Farmer ... So dumm würde doch niemand sein, oder? Was meinen Sie?

Alles, was mit dem Aufbau von Wohlstand zu tun hat, resultiert aus dem Gesagten. Zuerst müssen Sie sparen. Vielleicht werden Sie mehr verdienen. Vielleicht werden Sie höhere Renditen erzielen. Die Grundlage von allem aber ist zu sparen.

Dann investieren Sie. Schauen Sie sich dabei nach Anlagen um, die Ihnen langfristig 12 Prozent Rendite bringen. Dann werden Sie belohnt. Angenommen, Sie sparen 50.000 Euro zusammen. Mit 12 Prozent angelegt, werden nach 24 Jahren daraus circa 0,8 Millionen Euro.

Das wären (bei 12 Prozent jährlicher Rendite) goldene Eier (Zinsen) in Höhe von monatlich 8.000 Euro. Ohne daß Sie Ihr Kapital anfassen

210

würden. Und vergessen Sie nicht: Alles hat damit begonnen, daß Sie 50.000 Euro angespart haben – selbst wenn Sie danach keinen Cent mehr zurückgelegt hätten.

Geld ist wichtig

Geld ist nicht alles. Aber wissen Sie, wann Geld zu wichtig wird? Wenn wir nicht genug davon haben. Wenn Geldsorgen ständig unsere Gedanken beschäftigen. Auf der anderen Seite gewinnen wir durch Geld viele Möglichkeiten. Überlegen Sie einmal, was sich in Ihrem Leben verändern würde, wenn Sie fünf Millionen Euro mehr hätten. Was wäre anders?

Es gibt fünf große Bereiche des Lebens: Gesundheit, Beziehungen, Finanzen, Emotionen (Spirituelles) und Beruf (Lebenssinn). Jeder einzelne Bereich ist wichtig. Wenn wir in einem Bereich Fortschritte machen, dann wirkt sich das unweigerlich auch auf die anderen Bereiche aus. Wenn wir unsere Finanzen meistern, erheben wir unser gesamtes Leben auf ein viel höheres Niveau. Wir haben ungleich mehr Möglichkeiten.

Unsere weisen Handlungen begleiten uns durch unser Leben, um uns zu erfreuen und uns zu helfen. Genauso werden unsere unklugen Handlungen uns verfolgen, um uns zu plagen und zu quälen. Die Entscheidung liegt bei uns. Mit Geld ist es wie mit allem anderen auch, es kann für uns oder gegen uns arbeiten.

Viele kluge Menschen haben sich niemals richtig um ihre Finanzen gekümmert. Dementsprechend ist ihre finanzielle Situation ein Chaos. Das ist unwürdig. Wir müssen finanzielle Intelligenz entwickeln. Geld darf nicht zu einem Engpaß in unserem Leben werden. Geld muß eine positive Kraft sein.

Überflußdenken

Je reicher wir werden, um so größer wird auch unsere Verantwortung für andere. »Unser« Geld gehört niemals uns allein. Wir können unmöglich glücklich sein, wenn wir uns vor den Nöten unserer Mitmenschen verschließen. Wir sind Teil des Ganzen. Wir haben anderen Menschen viel zu verdanken, und wir sollten uns dafür bedanken, indem wir geben.

Viele sagen: »Wenn ich einmal richtig reich und glücklich bin, dann werde ich auch etwas geben.« Sie wollen sich zuerst selbst helfen. So funktioniert es aber nicht. Man kann keine goldenen Eier erhalten, solange man noch keine Gans hat. Und man kann nicht richtig glücklich sein, solange man nur an sich denkt. Man kann nicht ernten wollen, bevor man sät.

Abgesehen davon: Ganz gleich, in welcher Situation Sie sich befinden, für den größten Teil unserer Welt gelten Sie als reich. Zwei Drittel der Weltbevölkerung würden finanziell gesehen sofort mit Ihnen tauschen. Überlegen Sie, wieviel Gewicht Ihr Geld bei wirklich armen Menschen hat. Wußten Sie, daß Sie mit weniger als acht Euro in den ärmsten Gebieten der Welt Menschen eine Augenoperation ermöglichen, die sie wieder sehen läßt?

Wenn wir geben, signalisieren wir dem Universum: »Danke, ich habe mehr, als ich brauche. Ich kann abgeben.« Auf diese Weise bekommen wir zu Geld einen natürlicheren Bezug. Wir können es mehr genießen, weil wir es einerseits für uns nicht zu wichtig nehmen, aber andererseits erkennen, welchen Wert Geld für ärmere Menschen hat. Geld zu spenden ist ein Beweis Ihres Vertrauens in Sie selbst und in den Energiefluß des Universums. Sie erwarten Reichtum. Und unsere Erwartungen bestimmen, was wir tatsächlich erhalten.

Sie sind sich und anderen finanzielle Freiheit schuldig

Früher oder später wollen Sie auch in finanzieller Hinsicht sehen, wofür Sie sich all die Jahre so angestrengt haben. Irgendwann kommt für jeden die Einsicht, daß ein hohes Einkommen alleine keine Sicherheit gibt. Irgendwann will jeder das Höchstmaß an Freiheit erreichen, das es in finanzieller Hinsicht gibt: Von den Zinsen seines Geldes leben zu können.

Der Gewinner weiß, daß ihn aber nicht das Geld alleine glücklich macht, sondern der weise Umgang damit. Geld kommt zu dem, der sich dafür qualifiziert.

Praxis:

Heute will ich meinen Umgang mit Geld optimieren, indem ich mich zu folgenden Schritten verpflichte:

1. Ab heute werde ich immer mindestens 10 Prozent meines Nettoeinkommens sparen. Denn ich weiß, daß mich nur das Geld vermögend macht, was ich behalte. Für Einkommen aus selbständiger Arbeit lege ich jeden Monat einen bestimmten Prozentsatz für die Steuer weg.

2. Ich richte ein Kontensystem ein, das automatisch für mich spart. Als Selbständiger trenne ich zusätzlich meine Firmenkosten und meine privaten Kosten, indem ich zwei unterschiedliche Konten einrichte. Ich zahle mir ein festes Gehalt, das ich von meinem Firmenkonto auf mein Privatkonto überweise. Ich lerne, von maximal 45 Prozent meines Gewinns zu leben.

3. Heute werde ich sparsam sein. Ich frage mich heute bei jeder Ausgabe: Ist das wirklich nötig?

4. Ich überlege, wo ich heute mit einer Spende helfen kann.

27. Gesetz: Errichte geduldig Dein Fundament

Einen Bambus zu pflanzen erfordert Langzeitdenken und Vertrauen. Der Bambusfarmer gräbt die Sprossen in die Erde. Anschließend bedeckt er die Erdoberfläche zusätzlich mit Heu.

Jeden Morgen wässert der Farmer die Sprossen, die er noch nicht einmal sehen kann. Er entfernt das Unkraut und lockert den Boden. Und jeden Morgen muß er gießen – vier Jahre lang. Vier lange Jahre, in denen er seine Sprossen nicht sehen kann und in denen er nicht weiß, ob seine Mühe belohnt wird. Er weiß nicht einmal, ob sie noch leben.

Dann endlich, am Ende des vierten Jahres, brechen die Sprossen durch die Erdoberfläche. Und dann wachsen sie innerhalb von nur 90 Tagen ganze 20 Meter.

* * *

Viele Menschen verändern sich beruflich, weil sie unzufrieden sind. Sie sind unzufrieden mit ihren Aufstiegsmöglichkeiten, mit ihrem Einkommen, der eintönigen Routine, oder sie empfinden einen Mangel an persönlicher Herausforderung oder an Spaß im Beruf. Vielen fehlt auch das Gefühl, etwas Sinnvolles tun, lernen und wachsen zu können oder entsprechend gewürdigt zu werden. Eine oder gleich mehrere dieser Probleme sind zu einer dauerhaften Unzufriedenheit herangewachsen. Mit der beruflichen Veränderung hoffen sie nun, diese Probleme zu lösen.

Tatsächlich aber tauchen in der neuen Tätigkeit nicht nur die meisten Probleme in ähnlicher Gestalt bald wieder auf, sondern zusätzlich sind neue Probleme und Herausforderungen in das Leben getreten. Unter Umständen wird von ihnen mehr Verpflichtung, mehr Verantwortung, mehr Aktivität, mehr Energie und mehr Konzentration verlangt.

Lagzeiten sind wie Jetlag

Wenn Sie nach einem zwölfstündigen Flug aus dem Flugzeug steigen, fühlen Sie sich müde und müssen sich zunächst einmal orientieren. Vieles ist ungewohnt. Sie müssen sich an die Zeitumstellung gewöhnen. Dieser »Jetlag« dauert einige Zeit an. Jeder, der eine neue Aufgabe übernimmt, durchläuft eine solche »Lagzeit«. Gerade innerhalb dieser Lagzeit geben viele Menschen ihre neu gewonnene Tätigkeit wieder auf. Damit verschenken sie unter Umständen die Chance ihres Lebens.

Immer, wenn wir etwas Neues beginnen, sollten wir uns zwei wichtige Punkte vergegenwärtigen, um nicht der Lagzeit zum Opfer zu fallen:

1. Wir dürfen keine falschen Erwartungen haben. Wir sollten sehen, wie es wirklich ist. Die neue Tätigkeit kommt nicht einem Lotteriegewinn gleich, bei dem man über Nacht an das große Geld kommt. Vielmehr sind harte Arbeit, Geduld und Ausdauer von entscheidender Bedeutung. So eröffnet zum Beispiel eine Selbständigkeit vielen Menschen eine große Chance. Aber diese Chance muß erarbeitet werden.

2. Ein Gewinner darf sich nicht nur auf Techniken konzentrieren, die ihm möglichst schnell viel Geld bringen sollen. Er muß zunächst die Konzepte des Erfolgs – die Gesetze der Gewinner – kennenlernen. Er muß z.B. wissen, daß er Rückschläge erfahren wird, und er muß lernen, mit ihnen umzugehen. Er muß die Gesetze der Gewinner verinnerlichen. Er muß als Mensch wachsen, so daß er »groß genug« für seine Träume und Pläne ist.

Je größer der Erfolg werden soll, desto stabiler muß das Fundament sein

Es ist faszinierend, einen Bauplatz zu beobachten, auf dem ein Hochhaus entstehen soll. Lange Zeit sieht es so aus, als ob gar nichts geschehe. Man sieht zwar viele Arbeiter, die sehr beschäftigt scheinen, und hört den Lärm großer Baumaschinen.

Dann, plötzlich, ragt ein Gerüst auf, das wie über Nacht entstanden ist. Kurz darauf verwandelt sich das lockere Gerüst in feste Wände aus Glas und Stein. Dann wird ein Dach über das Hochhaus gezogen und die Gartenanlage erstellt. Und bevor man es richtig begreifen kann, ist ein leeres Grundstück zu einem mächtigen Gebäude geworden.

Auch wenn es manchmal so scheint, als ob diese Gebäude über Nacht in den Himmel schießen würden, verlangen sie in Wirklichkeit monatelange intensive Planung und harte Arbeit, um zu entstehen. Genauso verhält es sich mit dem Aufbau eines neuen Geschäfts oder einer neuen Tätigkeit.

Dauerhaften Erfolg können wir nicht in wenigen Tagen schaffen. Ein Haus baut man, indem man einen Stein auf den anderen legt. Erfolg »bauen« Sie, indem Sie mit der Arbeit eines Tages beginnen, mit einem Gesetz der Gewinner, mit einer Einsicht ... So bauen Sie das Fundament, die Pfeiler, Wände und Fenster Ihres Erfolgs.

Und das wird nicht über Nacht geschehen. Nichts von Wert wurde je in einigen wenigen Tagen, Wochen oder auch Monaten fertiggestellt. Wer über Nacht reich geworden ist, der hat vorher tagsüber hart gearbeitet. Viele Menschen wollen diese Ausdauer und Geduld nicht aufbringen. *Sie setzen auf kleine Gewinne statt auf große Siege.*

Großartige Ergebnisse kommen nie sofort. Aber wenn Sie ständig und ausdauernd daran arbeiten, einen Stein nach dem anderen aufeinandersetzen, dann werden Sie eines Morgens aufwachen und sehen, daß Sie etwas zustande gebracht haben, worauf Sie wirklich stolz sein können.

Ausdauer hilft über die Lagzeit hinweg

Wir neigen dazu, vor Antritt einer neuen Tätigkeit alles in einem besseren Licht zu sehen, als es wirklich ist. Dann folgt die Ernüchterung. Der Chef ist nicht so verständnisvoll, wie es anfangs schien, die Kunden sind nicht so einfach zu überzeugen, die Kollegen auch nur Menschen. Das sind ganz normale Phasen, die wir immer durchlaufen, wenn wir einer neuen Tätigkeit nachgehen. Keine neue Tätigkeit ist so herrlich, wie man sie anfangs sehen will. Sie ist aber auch nicht so hoffnungslos, wie sie nach einiger Zeit scheint. Die Wahrheit liegt – wie so oft – irgendwo in der Mitte. Wenn wir erfahren wollen, wie die Tätigkeit wirklich ist, dürfen wir nicht in einer Phase aufgeben, in der alles finster aussieht. Es mag hoffnungslos scheinen. Aber wir sollten daran denken, daß etwas, das hoffnungslos *scheint*, meist nicht hoffnungslos *ist*. Es liegt oft alleine an unserer Wahrnehmung.

Drei Frösche kamen einmal zu einem Krug voll Sahne. Ohne lange zu überlegen, sprangen sie begeistert in den Krug, der für sie das Paradies zu sein schien. Sie schwammen in dem Krug umher und schlugen sich schmatzend den Bauch voll.

Als sie sich satt gefressen hatten, wollten sie den Krug verlassen. Da stellten sie erschrocken fest, daß die Wände des Kruges zu hoch und zu glatt waren. Als sie merkten, daß sie in einer aussichtslosen Situation waren, ließen sich zwei Frösche resigniert auf den Boden sinken und ertranken.

Der dritte Frosch aber hatte es sich zur Angewohnheit gemacht, niemals aufzugeben. Er strampelte und ruderte mit aller Kraft in dem Krug herum. Es schien aussichtslos. Langsam wurden seine Kräfte lahm.

Da bäumte er sich noch einmal mit aller Kraft auf und verdoppelte seine Anstrengungen. Er strampelte noch stärker. Plötzlich wurde die Sahne zu Butter, und der Frosch konnte aus dem Krug herausspringen.

Ein weiterer Grund, nicht aufzugeben: Sie tun es für sich

Ganz gleich, was in Ihrem Geschäft oder Job passiert: Sie dürfen nie aufgeben, solange Sie nicht auch die positive Seite kennengelernt haben. *Denn Sie investieren nicht nur in Ihre Tätigkeit, sondern vor allen Dingen in das Wachstum Ihrer Persönlichkeit.* Was auch immer beim Aufbau Ihres Geschäfts oder Ihrer Karriere geschieht – Sie werden auf jeden Fall eine Menge neuer Kenntnisse und Fähigkeiten entwickeln, die Ihnen Ihr ganzes Leben erhalten bleiben.

Unerwartete Umstände können Ihnen wegnehmen, was Sie aufgebaut haben. Umstände, die Sie nicht beeinflussen können, mögen Ihr Gebäude zerstören, bis nur noch ein Haufen Schutt und Asche übrigbleibt. Aber nichts und niemand kann Ihnen wegnehmen, was Sie gelernt haben und was Sie dadurch geworden sind.

Noch wichtiger, *als Millionen zu haben,* ist es, *Millionär zu sein.* Wenn Sie die Fähigkeiten erworben haben, Millionen zu verdienen und klug damit umzugehen, dann kann Ihnen nichts passieren. Selbst wenn Sie alles verlieren würden, hätten Sie in kürzester Zeit neue Erfolge zu verzeichnen. *Wahrer Wohlstand liegt in dem, was wir sind.*

Mancher, der sich getäuscht fühlt, wollte sich täuschen lassen

Petrus fragte einen Neuankömmling, ob er lieber im Himmel oder in der Hölle wohnen wolle. Der Mann war freudig überrascht, daß er wählen durfte, und sagte: »Ich würde gerne zuerst den Himmel und die Hölle sehen, bevor ich meine Wahl treffe.«

Also führte Petrus den Mann zuerst in den Himmel. Dort sangen alle fröhlich Lieder, während sie Weinberge anpflanzten. Dann schauten sie sich die Hölle an, wo gerade ein aufregendes Fest gefeiert wurde. Man schlemmte und amüsierte sich. Die Stimmung war hervorragend. Spontan entschied sich der Mann für die Hölle.

Aber als er dort einziehen wollte, wurde er sofort an einen heißen Ofen gekettet und mußte den ganzen Tag Kohle schaufeln. Er schrieb einen wütenden Beschwerdebrief an Petrus. Dessen Antwort: »Was du gesehen hattest, war die Firmenpräsentation.«

Wie ist es, wenn uns eine Tätigkeit attraktiver dargestellt wurde, als sie es in Wahrheit ist? Hat jemand uns etwas vorgemacht, oder haben wir uns selbst etwas vorgemacht? Kann es sein, daß wir unser Aufgeben entschuldigen, indem wir sagen: »Ich bin getäuscht worden«? Kann es sein, daß wir uns in Wahrheit nicht verändern wollen und nicht den Preis für Erfolg zahlen wollen? Manchmal ist das eine vom anderen schwer zu unterscheiden. Denken Sie daran: Geben Sie während der Lagzeit nicht auf; es geht nicht nur um die Tätigkeit, sondern vor allem um das Wachstum Ihrer Persönlichkeit.

Es braucht Zeit, um die Fundamente einer wirksamen Veränderung zu legen. Es beginnt damit, daß wir unsere Art zu denken ändern müssen. Wir müssen die Gesetze der Gewinner lernen. Lernen heißt nicht, etwas zu behalten. Lernen bedeutet, etwas nicht mehr vergessen zu können. Wenn wir diese Fundamente erst einmal gelegt haben, dann hält uns nichts mehr auf.

Gewinner lassen sich von der Lagzeit nicht entmutigen. Sie sind auf sie vorbereitet und überschätzen die Ergebnisse des ersten Jahres nicht. Aber sie haben riesengroße Erwartungen für das nächste Jahrzehnt. Sie wissen, daß sie dann ihre Belohnung dafür erhalten, daß sie die Lagzeit durchgestanden haben.

Praxis:

Ich werde heute beginnen, geduldig mein Fundament zu errichten, indem ich mich zu folgenden Schritten verpflichte:

1. Ich verstehe, daß kein Gebäude ohne ein solides Fundament gebaut werden sollte. Darum bin ich sehr aktiv, was mein Momentum angeht, und halte mich an meine tägliche Arbeitsmethode. Aber was meine Ergebnisse angeht, bin ich geduldig. Ich weiß, daß jedes große Gebäude Stein für Stein errichtet wird.

2. Ganz gleich, was geschieht: Ich gebe heute nicht auf. Ich weiß, daß ich jedesmal, wenn ich einen Vorsatz nicht umsetze, aufgegeben habe. Ich setze heute alles um, was ich mir vornehme. Heute halte ich durch.

3. Ich setze auf große Siege statt auf kleine Gewinne. Für das nächste Jahr setze ich mir keine übergroßen Ziele – gebe aber 110 Prozent. Für das nächste Jahrzehnt kenne ich keine Grenzen. Ich überlege heute, ob ich nicht mein Zehn-Jahres-Ziel höher setzen sollte.

4. Lagzeit gibt es nicht nur im Job, sondern beispielsweise auch im Sport oder in der Partnerschaft – auch hier meint mancher auf eine »Präsentation« hereingefallen zu sein. Ich überlege, ob ich dabei bin, in irgendeinem Bereich meines Lebens aufzugeben, weil ich die Lagzeit unterschätzt habe.

28. Gesetz: Umgib Dich mit Vorbildern

Angenommen, Sie wollen einen Kuchen backen, der genauso gut werden soll wie der eines preisgekrönten Bäckermeisters. Sie brauchen das Rezept und müssen vielleicht einige Male üben, bevor es Ihnen gelingt. Wenn Sie sich aber an jede Einzelheit des Rezeptes halten und sorgfältig vorgehen, werden Sie ein ähnlich gutes Resultat wie der Bäckermeister erreichen – selbst wenn Sie vorher noch nie einen Kuchen gebacken haben.

Der Bäcker hat vielleicht jahrelang ausprobiert und getüftelt, bis er schließlich sein Rezept entwickelt hat. Sie können sich diese jahrelange Arbeit sparen, indem Sie einfach seinem Rezept folgen.

* * *

Wir bleiben niemals »unbeeinflußt«

Im alten Griechenland gaben sich die Eltern nicht damit zufrieden, daß ihre Kinder einige Stunden am Tag unterrichtet wurden. Vielmehr sorgten sie dafür, daß die Kinder mehrere Jahre mit ihrem Mentor zusammenlebten. Sie waren davon überzeugt, daß das Erleben des Alltags mit dem Mentor eine bessere »Schule« sei.

Nichts wird stärkeren Einfluß auf Ihr Leben ausüben als die Menschen, mit denen Sie sich umgeben. Das scheint im ersten Moment vielleicht etwas übertrieben. Und doch ist es so. Wir sind gerade erst am Anfang, das menschliche Gehirn zu verstehen. Aber es besteht Einigkeit darüber, daß wir alles speichern, was um uns herum geschieht.

Fast scheint es so, als wären unsere Augen Kameras und unsere Ohren Mikrofone. Wir nehmen alles auf, was um uns herum »gespielt« wird, und speichern es ab. Stark vereinfacht können wir unser Unterbewußtsein mit einer riesigen Kassette vergleichen, auf der alles gesammelt wird, was wir erleben. Nichts geht verloren. Ist es da nicht logisch, daß auch genau das abgespult wird, was wir gespeichert haben? Woher sollte auch etwas anderes kommen?

Was würden Sie von einem Menschen halten, der sich immer wieder eine Kassette mit Musik von Michael Jackson anhört in der Hoffnung, er würde irgendwann Mozart mögen?

Die beste Form zu lernen

Wir speichern von unseren Mitmenschen viel mehr, als wir vielleicht glauben. Zwar mag der eine oder andere hoffen, wir würden nur die Dinge von anderen übernehmen, die wir uns aneignen wollen. Tatsächlich aber speichern wir alles, was wir erleben. Dies geschieht überwiegend unbewußt.

Das ist zunächst auch gut so, denn diese Prozesse bilden die wirkungsvollste und beste Möglichkeit zu lernen. Etwas »aufzunehmen« und dann »abzuspielen« erlaubt uns, auf unbewußte, einfache Art zu lernen. Diese natürliche Lernmethode ist der gesteuerten, der wir uns in unseren Schulen bedienen, weit überlegen.

Vielleicht kennen Sie auch eine Person, die sich einige Zeit vergeblich bemüht hat, eine Fremdsprache zu erlernen. Dann ist sie für einige Zeit in ein Land gefahren, in dem diese Sprache gesprochen wird. Innerhalb von wenigen Monaten beherrschte sie daraufhin die Sprache ziemlich gut. Wir können aus Büchern niemals so viel lernen wie durch die Lernmethode, die bei uns am stärksten ausgebildet ist: unbewußtes Lernen durch Imitation.

Kleine Kinder in einem fremden Land können ihre Muttersprache sprechen – auch wenn sie uns noch so kompliziert erscheint. Und sie haben die dortigen kulturellen Eigenarten übernommen. Beides fällt ihnen nicht schwer, denn sie lernen dadurch, daß sie andere Menschen nachahmen. Natürlich ahmen sie in erster Linie nicht irgendwelche Menschen nach, sondern die Menschen in ihrer nahen Umgebung. Nicht unsere Herkunft gibt den Ausschlag, wie wir denken und fühlen, sondern die Umgebung, in der wir aufwachsen.

Emotionen und Gedanken anderer

Das, was mit kleinen Kindern geschieht, setzt sich unser ganzes Leben lang fort. Ständig werden wir beeinflußt. Ständig wird etwas auf unsere »Kassette« gespult. Was auch immer auf Ihrer mentalen Kassette gespeichert wird, wird auf dem Bildschirm Ihres Lebens erscheinen.

Stellen Sie sich andere Menschen als Steinmetze und sich selbst als Marmorblock vor: Jeder feilt und hämmert an Ihnen herum, um Sie nach seinem Geschmack zu formen. Jeder in Ihrer Nähe wird tatsächlich ständig Veränderungen an Ihnen vornehmen, die nur schwer zu korrigieren sind. *Nach keiner Begegnung mit irgendeinem Menschen sind Sie noch der gleiche. Jede Begegnung prägt, etwas färbt immer ab.*

Darin liegt die Chance zur Veränderung. Unsere jetzigen Gedanken und Gefühle haben uns das gebracht, was wir heute haben. Dieselben Gedanken und Gefühle werden uns aber nicht zu dem machen, der wir gerne wären. Das heißt, wir können nicht genau der gleiche bleiben, aber andere Resultate erwarten. *Wenn wir andere Ergebnisse erzielen wollen, dann müssen wir lernen, anders zu denken und anders zu fühlen.*

Kleine Kinder übernehmen die E-Motionen der Personen um sie herum, indem sie deren Bewegungen (Motionen) nachmachen. Das gleiche gilt für uns. *Der beste Weg, jemanden zu verstehen, ist, sich so zu bewegen wie er.* Denn Motionen erzeugen Emotionen.

Gedanken anderer Menschen übernehmen wir, wenn wir so sprechen, wie diese sprechen. Der Lernvorgang geht also viel weiter, als dies zunächst scheint. Wir »lernen« ständig. Wir übernehmen tatsächlich sehr viel von der Denkweise und von den Gefühlen der Menschen um uns herum.

Der Nachteil: Wir speichern alles

Diese Lernmethode hat den großen Vorteil, daß wir unbewußt und ständig lernen. Aber sie hat auch den Nachteil, daß wir nicht bewußt filtern können, was wir speichern wollen, wenn wir einmal einem bestimmten Einfluß ausgesetzt sind.

Wer sich Mühe gibt, erfolgreicher zu sein, und trotzdem keinen richtigen Erfolg hat, der spielt wahrscheinlich einfach die falschen Bänder ab. Wann immer es Ihnen schwer fällt, die gewünschten Ergebnisse zu erzielen, ist dies der Augenblick, den Stop-Knopf Ihres mentalen Kassettenrecorders zu drücken und einen kritischen Blick auf die mentalen Kassetten zu werfen, die Sie gerade abspielen. Was haben Sie dort gespeichert? Vielleicht stellen Sie dann fest, daß Sie einige Bänder auswechseln sollten. Was glauben Sie, wird Ihnen eine andere Kassette beschaffen? Es wird nicht ausreichen, sich zu wünschen, daß sie eine »andere Musik spielt«. Sie müssen andere Dinge speichern, und dafür müssen Sie sich mit den Menschen umgeben, die genauso leben, wie Ihre »Kassette« aussehen soll. Umgeben Sie sich mehr mit Menschen, die Eigenschaften haben, die Sie lernen wollen.

Sie haben die Wahl

Bis zu einem gewissen Alter konnten wir uns unsere Umgebung nicht selbst aussuchen. Wir waren gewissermaßen »Opfer« unserer Umgebung, sei es positiv oder negativ. Unser Unterbewußtsein wurde auf eine bestimmte Weise programmiert, ob wir wollten oder nicht.

Als Erwachsener umgeben uns zwei große Gruppen von Menschen: Eine Gruppe braucht uns, die zweite braucht uns nicht. Bei der ersten Gruppe haben wir Verantwortung und müssen helfen. Vergessen wir aber nicht, das wir möglicherweise effektiver helfen können, wenn wir selbst stärker geworden sind.

In der Gruppe derjenigen, die Sie nicht unbedingt brauchen, gibt es Menschen, die akzeptieren, daß Sie lernen und wachsen wollen – und es gibt manchmal solche, die Sie bremsen und zurückhalten wollen. Hier müssen wir wissen, daß wir die Wahl haben. Wir *müssen* unsere Zeit nicht nur mit ihnen verbringen. Wir sind viel freier als wir ahnen. Wir können sehr stark unser Schicksal bestimmen. Die meisten Menschen erkennen nicht, daß sie die Macht haben, die in der Wahl liegt.

Sie bleiben wie kleine Kinder, die keine Möglichkeit haben, einfach eine andere Umgebung zu wählen.

Wir können uns bewußt entscheiden, von wem wir uns beeinflussen und »programmieren« lassen wollen. Wir können zwar unser Unterbewußtsein nicht einfach vorübergehend ausschalten, aber wir können meist wählen, mit wem wir uns umgeben. Keiner kann uns zwingen, uns bremsen zu lassen. Wir sind die Designer unseres Lebens.

Die Konsequenz

Auf diese Erkenntnis reagieren Menschen sehr unterschiedlich. Manche meinen, sich sofort von allen Bekannten trennen zu müssen, die noch nicht sehr erfolgreich sind. Dies ist aber meist weder notwendig noch angebracht. Vielmehr sollten wir unseren Bekannten helfen, so gut es geht und soweit sie sich helfen lassen wollen. Drängen Sie Ihre Hilfe aber nicht auf. *Wer nicht um Rat fragt, der will auch meist keinen.* Die Hilfestellung für Erwachsene und Kinder funktioniert oft sehr ähnlich: Das einzige, was wir auf Dauer für sie tun können, ist, ihnen zu helfen, sich selbst zu helfen.

Wenn Sie selbst Rat benötigen: Fragen Sie nur Menschen, die erfolgreicher sind als Sie. Es macht keinen Sinn, auf Tips von Personen zu hören, die selbst nicht wissen, wie es geht. *Meist sind deren Ratschläge in erster Linie Rechtfertigungen der eigenen Situation.*

Nehmen Sie sich erfolgreiche Menschen zum Vorbild. Natürlich erhebt sich sofort die Frage: Was ist Erfolg? Bessie A. Stanley ist eine schöne Definition für Erfolg gelungen:

»Es hat derjenige Erfolg erzielt ...
der gut gelebt hat, oft lachte und viel liebte;
Der sich den Respekt von intelligenten Menschen verdiente
und die Liebe von kleinen Kindern;
Der eine Lücke gefunden hat, die er mit Leben füllte,
und der seine Aufgabe erfüllte;
Ob entweder durch schöne Blumen, die er züchtete,

ein vollendetes Gedicht oder eine gerettete Seele;
Dem es nie an Dankbarkeit fehlte
und der die Schönheit unserer Erde zu schätzen wußte,
und der nie versäumte, dies auszudrücken;
Der immer das Beste in anderen sah
und stets sein Bestes gab;
dessen Leben eine Inspiration war
und die Erinnerung an ihn ein Segen.«

Wir sollten überlegen, welche Menschen wir kennenlernen wollen, um von ihnen zu lernen. *Denn es ist leicht, erfolgreich zu sein, wenn wir uns mit erfolgreichen Menschen umgeben.* Suchen Sie die Nähe von Menschen, die einfach mehr von Ihnen erwarten. Diese Erwartung kann zu einem starken Antrieb werden und Ihre Entwicklung ungemein fördern.

Krabben

Wenn Sie sich häufiger mit Gewinnern umgeben, dann werden Sie feststellen, daß Sie sich verändern. Und nicht jeder Ihrer Bekannten wird diese Veränderung begrüßen. Manche wollen Sie sogar regelrecht davon abhalten, zu lernen und zu wachsen.

Haben Sie schon einmal beobachtet, was geschieht, wenn aus einem Eimer mit mehreren Dutzend Krabben eine herauskrabbeln will? Die anderen halten sie zurück. Einfach so. Manche Menschen handeln wie Krabben. Nicht bösartig. Einfach so.

Es ist wichtig, daß Sie sich nicht zurückhalten lassen. Sie werden auf Dauer keinen nennenswerten Erfolg haben können, wenn Menschen in Ihrem Umfeld Sie bewußt bremsen wollen. So hart das auch sein mag, aber es bleibt Ihnen dann nur die Wahl, sich von Ihren Zielen oder den Menschen, die Sie zurückhalten wollen, zu trennen. *Lassen Sie sich nicht fesseln.* Wir helfen uns und anderen nicht, indem wir aufhören zu wachsen.

Damit soll kein Urteil über den Wert dieser Personen getroffen werden. Alle Menschen sind wertvoll und einzigartig. Manchmal stellt sich aber nach einiger Zeit heraus, daß man nicht zusammenpaßt. Das ist traurig, und manchmal muß man handeln. Niemals aber sollten wir den Wert eines anderen Menschen in Frage stellen.

Mit Disziplin setzen wir Gewohnheiten in Gang. Mit Gewohnheiten halten wir diese Verhaltensweisen in Gang. Gewohnheiten lassen uns die wichtigen und richtigen Dinge unseres Lebens automatisch und ohne Anstrengung tun. Der Schlüssel zu diesen Gewohnheiten sind die Menschen, mit denen wir uns umgeben.

Es gibt Strategien für jeden Bereich des Lebens. Wenn wir diese Strategien übernehmen, können wir es in diesen Bereichen zur Meisterschaft bringen. Dieses Vorgehen erspart viel Zeit und Mühe. Die meisten Menschen bewundern Helden. Ganz wenige untersuchen die Strategien dieser Menschen und übernehmen sie in ihrem Leben

Gewinner machen sich selbst ein Geschenk: Sie umgeben sich mit Menschen, die nicht zulassen, daß sie sich mit weniger zufrieden geben, als sie sein könnten. Sie sorgen dafür, daß sie sich mit Menschen umgeben, die sie fördern, und fördern selbst andere. Von Gewinnern umgeben zu sein beeinflußt und verändert uns stetig. Wir werden selbst zu Gewinnern.

Praxis:

Heute werde ich dafür Sorge tragen, daß ich mich mit Vorbildern umgebe, von denen ich lernen kann, und verpflichte mich zu folgenden Schritten:

1. Ich will mich heute mit einem Menschen unterhalten, der etwas erreicht hat, das ich erreichen möchte.

2. Ich will mich von positiven Dingen »programmieren« lassen. Darum werde ich heute auch keinen wertlosen Fernsehfilm anschauen und mich auch nicht den ganzen Tag von Radiomusik berieseln lassen. Heute wähle ich bewußt aus, was ich »aufnehme«.

3. Ich nehme mir vor, jeden Monat eine Persönlichkeit kennenzulernen, von der ich lernen kann.

4. Ich überlege, wie ich die Menschen in meinem Bekanntenkreis fördern kann. Ich tue dies klug und ohne belehrend zu wirken.

5. Ich frage mich kritisch: Wie beeinflusse ich andere? Bin ich Vorbild oder Warnung?

29. Gesetz: Akzeptiere Unzufriedenheit als treibende Kraft

Ein alter Häuptling erzählte einem Fremden die Geschichte seiner Heimatinsel in der Südsee, die bei einem Vulkanausbruch versunken ist:

»Unser Stamm war in sieben Dörfer aufgeteilt. Jedes Dorf hatte einen Häuptling, der ein besonderes Geheimnis bewahrte. Das Glück für den Stamm war aber nur dann vollkommen, wenn es alle sieben Geheimnisse nutzen konnte. So mußten die sieben Dörfer in Frieden miteinander auskommen.

Als der Vulkan ausbrach, packte jeder Häuptling die Bewohner seines Dorfes in ein großes Boot und brachte sie in Sicherheit. In dem dichten Rauch und Qualm des Vulkans hatten sich die sieben Boote bald aus den Augen verloren. Wir sind in alle Richtungen verschlagen worden, und unser Volk hat sich nie mehr gefunden.«

Der Fremde war überrascht: »Habt Ihr denn niemals jemanden losgeschickt, um die anderen sechs Gruppen zu finden?«

»Doch, das haben wir«, antwortete der Häuptling. »Wir haben mehrmals ein Boot mit Kundschaftern losgeschickt, aber sie sind niemals zurückgekommen.«

»Wie konnte das passieren?«, fragte der Fremde. »Ihr seid doch ausgezeichnete Seefahrer.«

Der Häuptling dachte eine Zeitlang nach und sagte dann: »Nein, ich glaube nicht, daß sie umgekommen sind. Wahrscheinlich haben sie auf ihrer Reise einen Ort gefunden, der ihnen so gut gefallen hat, daß sie ihre Aufgabe vergessen haben und dort geblieben sind. Ich glaube, sie sind der Zufriedenheit erlegen.«

* * *

Es gibt eine Gemeinsamkeit bei allen Menschen, die es zu großem Erfolg gebracht haben. Sie alle waren auf irgendeinem Gebiet ihres

Lebens unzufrieden. Und diese Unzufriedenheit wurde zu einer treibenden Kraft.

Unzufriedenheit über die berufliche Situation hat meist folgende Gründe:

- Es fehlen Sinn und Erfüllung.

- Das Einkommen ist zu niedrig.

- Es gibt keine Aufstiegsmöglichkeiten.

- Die Arbeit macht keine Freude.

- Es gibt zu wenige Herausforderungen.

- Man erhält zu wenig Anerkennung.

- Die Arbeit bietet keinen Gestaltungsspielraum.

Dankbarkeit ist gut – Zufriedenheit ist schlecht

Unzufriedenheit ist für viele Menschen etwas Negatives. Viele von uns haben bereits früh gehört: »Du sollst zufrieden sein mit dem, was du hast.« Die Menschen, die uns das sagten, wollten uns ein gutes Konzept vermitteln. Aber sie haben sich nicht korrekt ausgedrückt, denn sie haben nicht zwischen Dankbarkeit und Zufriedenheit unterschieden.

Tatsächlich stehen hinter Dankbarkeit und Zufriedenheit zwei vollkommen unterschiedliche Werte. Für die Dinge, die wir haben, sollten wir *dankbar sein*. Für die Nahrung, die wir aufnehmen dürfen. Für die Menschen um uns herum. Wenn wir lieben und geliebt werden.

Ganz gleich, was Sie haben, seien Sie dankbar dafür. Auch wenn wir nur ein kleines Auto oder eine kleine Wohnung besitzen, haben wir viele Gründe, dankbar zu sein. Dankbarkeit ist ein wichtiges Konzept. Zum einen wird nichts so sehr unsere Ängste überstrahlen wie Dankbarkeit. Zum anderen gilt: Wenn wir nicht dankbar für die Dinge sein können, die wir heute haben, werden wir kaum mehr Dankbarkeit empfinden, wenn wir mehr haben. Dankbarkeit ist ein wichtiger Schlüssel zum Glück. Sie werden nicht einen dankbaren Menschen finden, der unglücklich ist.

Zufriedenheit aber ist gefährlich. Wir sollten niemals zufrieden sein mit dem, was wir sind und haben. Alles, was lebt, wächst. Wenn etwas aufhört zu wachsen, stirbt es. Wer mit sich zufrieden ist, der lehnt sich zurück und hört auf zu wachsen. Solange wir unzufrieden sind, haben wir eine Chance, uns zu verändern und zu wachsen. *Achten wir darauf, daß wir nicht der Zufriedenheit erliegen.* Jonathan Swift sagte: »Selig sind die, die nichts erwarten, denn sie sollen nicht enttäuscht werden.«

Wer in einem Restaurant nichts bestellt, wird auch nichts bekommen. So ist es auch im Leben. Wir sollten danach streben, die Dinge zu bekommen, die wir wollen. Das ist Erfolg. Aber wir sollten auch für Dinge dankbar sein, die wir haben. Das ist Glück. Eins ohne das andere ist nicht befriedigend.

Zufriedenheit macht faul und gleichgültig

Ein Mensch, der zufrieden ist, verschließt sich dem Fortschritt. Unter dem scheinbar so ehrbaren Begriff »Zufriedenheit« wird in Wahrheit Faulheit und Gleichgültigkeit geadelt und Wachstum gehemmt. Das ist unter anderem der Grund, warum Zufriedenheit zu einer der populärsten Lebenslügen werden konnte. Denn zu allem Überfluß halten Menschen, die Opfer der Zufriedenheit geworden sind, sich noch für edel und gut.

In dem Moment, in dem ein Mensch zufrieden wird, werden seine Leistungen nachlassen und seine Fortschritte stagnieren. Bald wird es andere geben, die besser sind als er. Denn es wird irgendwo jemanden geben, der nicht zufrieden ist, der mehr von sich fordert und der den Zufriedenen überholt. Zufriedenheit wird bald zu einem Gefängnis, aus dem sich zu befreien dem trägen Menschen jeden Tag schwerer fällt.

Seien Sie niemals mit der Größe Ihres erreichten Erfolges zufrieden. *Wenn Ihr Erfolg nicht wächst, dann schrumpft er zusammen.* Einen

Stillstand gibt es weder in der Natur noch im Geschäftsleben. Wenn Sie Erfolg haben wollen, sind Sie zum Wachstum verurteilt. Unzufriedenheit ist dann die treibende Kraft

Die meisten Belohnungen erwachsen aus der Unzufriedenheit

Unzufriedenheit ist ein wichtiger Antrieb. Sie können es auch Ehrgeiz nennen, Strebsamkeit oder den Wunsch, sich zu verbessern. Unzufriedenheit ist »natürlich«: Sie ist gewissermaßen Teil unseres genetischen Codes. Die ständig unzufriedenen Menschen sind die glücklichsten. Sie entwickeln sich weiter und finden Erfüllung und Leidenschaft.

Darum sagen die Amerikaner: »Stay hungry to be free.« (»Bleibe hungrig, um frei zu sein.«) Unzufriedenheit ist der Schlüssel zur Freiheit.

Ein unzufriedener Mensch weiß, daß er nie »ankommen« wird. Für ihn ist der Weg das Ziel: So kann er den Weg genießen und jeden Moment auskosten und für den Moment dankbar sein.

Ein weiser Mann hat es einmal so formuliert: *»Es ist so, als fahren wir alle in einem Zug, der uns zu unserer Erfüllung bringt. An jedem Halt verlassen einige Menschen den Zug. Sie wollen es sich nun gemütlich machen und meinen, genug gereist zu sein. Vorübergehend zu halten, ist kein Problem. Aber nach einer Weile müssen wir wieder einsteigen. Denn der Zug bringt uns an noch viel schönere und erfüllendere Orte. Wenn wir nicht weiterfahren, betrügen wir uns um die Dinge, für die es sich wirklich zu leben lohnt.«*

Je weiter wir fahren, um so stärker wird diese Erkenntnis uns beeinflussen. Denn wer einmal das Außerordentliche erfahren hat, kann sich nicht mehr an die Normen des Durchschnitts binden.

234

Suchen Sie Hilfe bei anderen Unzufriedenen

Wenn Sie Ihre Firma vergrößern wollen, dann müssen Sie nach Menschen schauen, die mit Ihnen arbeiten wollen. Jeder schnelle Aufbau einer Firma ist nur möglich, wenn Sie andere begeistern, Ihnen zu helfen.

Schauen Sie dabei nach unzufriedenen Menschen. Manche sind leicht auszumachen, andere tragen eine Fassade zur Schau. Sie müssen sorgfältig hinschauen, denn Sie sollten nicht versuchen, mit zufriedenen Menschen zu arbeiten. Leichter könnten Sie einen Stein motivieren.

Wenn Ihnen jemand glaubhaft machen will, daß er mit dem zufrieden ist, was er im Moment hat, dann akzeptieren Sie einfach, daß Sie mit einem solchen Menschen nicht zusammenarbeiten können. Er hat Ihnen gerade seine Lebenslüge erzählt. Sie wissen das. Vielleicht weiß er es auch. Versuchen Sie auch nicht, Menschen zu Ihrem Konzept der Unzufriedenheit zu »bekehren«. Akzeptieren Sie, daß jeder einen freien Willen hat und seine eigenen Entscheidungen treffen kann – auch wenn es in Ihren Augen einen besseren Weg gibt.

Schauen Sie nach Menschen, die unzufrieden mit ihrem Einkommen sind. Es gibt wenig, was stärker demoralisiert, als ein zu geringes Einkommen. Viele Menschen erhalten gerade genug, um nicht zu kündigen. Solchen Menschen können Sie helfen, indem Sie Ihnen eine faire Chance bieten.

Manche Menschen entdecken früh in ihrem Leben eine aufregende Karrieremöglichkeit. Aber das sind nur einige wenige. Die meisten Menschen nehmen die erste Stelle, die ihnen geboten wird, und bleiben jahrelang auf demselben Gebiet. Es gefällt ihnen nicht, was sie tun, warum also bleiben sie dort? Warum bleiben Menschen bei einer Tätigkeit, die ihnen wenig Befriedigung gibt?

Die Antwort lautet: Sicherheit. Wenn jemand Rechnungen zu bezahlen und eine Familie zu versorgen hat, dann wird es schwierig für ihn, aus einem Job auszusteigen – ganz gleich, wie sehr er ihn verabscheut. Folglich werden die meisten Menschen die nächsten 20 oder 30 Jahre damit verbringen, einer Tätigkeit nachzugehen, die sie nicht mögen. Und das nur, weil es keine Alternative zu geben scheint. Wenn Sie eine echte Alternative anzubieten haben, können Sie unzufriedene Menschen überzeugen, daß sie nicht mehr etwas tun müssen, was sie eigentlich gar nicht wollen.

Das gleiche gilt für Menschen, die unzufrieden sind, weil es keine Herausforderung mehr in ihrem Leben gibt. Bieten Sie solchen Menschen eine Herausforderung, und Sie werden sich wundern. Mancher, der gestern noch ziellos in der Gegend herumtrödelte, geht plötzlich zielbewußt die Straße entlang. Menschen, die bis vor kurzem noch recht durchschnittliche Ergebnisse erzielten, werden plötzlich die außergewöhnlichsten Dinge tun.

Zeigen Sie Menschen auch, daß Arbeit Spaß machen kann. Wer meint, nur außerhalb der Arbeit Vergnügen zu finden, flieht vor der Wirklichkeit. Für jeden Menschen gibt es eine Arbeit, die ihm so viel Spaß macht, daß er Freizeit und Arbeit gar nicht mehr trennen kann und will.

Gewinner sind dankbar für das, was sie jetzt haben. Sie wären aber nicht zufrieden, wenn sie morgen immer noch unter den gleichen Umständen leben würden. Sie wissen, daß Wachstum ein menschliches Grundbedürfnis ist.

Praxis:

Ich akzeptiere heute meine Unzufriedenheit als eine gute, treibende Kraft und verpflichte mich zu folgenden Schritten:

1. Ich sage laut mindestens fünf Dinge, für die ich im Moment dankbar bin. Jedesmal, wenn ich mich auf diese Übung konzentriere, verschwinden meine Angstgefühle.

2. Ich stehe zu meiner Unzufriedenheit, denn sie ist eine entscheidende, treibende Kraft in mir. Zufriedenheit läßt uns stillstehen und langsam sterben. Unzufriedenheit bringt Großes hervor und läßt mich richtig leben. Darum schreibe ich mir heute drei Dinge auf, die ich unbedingt erreichen will.

3. Ich versuche nicht, andere von dem Konzept der Unzufriedenheit zu überzeugen. Ich akzeptiere, daß jeder ein Recht darauf hat, so zu leben, wie er es für richtig hält. Aber ich schäme mich auch nicht für meine Unzufriedenheit.

4. Ich weiß, daß meine Firma nur wachsen kann, wenn ich andere Menschen davon begeistern kann, mit mir zusammenzuarbeiten. Heute halte ich darum Ausschau nach unzufriedenen Menschen, denen ich eine gute Chance bieten kann.

30. Gesetz: Sei ein Adler und keine Ente

Erinnern Sie sich an die alte indische Schöpfungsgeschichte? Danach schuf Gott zuerst die Muschel und dann den Adler. Den Menschen gab er die Möglichkeit, zwischen dem langweiligen Dasein einer Muschel und dem aufregenden, spannenden Leben eines Adlers zu wählen.

»Die Wahl ist doch einfach«, werden Sie vielleicht sagen. Natürlich sollte sich jeder Mensch für das Leben eines Adlers entscheiden. Aber es ist etwas geschehen, mit dem wohl keiner gerechnet hatte. Viele Menschen haben sich gegen das Leben der Muschel und auch gegen das Leben des Adlers entschieden.

Sie wollten zwar die Vorteile des Adlers für sich haben, aber nicht den Preis dafür zahlen. So haben sie ein Tier gesucht, das ihren »Anforderungen« gerecht wird. Und sie haben das Tier schließlich gefunden: die Ente.

* * *

Enten

Sehr oberflächlich betrachtet, sehen die Enten Adlern ähnlich. Tatsächlich aber handelt es sich um grundverschiedene Wesen. Wenn Sie wissen, worauf Sie achten müssen, dann werden Sie Enten sofort erkennen. Beide können zum Beispiel fliegen. Aber während der Adler hoch oben in der Luft kreist, bleibt die Ente möglichst dicht über dem Wasser.

Das hervorstechende Merkmal der Ente ist ihr Quaken. Sie quakt eigentlich den ganzen Tag. Wenn sie morgens wach wird, quakt sie. Wenn sie gefüttert werden will, quakt sie. Wenn ihr etwas nicht paßt, quakt sie. Wenn andere Enten ihr das Futter klauen, quakt sie. Wenn sie ein bestimmtes Ergebnis nicht erreicht, dann quakt sie. Quaken statt Leistung – ein schlechtes Konzept.

Enten bei der »Arbeit«

Lassen Sie uns einige Situationen anschauen, an denen wir den Charakter einer Ente klar erkennen können.

Sind Sie schon einmal 15 Minuten später in den Frühstücksraum eines Hotels gekommen, als die offizielle Frühstückszeit es erlaubt? Wenn Sie einer Ente begegnen, dann wird sie Ihnen sagen: »Tut mir leid, aber Sie sind zu spät. Haben Sie nicht das Schild draußen gelesen? Frühstück gibt es nur bis zehn. Quak, quak, quak…«

Ein Adler wird dagegen fragen: »Das Büfett ist leider schon abgeräumt, kann ich Ihnen schnell noch etwas in der Küche fertig machen lassen? Was hätten Sie gerne?«

Kennen Sie einen Baumarkt? Das sind 5.000 Quadratmeter Verkaufsfläche und ein einziger Verkäufer. Und der ist irgendwie immer gerade mit einem Kunden beschäftigt. Meist jemand, der ein Hochhaus bauen will. Was wird geschehen, wenn Sie höflich unterbrechen: »Entschuldigung, ich habe nur eine Frage: Wo steht die braune Holzfarbe?«

Dann wird Ihnen eine Ente antworten: »Sehen Sie nicht, daß ich gerade einen Kunden bediene? Ich kann nur einen Kunden gleichzeitig bedienen. Bitte warten Sie, bis ich zu Ihnen komme. Quak, quak, quak…«

Vor einigen Monaten wollte ich in einem Hotel in Atlanta einchekken. Ich hatte eine Reservierung und eine Bestätigung vom Hotel. Als ich dort ankam, war es aber ausgebucht. Die Dame an der Rezeption teilte mir mit, daß die Reservierung leider nicht gültig sei, denn das Hotel sei hoffnungslos überbucht. Sprach's und ließ mich stehen.

Ich forderte mein Recht. Aber das einzige, was die Dame mir entgegnete, war: »Wenn das Hotel voll ist, dann ist es voll. Ich kann ja keine Zimmer zaubern. Quak, quak, quak, quak.« Weiter wollte sie sich nicht mehr mit mir beschäftigen.

»Aha«, dachte ich, »eine Ente«. Darum verlangte ich nach ihrem Vorgesetzten. Sie erwiderte unwillig: »Der wird Ihnen auch nichts anderes sagen.« Mit diesen Worten wollte sie hinter einer Türe verschwinden. Mit Sicherheit war hinter dieser Türe ein Ententeich, und sie wäre mit einer anderen Ente wiedergekommen.

Ich bat sie, mir einen Adler zu bringen. »Einen was?«, wollte sie wissen. Ich erklärte ihr: »Bringen Sie mir irgend jemand, der nicht schon weiß, daß es nicht geht.«

Das hatte sie verstanden. Der Manager, der dann kam, war tatsächlich ein Adler. Er sagte folgendes: »Wir sind wirklich ausgebucht. Das muß ein Versehen unseres Hauses sein, für das ich mich nur entschuldigen kann. Ich möchte so schnell wie möglich eine Lösung für Sie finden. Ich werde sofort telefonieren, um in einem adäquaten Hotel eine Suite für Sie zu bekommen, in die wir Sie auf unsere Kosten ›upgraden‹ können. Darf ich Sie zu einem Dinner in unserem Restaurant einladen, während ich suche?«

Die Unterschiede

Erkennen Sie die Adler? Adler handeln, während Enten quaken. Ihr Quaken steht für Ausreden, Entschuldigungen, sinnloses Geplapper, Meckerei und Nörgelei. Die Enten werden irgendwann entlassen. Sie sind die ersten, die einer Krise zum Opfer fallen. Und dann werden sie sagen: »Wie ungerecht. Ich glaube, meinem Chef hat meine Nase nicht gefallen.« Die Adler dagegen werden befördert. Es ist wichtig, daß wir nicht wie Enten sind und quaken, statt Ergebnisse zu erzielen. Und wir sollten in unserer Abteilung, unserer Firma oder unserem Team Enten meiden. Es gibt zwar Menschen, die meinen, man könne auch Enten motivieren. Aber wissen Sie, was Sie dann haben? Eine motivierte Ente.

Hier einige Unterschiede zwischen Enten und Adlern:

- Enten sagen: »Das kann ich mir nicht leisten.« Adler fragen: »Wie kann ich mir das leisten?«
- Enten sind Pessimisten. Adler sind Optimisten.
- Enten erzählen sich gegenseitig ihre negativen Erlebnisse. Sie halten sogar Entenversammlungen zu diesem Zweck ab. Adler berichten überwiegend die positiven Dinge.
- Enten tun nur das Nötigste – und oft noch nicht einmal das. Adler

gehen die Extra-Meile. Sie tun mehr, als irgend jemand von ihnen erwarten könnte.

- Enten arbeiten langsam. Ihr Arbeitsmotto lautet: »Ich bin hier bei der Arbeit und nicht auf der Flucht.« Adler erledigen alles SSWIM (so schnell wie irgend möglich).

- Enten wissen alles besser und finden Gründe, um nichts zu tun. Adler sind lernbereit und tun es einfach.

- Enten finden Ausreden, Adler finden Lösungen.

- Enten gehen kein Risiko ein. Adler haben manchmal Angst, aber sie handeln trotzdem. Sie sind mutig.

- Enten arbeiten von zehn bis sechs. Adler arbeiten öfter von sechs bis zehn.

- Enten suchen in jeder Chance die Probleme. Adler erkennen in jedem Problem eine Chance.

- Enten reden schlecht über Abwesende – dadurch fühlen sie sich besser. Adler reden positiv oder schweigen.

- Enten brauchen meist sehr lange, um eine Entscheidung zu treffen, aber sie werfen sie schnell wieder über den Haufen. Adler entscheiden schnell, weil ihre Werte klar sind und sie ihrer Intuition vertrauen.

- Enten konzentrieren sich auf Probleme und quaken. Adler konzentrieren sich auf Lösungen und handeln.

- Die Entenseele erinnert sich noch nach Jahren an Unrecht, das ihr angetan wurde. Adler vergeben.

- Enten warten darauf, daß sie gefüttert werden, und wenn sie nicht genug bekommen, dann quaken sie. Adler übernehmen volle Verantwortung und holen sich, was sie wollen.

- Enten müssen lieben, was sie haben. Adler erarbeiten sich, was sie lieben.

- Enten erregen sich über Kleinigkeiten und wollen sich dadurch lebendig fühlen. Adler nehmen sich nicht zu wichtig.

242

- Für die Enten besteht die ganze Welt aus einem kleinen Tümpel. Adler erreichen die höchsten Gipfel.
- Enten schimpfen auf die Umstände. Adler verändern die Umstände.
- Usw.

Der Einfluß auf andere

Was lernen kleine Enten von ihrem Schwarm? Wie man quakt. Adler dagegen fordern ihre Mitmenschen. Haben Sie einmal beobachtet, wie Adler ihre Jungen auf das Leben vorbereiten? Erst beginnen die Adler-Eltern die feinen Daunen zu entfernen, mit denen das Nest gepolstert war. Sie werfen sie einfach über den Nestrand. Dann entfernen sie das Gras.

In dem Nest wird es immer ungemütlicher. Nach und nach werden dann die kleinen Zweige abmontiert. Die kleinen Adlerchen liegen nun recht unsanft auf knochigen Ästen. Bald sind sie es leid und machen ihre ersten Flugversuche. Sollte ein Junges dafür jedoch zu ängstlich sein, so werfen es die Eltern einfach aus dem Nest.

Sollte ein kleiner Adler dann seine Flügel nicht öffnen, so fliegen die Eltern im Sturzflug unter ihn und bringen ihn zurück ins Nest. Aber nur, um ihn bald wieder herauszuschmeißen – bis er fliegen lernt.

In der Nähe eines Adlers müssen andere Menschen wachsen. Adler dulden keinen Stillstand und keine Faulheit. Sie setzen hohe Erwartungen in ihre Umgebung. Sie fordern ihre Umwelt. Daher sind Adler Beeinflusser und Führungspersönlichkeiten. Das Leben und die Menschen um sie herum interessiert sie. Sie wollen Einfluß nehmen. Sie wollen etwas zum Positiven verändern.

Das ist vielleicht der Grund, warum der Adler so verehrt wird und das Symbol unzähliger Wappen wurde. Den Adler nehmen wir uns gerne als Vorbild. Gewinner leben wie Adler.

Welches Tier tragen Sie auf dem Wappen Ihres Lebens?

Praxis:

Heute werde ich meine Fähigkeit ausbauen, wie ein Adler zu leben, indem ich mich zu folgenden Schritten verpflichte:

1. Ich beschließe jetzt, das Buch sofort wieder von vorne zu lesen. Jeden Tag ein Kapitel. Die Kapitel, die mich momentan nicht so sehr beschäftigen, überspringe ich.

2. Ich lese heute ungestört das Nachwort und denke darüber nach.

3. Ich fordere meine Umwelt. Ich setze hohe Erwartungen in die Menschen, die mir etwas bedeuten. Dadurch bin ich vielleicht nicht für alle bequem – aber ich bringe Menschen zum Fliegen.

4. Ich überlege, wie mein Idealbild von einem Gewinner aussieht. Indem ich schreibe, finde ich Zugang zu meinen eigenen tiefen Gedanken und Werten.

5. Ich erkenne, daß es keine endgültigen »Gesetze der Gewinner« geben kann, sondern daß ich mich an meinen Werten orientieren muß, um meine eigenen Gesetze als Wegweiser für mein Leben festzulegen.

Nachwort

Wirklicher Erfolg ist niemals einseitig. Er hat immer eine äußere und eine innere Komponente. In unserer Gesellschaft werden äußere Attribute überbetont. In der Literatur finden wir in diesem Zusammenhang ein beliebtes Thema: Menschen, die ihre Seele verkaufen, um Ruhm und Ansehen zu erhalten.

Tatsächlich scheint es zunächst einfacher, zu äußerem Erfolg zu kommen, indem man sich selbst untreu wird. In den Medien wird zu Genüge von Menschen berichtet, die alles ihrem Ziel untergeordnet haben, »über Leichen gehen« und dadurch viel schneller zu Reichtum und Anerkennung gekommen sind.

So ist es zum Beispiel einfacher, zielstrebig zu sein, wenn man die Bedürfnisse anderer Menschen ignoriert. Das erklärt auch, warum manchmal schlechte Menschen so viel Macht haben. Wer alles dem äußeren Erfolg unterordnet, dem sind die Gefühle anderer Menschen gleichgültig. Das ist aber nicht Erfolg, sondern Selbstsucht.

Wir dürfen äußeren Erfolg nicht über unsere inneren Bedürfnisse stellen. Wir brauchen auch den inneren Erfolg. Es entspricht unserem natürlichen Antrieb, die guten Eigenschaften weiterzuentwickeln und auszuleben, die in uns angelegt sind: Dankbarkeit, Liebe, Frieden, Freude, Weisheit, Demut, Verantwortung und Hilfsbereitschaft.

Wer diese Eigenschaften unterdrückt und sich »verkauft«, wird nicht wirklich erfüllt sein. Sich selbst untreu zu werden und keinen inneren Frieden zu haben ist ein zu großer Preis, um zu äußerem Erfolg zu kommen.

Andererseits bietet innerer Frieden keine Gewähr, daß wir bekommen, was wir gerne hätten. Wir dürfen auch unsere äußeren Wünsche nicht verleugnen. Wir müssen uns erlauben, mehr zu wollen. *Die Kunst eines erfolgreichen Lebens ist es, beidem Rechnung zu tragen.* Gewinner tun dies. Darum handeln die Gesetze der Gewinner auch von beiden Komponenten. Dadurch scheinen manchmal einige Gesetze anderen zu widersprechen. Aber in Wahrheit handelt es sich um Paradoxa – die zusammen ein Ganzes ergeben. So stellt sich zum Beispiel oft heraus, daß »Umwege« schneller zum Ziel führen.

Dieses Buch erhebt nicht den Anspruch auf Vollständigkeit. Zu reichhaltig und vielseitig ist das Leben, als daß wir es auf wenige Seiten beschränken könnten. Gewinner behaupten auch nicht, der Weisheit letzten Schluß gefunden zu haben. Sie wissen um Wandlung und Veränderung, die Grundlage alles Existierenden sind. Sie wissen, daß jede Wahrheit auch immer eine andere Seite hat.

Gewinner sind tolerant und brauchen nicht das Absolute oder das Vollständige, um glücklich sein zu können. Sie haben erkannt, daß jeder normale Lebensvorgang Freude bringen kann. Sie nutzen jeden Augenblick und kosten ihn voll aus, um die größtmögliche Erfüllung zu erhalten.

Gewinner genießen ihr Leben in vollen Zügen. Und sie leben nach den Gesetzen der Gewinner – nach ihren eigenen Gesetzen der Gewinner –, weil diese für sie einen Wegweiser zur maximalen Lebensfreude darstellen.

Jeder Moment, in dem wir wie ein Gewinner leben, ist ein Moment, den es sich zu leben lohnt. Dabei leben wir immer dann wie ein Gewinner, wenn wir ein Gesetz oder auch nur einen kleinen Teil eines Gesetzes ausleben. Die Meßlatte, die wir durch die Gesetze der Gewinner anlegen, ist sehr hoch.

Ich möchte Ihnen ein Geständnis machen: Die meisten Gesetze beherrsche ich selber nicht perfekt. Auf einer Skala von 1 bis 100 erreiche ich an manchen Tagen 94 Punkte, an anderen nur 72. Ich hoffe, Sie sind nun nicht enttäuscht. Ich glaube auch nicht, daß irgend jemand in allen Lebenslagen eine volle 100 erreicht. Es entspricht durchaus der Natur von Idealen, daß wir uns ihnen so weit wie möglich annähern, sie aber nicht erreichen. So ist es wichtig, die Gesetze immer wieder zu wiederholen: Dadurch werden wir an unsere Erkenntnisse erinnert, und wir sehen erneut die Vision des Menschen, der wir werden wollen.

Ich wünsche Ihnen von ganzem Herzen, daß Sie das reiche, glückliche und abenteuerliche Leben eines Gewinners führen. Es wird nicht immer einfach sein, aber Sie werden reich belohnt.

Wenn wir uns auf diesem Weg begegnen, würde ich mich freuen. Ganz sicher werden wir beide gestärkt aus dieser Begegnung herausgehen. Gewinner sind auf dieser Welt nicht in der Überzahl, aber irgendwie sind sie voneinander angezogen und finden sich.

Mit dem Gedicht eines unbekannten Verfassers möchte ich mich jetzt von Ihnen verabschieden:

»Ich wünsche Dir Zeit …

Ich wünsche Dir Zeit, das Beste aus Deinem Leben zu machen,
und Zeit, Dich zu freuen und zu lachen …
Ich wünsche Dir Zeit, nach den Sternen zu greifen,
und Zeit, um zu wachsen, das heißt: zu reifen.
Ich wünsche Dir Zeit, neu zu hoffen, zu glauben, zu lieben,
es hat keinen Sinn, diese Zeit zu verschieben.
Ich wünsche Dir Zeit, zu Dir selber zu finden,
jeden Tag, jede Stunde des Glücks zu empfinden.
Ich wünsche Dir Zeit, auch um Schuld zu vergeben,
Ich wünsche Dir Zeit zu haben zum Leben.«

Mögen Sie ein Gewinner sein, und möge Ihr Leben ein Gewinn für andere sein.

Ihr
Bodo Schäfer

DIE GESETZE

1. Treffe Entscheidungen
2. Lerne und wachse konstant
3. Erlebe den heutigen Tag bewußt
4. Konzentriere Dich auf Deine einkommensproduzierenden Aktivitäten
5. Werde zu einer Persönlichkeit
6. Tue es einfach
7. Gehe richtig mit Streß um
8. Lerne, Schwierigkeiten zu meistern
9. Erfinde das Rad nicht neu
10. Entwickle Momentum
11. Träume und lebe Deinen Traum
12. Achte auf Deinen Körper
13. Laß Dich von Ablehnung nicht entmutigen
14. Gib 110 Prozent
15. Wachse an Deinen Problemen

DER GEWINNER

16. Sei Chef und Angestellter in einer Person
17. Setze Dir große Ziele
18. Gib anderen, was sie brauchen
19. Laß Dich nicht ablenken
20. Sei ein produktives Vorbild
21. Beginne alles Wichtige so schnell wie möglich
22. Übernimm die volle Verantwortung
23. Lerne, mit Angst umzugehen
24. Konzentriere Dich auf Deine Stärken
25. Gib und vergib
26. Gehe klug mit Deinem Geld um
27. Errichte geduldig Dein Fundament
28. Umgib Dich mit Vorbildern
29. Akzeptiere Unzufriedenheit als treibende Kraft
30. Sei ein Adler und keine Ente

Danksagung

Auf den Schultern eines Riesen können Zwerge weit sehen. Mein Beitrag zu den alten Wahrheiten und Praktiken, die zu Erfolg und Erfüllung führen, ist verhältnismäßig gering. Ich mußte zunächst »nur« Schüler sein können.

Dann habe ich begonnen aufzuschreiben, was mich meine Mentoren und Vorbilder gelehrt haben. Ohne sie hätte dieses Buch nie entstehen können. Ich bedanke mich insbesondere bei: Dr. Winfried Noack, Peter Hövelmann, Daniel S. Pena, Shami Dhillon und Professor Walter Möbius.

Zudem bedanke ich mich bei allen anderen, deren persönliche Geschichte sowie deren Einsichten und Weisheiten mir eine Quelle der Inspiration und Stärke war.

Mein Dank gilt auch dem Frankfurter Allgemeine Buchverlag: dort besonders Herrn Dr. Andreas Lukas und Frau Danja Hetjens. Sie haben von Anfang an an dieses Buch geglaubt. Für sie – genauso wie für mich – sind die Gesetze der Gewinner weit mehr als ein weiteres Buch.

Für ihren unermüdlichen Einsatz und ihre kritisch konstruktive Hilfe danke ich von Herzen Frau Professor Christine Volkmann, Frau Sibylle Berg, Frau Greta Andreas und Frau Mehti Yavuz.

Diese Aufzählung wäre nicht vollständig, wenn ich mich nicht bei meinen Lesern und Seminarteilnehmern bedanken würde. Tausende von ihnen haben mir geschrieben und mich ermutigt, ein Buch über Erfolg zu schreiben. Gleichzeitig haben sie mir dabei geholfen, aus der Fülle der Gesetzmäßigkeiten die wichtigsten auszuwählen.

Was können Sie jetzt tun, um Ihre guten Vorsätze auch wirklich umzusetzen?

Fordern Sie gleich das **Praxishandbuch Gesetze der Gewinner** an.

Es ist die ideale Ergänzung zum Bestseller „Die Gesetze der Gewinner", denn es erleichtert Ihnen, die täglichen Übungen – den Praxisteil – auszuführen.

So trainieren Sie Gewohnheiten, die automatisch zu Erfolg und Erfüllung führen.

Beobachten und messen Sie, wie Sie ständig erfolgreicher werden!

Ihr Praxishandbuch unterstützt Sie darin, wie ein Gewinner zu leben.

fin.wis gmbh, 2001
DM 29,95/Euro 15,30

Die Gesetze der Gewinner gibt es auch als Audio-Kurs!

Fordern Sie jetzt gratis den Katalog aller Bodo Schäfer-Produkte an:

fin.wis gmbh

Fon 0700.666 393 66
Fax 0700.329 666 39
info@finwis.de
www.finwis.de

Hören Sie überall – zum Beispiel auf dem Weg zur Arbeit – „Die Gesetze der Gewinner" oder „Die erste Million in sieben Jahren", alle gesprochen von Bodo Schäfer.

So können Sie die Zeit im Auto nutzen und werden spielerisch an Ihre Vorsätze erinnert.

Als Audio-CD erhältlich.

---

fin.wis gmbh · Postfach 85 02 33 · 51027 Köln
Telefon 0700-666 393 66 · Telefax 0700-329 666 39 · www.finwis.de · mail: info@finwis.de

Money oder das 1x1 des Geldes ist das erste Buch, in dem Kinder alles Wichtige über den gewinnbringenden Umgang mit Geld lernen. Ohne erhobenen Zeigefinger – in einem Roman, der von der ersten bis zur letzten Seite spannend und kindgerecht geschrieben ist.

„Der sprechende Labrador Money erklärt der kleinen Kira alles rund ums Geld. Was als Jugendbuch gedacht war, ist auch für Erwachsene ein unterhaltsamer Weg in die finanzielle Unabhängigkeit." *FAZ*

Bodo Schäfer
Herbig, ISBN 3-7766-2146-X
Hardcover, 221 Seiten, DM 29,90 / Euro 15,28

Geld tut Frauen richtig gut zeigt allen Frauen, wie sie leicht und erfolgreich ihre eigene „Finanzministerin" werden. Verlassen Sie sich in Sachen Finanzen auf sich selbst. Nutzen Sie Ihre weiblichen Vorteile, um das Beste aus Ihrem Geld zu machen – und um für immer finanziell unabhängig zu werden.

So managen Sie Ihre Finanzen selbst und sind dabei erfolgreicher als die meisten Männer!

Bodo Schäfer und Carola Ferstl
mvg-Verlag, ISBN 3-478-72640-9
Hardcover, 344 Seiten, DM 39,80 / Euro 20,35

Für alle, die Geld anlegen wollen: **Wohlstand ohne Stress** zeigt Ihnen, wie Sie Ihr Geld mit Fonds immer wieder verdoppeln können – ohne in die Stressfalle zu geraten. Bodo Schäfer erklärt seine bewährte Gewinnformel: *Höchstmögliche Renditen – ohne Risiko – bei geringstmöglichem Zeitaufwand: So verwandeln Sie Ihr Geld in Wohlstand!*

Stellen Sie fest, welche Investment-Persönlichkeit Sie haben! Sie erhalten einen Plan, wie Sie Ihr Geld optimal auf die einzelnen Anlageformen verteilen.

Bodo Schäfer und Bernd Reintgen
Campus-Verlag ISBN 3-593-36773-4
Hardcover, 348 Seiten, DM 49,80 / Euro 25,46

---

fin.wis gmbh · Postfach 85 02 33 · 51027 Köln
Telefon 0700-666 393 66 · Telefax 0700-329 666 39 · www.finwis.de · mail: info@finwis.de

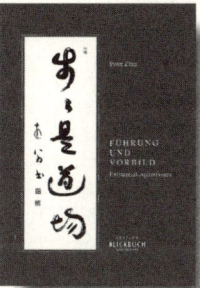